普通高等教育“十二五”应用型本科规划教材·专业课（经管）系列

基础会计

中国高等教育学会　组织编写

主　编　辛　林

副主编　林　玲　林晓薇

中国人民大学出版社

·北京·

图书在版编目（CIP）数据

基础会计 /辛林主编；中国高等教育学会组织编写. —北京：中国人民大学出版社，2014.8
普通高等教育“十二五”应用型本科规划教材·专业课（经管）系列
ISBN 978-7-300-19693-0

Ⅰ.①基… Ⅱ.①辛…②中… Ⅲ.①会计学-高等学校-教材 Ⅳ.①F230

中国版本图书馆 CIP 数据核字（2014）第 205393 号

普通高等教育“十二五”应用型本科规划教材·专业课（经管）系列
基础会计
中国高等教育学会 组织编写
主 编 辛 林
副主编 林 玲 林晓薇
Jichu Kuaiji

出版发行 中国人民大学出版社
社 址 北京中关村大街 31 号 邮政编码 100080
电 话 010－62511242（总编室） 010－62511770（质管部）
010－82501766（邮购部） 010－62514148（门市部）
010－62515195（发行公司） 010－62515275（盗版举报）
网 址 http://www.crup.com.cn
http://www.ttrnet.com（人大教研网）
经 销 新华书店
印 刷 北京密兴印刷有限公司
规 格 185 mm×260 mm 16 开本 版 次 2014 年 10 月第 1 版
印 张 13.25 印 次 2017 年 7 月第 4 次印刷
字 数 306 000 定 价 26.50 元

前言

如果从会计提供的信息来看，人们可以将会计的本质看作是一个经济信息系统。如果从经济管理角度来看，人们又可以将会计的本质理解成一种经济管理活动。但无论如何，会计已经成为国际通用的商业语言和经济语言，连同会计信息已经成为各市场主体进行市场交易和运作的重要媒介。会计工作已成为经济管理工作的重要组成部分，在现代经济管理和经济全球化过程中发挥着越来越重要的作用。

自从我国颁布了 39 项企业会计准则（2006 年颁布）之后，我国的企业会计准则体系已经建立并正式实施。2014 年我国又修订了很多准则，如今我国的会计准则与国际趋同，有效地提高了会计信息质量，会计整体水平已获得极大提高。

基础会计是会计类课程体系中最基础的部分，是进一步学习会计其他相关课程，甚至是财经类、管理类课程体系中不可缺少的理论基础，也是进行会计实务和会计实践不可缺少的方法与技能基础。学好基础会计对提高会计理论水平、会计实务方法、会计基本技能都有着重要意义。

本书强调基础性和应用性，主要有下列一些特点：

1. 以我国颁布的《企业会计准则》为依据，按照学生由浅入深、循序渐进地认识规律来安排总体结构和章节内容，尽可能用通俗易懂的语言来阐述会计的基本原理、基本技术和基本方法。

2. 突出会计分录编制方法，较早地进入编制会计分录和填写会计凭证等技术性学习，以较多的实务案例来模仿会计操作以及技能学习。

3. 课时安排紧凑，条块衔接自然。

4. 本书增加一个附录，目的在于教学上可根据实际情况选用。一般说来，在讲述采购业务或销售业务时，适当补充一些涉及增值税的核算有利于学生掌握比较完整的购销核算，有助于学习后续财务会计等课程。

5. 课程内容上不越位、下不掉底。既不将属于财务会计或成本会计等后续课程的内容下拉，也不将本书要求过于放低。本书适合做为应用型财经类本科学生一个学期的课程教材。

本书由福州外语外贸学院的部分老师编写。辛林教授担任主编，负责全书的写作大纲和编写组织工作，初稿完成后，负责全书修改和统稿。各章节的编写分工如下：第一章由辛林执笔；第二章由林仁灶执笔；第三章由陈汉龙执笔；第四、第七章由林玲执笔；第五、第六、第九章由高慧执笔；第八章和附录部分由林晓薇执笔。在编写过程中，我们得到了福州外语外贸学院的大力支持和会计实务界以及其他会计老师的大力支持。在此一并致谢。

由于时间仓促，加上我们的水平有限，书中的内容安排和语言表述等方面都可能存在不足或错误，望读者和同行批评指正。

编者

2014 年 6 月

福州外语外贸学院

目 录

第一章 总　论

第一节　会计的产生与发展

人类的吃、穿、住、用、行都要消耗物质资料，这些物质资料无疑来自人类的生产劳动。生产劳动是人类赖以生存和发展的必要活动。通过生产劳动，产生了作为劳动成果的物质财富，但同时也发生了劳动耗费，包括人力耗费和物力耗费。人类总是希望用有限的劳动创造出尽可能多的物质财富。这种愿望需要通过有效的管理才有可能实现，于是就有了劳动耗费与劳动成果的计算、记录以及必要的监督，由此自然产生了会计。可见，会计是伴随人类的生产劳动而产生的，是人类生产发展到一定阶段的必然产物，它随着生产发展而发展，并且不断完善。

在漫长的会计发展历史长河中，会计发展除了萌芽阶段之外，大致经历了三个主要阶段：古代会计、近代会计和现代会计。

一、古代会计

15 世纪以前的会计通常称为古代会计。中国古代会计主要服务于奴隶主和封建王室赋税征收、财政支出及其财产保管，因此那时的会计也常称为官厅会计。

据历史文字记载，早在公元前 1029 年至公元前 221 年左右，西周和春秋战国时期就已有会计存在和“会计”称谓。按《周礼》记载，当时天官下设司会，“逆群吏之治而听其会计”，并且已经形成了以“出”、“人”为记账符号的单式记账法。

秦始皇统一中国后，建立了统一货币和统一度量衡，从而促进了会计发展。秦代以“出”和“人”为记账符号的记账方法已经相当普及。到了唐朝时期，这种单式记账法更加完善，并以“入－出＝余”为基本特征的“三柱结算法”也已流行。唐朝还发布专门的法律，对会计报告、记账都做出相应的规定。从法律高度规范会计报告的期限、会计账目以及会计保管等工作。

宋朝商业繁荣、商贸经济发达，特别是发明了世界上最早的纸质货币——“交子”之后，更是促进了会计的发展。宋朝还创立了“旧管＋新收－开除＝实在”这一“四柱结算法”，并采用“收”、“支”等记账符号，产生了账簿思想。宋朝的会计报告方法为我国簿记的收付记账法建立了理论依据。宋朝还建立了我国历史上第一个独立的会计政府组织——“三司会计司”，总核天下财赋收入，提高会计机构地位。

明朝的官厅会计中，大量吸收了民间会计中的收支记账法，使官厅会计与民间会计所用记账方法逐渐统一。收支记账法源于宋代，普及于明代，直到“中华民国”时期，仍然一脉相承，相沿不改。

两河流域，底格里斯河流域和幼发拉底河流域，以及古老的尼罗河流域和其他古代大河流域都是古代文明的发源地，也是最早形成以单式簿记为主要方法的会计核算体系的流域。10世纪之后，欧洲工商业中心城市大量兴起，商业贸易快速发展。到11世纪末至12世纪，意大利的威尼斯、热那亚、佛罗伦萨和法兰西的马赛、那劳阿里等城市里的商人积聚了大量资本，并陆续投入手工业、商业等领域，进一步促进了这些领域的发展。12世纪至13世纪，诸如威尼斯、热那亚、佛罗伦萨等地很快成为资本主义经济产生的基地。13世纪至14世纪，随着国际贸易的发展，以威尼斯为中心的地中海贸易区形成，威尼斯开始成为东西方贸易的中心，从而极大地促进了西式簿记崛起，为借贷复式记账法奠定了基础。

二、近代会计

明末清初，中国出现了一种新的记账方法——“龙门账法”。这种方法是以“四柱结算法”原理设计出的一种适合于民间商业的会计核算方法，其要点是将全部账目划分为进、缴、存、该四大类。按现代会计语言，“进”指全部收入，“缴”指全部支出，“存”指资产并包括债权，“该”指负债并包括业主投资。四者的关系是：该＋进＝存＋缴，或进－缴＝存－该。由此，产生了具有赢利或亏损的账目计算和平衡关系。“龙门账”的诞生标志着中式簿记开始由单式记账向复式记账的转变。到了清代，在“龙门账”的基础上设计发明了“四脚账法”。其特点是：注重经济业务的收方（即来方）和付方（即去方）的账务处理，不论现金收付事项或非现金收付事项（转账事项）都在账簿上记录两笔，即记入“来账”，又记入“去账”，而且来账和去账所记金额必须相等。这种记账法的基本原理已含有更多的西式复式记账法成分。但是，在清末，随着西式会计的引入，中式会计开始趋于衰落。

1494年，意大利数学家卢卡·帕乔利的著作《算术、几何、比及比例概要》问世，标志着近代会计的开始。书中载述的复式簿记是会计史上的里程碑，会计学上也因此而将15世纪划为近代会计开始，帕乔利为此获称“近代会计之父”。15世纪之后，新航路开辟，也同时导致殖民侵略，加上第一次工业革命促进社会生产力的提高，也促进世界经济市场形成并不断扩大。复式簿记方法更是在世界范围内传播，许多国家都先后继承与发展了意大利的复式簿记实务与理论，形成会计史上的“帕乔利时代”。复式簿记取代了单式簿记，实现了由古代会计发展阶段向近代会计发展阶段的重大转变。

三、现代会计

第二次世界大战之后，特别是20世纪50年代以后，垄断资本主义高度发展催生了跨国公司的产生与发展；发行债券和发行股票等国际融资和筹资活动更是突破了国家或地区的界限；资本输出，资本市场国际化也不断提高；各类跨国公司、股份制企业等现代企业得到迅速发展；国际贸易和国际投资急剧增加，这些都极大促进了会计发展。在这样一个国际背景下，国际会计准则委员会的成立也就成为必然。

会计作为国际通用的商业语言和经济语言，会计信息已经成为各市场主体进行市场交易的重要媒介，在经济全球化过程中发挥着越来越重要的作用。国际会计准则不仅能够减少各国会计准则的制定成本，而且还能够促进国际会计的协同，促进国际投资的发展。为实现会计国际化，国际会计准则委员会采取在原则上力求统一，在具体会计处理程序和方法上力求灵活多样，以便不同的国家尽可能接近会计准则的基础上进行选择。在国际会计准则的促进下，各个国家或地区都先后相应制定或确定符合本国或本地区经济发展水平的会计准则，按会计准则进行会计核算和报告，有效地提高了会计信息质量、提高国家会计整体水平。

在经济全球化条件下，企业内外部的经济管理趋向复杂，甚至可能超越国界，超越地域，企业的经济管理不仅考虑现在，还需要预计未来，需要会计部门提供更为准确、更加有用的会计信息，以满足多方的需要。会计工艺和计算机信息技术的结合，会计处理的电算化，会计信息网络化都极大促进了会计处理复杂事项或交易的速度和能力。由此，现代会计产生了专门针对内部经济管理需要而提供会计信息的会计分支，这就是以“管理会计”为中心的对内会计，和专门针对外部会计信息使用者进行经济决策而提供会计信息的会计分支，这就是以“财务会计”为中心的对外会计。

总而言之，会计发展经历了作为生产职能附带部分到独立的经济管理部门的演变过程，经历了从单式簿记到复式簿记的发展过程，经历了由简单到复杂，由低级到高级的不断发展和完善的过程。会计是适应生产活动和经济发展的需要而产生的，经济越发展，越需要会计。

第二节　会计含义与职能

人们对会计的发展有不尽相同的看法，致使会计至今尚无一个统一的定义。如果从会计提供的信息来看，人们可以将会计的本质理解成一个经济信息系统。这是将企业或者一个经济组织内对所有经济活动所进行的记账、算账和报账过程看作是经济信息的收集、分类、处理、输出的过程，会计就是这样一个收集、分类、处理和输出信息的有机整体。如果从经济管理角度来看，人们可以将会计的本质看作是一个经济管理活动。将企业或者一个经济组织内所有经济活动进行核算和监督过程看做是一项经济管理过程，会计工作被认为是一项经济管理工作，会计机构是一个特殊的经济管理机构。

无论如何看待会计，在一定经济环境下，会计职能与会计作用都是会计本身所固有的，是会计的本质特征（如货币计量等）和经济管理需要综合作用的结果。所谓会计职能就是指会计在经济管理活动中所具有的功能。会计作用是指在一定的经济环境下实现会计职能将要产生的效果。

一、会计职能

会计的基本职能是反映职能和监督职能。

会计的反映职能是指按照会计准则的要求，采用一定的程序和专门方法，全面、系统、连续地将一个企业或一个经济组织内所发生的所有会计事项反映出来，并通过会计报告将会计信息提供给相关使用者以进行经济决策。会计的监督职能是指按照国家的法律法规，以及企业或经济组织内编制的计划预算、规章制度等对各项经济活动的合法性、合理性、可行性以及有效性进行审核、控制，使其达到预定的目标。

（一）反映职能

具有如下特点：

（1）以货币为主要计量单位，综合反映企业或经济组织内的经济活动情况，为会计信息使用者提供决策有用的可靠信息。对于经济活动的计量，通常可以有货币计量、实物计量和劳动计量等多种计量形式。但唯有货币计量可以抛开不同事物的区别，用统一的价值尺度综合反映事物的本质。

（2）会计反映的是企业或经济组织内部过去已经发生的经济活动。过去发生的经济活动有据可查，这些证据形成反映经济活动的原始依据，因此真实可靠。作为会计信息使用者可以建立在这些真实的会计信息上进行经济预测和经济决策。

（3）会计反映具有连续性、系统性和全面性。连续性表明时间上没有间断，表明反映经济活动是连续的，逐年逐月，序时进行；系统性表明会计反映是有序进行的，分门别类和科学系统的；全面性表明会计反映的内容是完整的，没有遗缺，所有经济活动都能得到反映的。

（二）监督职能

具有如下特点：

（1）会计监督具有强制性和严肃性。国家的相关法律，特别是会计法赋予会计机构和会计人员具有依法监督经济活动的权利。对企业或经济组织内所有经济活动，都要按照相关法律法规以及计划规定等进行审核、监督，以保证经济活动正常有序、财产物资安全可靠，投资者、债权人的权益不受损失，国家的财经法规得以遵守执行。

（2）会计监督具有连续性和完整性。由于会计反映是连续不断的，会计监督也要求是不间断，以保证每一项经济活动都能在会计的监督之下进行。会计监督完整性要求监督不留死角，会计监督不仅体现在已经发生或已经完成的经济活动上，而且还应体现正在进行的经济活动以及尚未发生的经济活动上，包括事前监督、事中监督和事后监督。

会计反映职能与会计监督职能是紧密结合、相辅相成。反映职能是监督职能的基础，监督职能是反映职能的保证。缺乏监督的反映没有意义，没有反映的监督根本就是“虚”的，监督无从谈起。

随着经济发展，会计的职能也随之拓展。从原先的反映与监督的基本职能拓展到控制、分析、预测以及参与决策等其他职能。这就是，在现代会计上，会计的职能已经超出基本职能要求，特别是现代企业，其经济活动极其复杂，对会计信息要求越来越高。通常要求会计在反映经济情况，监督经济活动的基础上，增加了控制经济过程，分析经济效果，预测经济前景和参与经济决策等职能。

二、会计作用

会计作用是指在一定的经济环境下实现会计职能将能产生的效果。按目前会计实践来看，会计主要有如下五个方面的作用：

（1）为国家经济进行宏观调控，制定有效的经济政策、货币政策和税收政策等提供会计信息。

（2）为企业投资者、债权人以及所有需要会计信息的外部机构和社会公众提供会计信息。

（3）为企业或经济组织内部进行经济管理提供会计信息。

（4）监督企业或经济组织内部进行合法、合理、合规地经济活动，保证资产安全和完整。

（5）监督投资者、债权人的权益不受损失。

三、会计含义

如果从会计职能和会计作用来看，会计是以货币为主要计量单位，采用专门的方法和程序，对企业或经济组织内所有经济活动进行连续、系统、全面地反映和监督，是企业或经济组织中旨在提供经济信息而进行经济管理的重要组成部分。

第三节　会计假设与信息质量要求

一、会计准则的产生与发展

从会计产生与发展的历史过程中可以看出，会计反映的内容和方法，既同社会生产力水平相关，又同生产关系和上层建筑相联系。这就使会计具有二重性，即，既有技术性、又有社会性。

会计的技术性，反映会计本身是一门技术，是对企业或经济组织的经济活动进行反映和监督的一门技术。从古代会计的单式簿记方法到近代会计的复式簿记方法以及现代会计普遍使用的借贷记账法，无不反映了会计技术从简单到复杂，从低级到高级的转变。这种变化正是社会生产力水平不断提高带来的结果，是适应经济管理需要而产生的。

会计的社会性，反映会计作为经济管理的重要部门，牵涉到许多部门和个人，包括企业的投资者、债权人、政府机构、企业管理层以及其他社会公众等的利益，各个利益主体从其自身利益出发，必然要求会计为其服务，提供的会计信息有利于他们进行经济决策。

早在 20 世纪 30 年代，西方国家发生的资本主义经济危机，在一定程度上是由于会计核算过于随意性，会计信息不具有可比性等诸多会计原因造成的。这是只重技术忽略了会计社会性的结果。危机之后，社会各界逐步认识到规范会计核算的必要性。于是，1938 年首先在美国成立了会计程序委员会，向社会各企业单位推荐公认会计原则，采用公认的会计处理方法。美国公认会计原则的产生与发展为世界各国会计准则的产生与发展开了先河，很快影响到世界的会计理论界、实务界、职业界、证券界和政府部门。20 世纪 40 年代后，一些经济发达的资本主义国家，如澳大利亚、英国、加拿大等国家分别根据各自国情，相继成立会计准则制订机构，制订并发布了会计准则。1976 年，由澳大利亚、加拿大、德国、法国、英国、美国等九个国家的十六个会计职业团体发起成立了国际会计准则委员会。该委员会随后制定了 40 多个国际会计准则，对国际会计协调和提高会计信息质量方面发挥了重要作用。

我国的会计准则制订和实施开始于 20 世纪 90 年代。1992 年 11 月财政部正式发布《企业会计准则》，并于 1993 年 7 月 1 日正式实施。从此，我国的会计准则体系进入了一个建立、发展和完善的新阶段。2006 年 2 月，财政部以 1992 年颁布的基本准则为基础，以 2000 年国务院颁布的《企业财务会计报告条例》为依据，借鉴国际财务报告准则，结合我国的具体情况修订了新的《企业会计准则——基本准则》，同时还颁布了其他 38 项具体准则，并于 2007 年 1 月 1 日起正式执行。这些准则的颁布与执行，标志着适应我国市场经济发展要求、与国际惯例趋同的企业会计准则体系正式建立。

二、会计核算基本前提

我国《企业会计准则——基本准则》中明确规定了会计核算的基本前提，也就是通常所说的会计假设，这是指为保证会计工作正常进行和保证有较高的会计信息质量，对会计核算的范围、内容、基本程序和方法所作的合理设定。

（一）会计主体假设

会计主体是指会计为之服务的特定单位或经济组织。会计主体假设是假定会计核算都是以某个特定企业发生的交易或事项为对象进行会计确认、计量和报告。这是从空间上规定了会计工作的服务范围。有了这样的会计主体，才能有投资者投入，才有产品或商品的销售活动，才有向所有者分配利润等相关的“进、出”概念。

会计主体与法律主体不是同一概念。法律主体通常指对外能够独立承担民事责任的经济实体，是一个具有独立法人资格的企业。因此，法律主体必然是会计主体，但会计主体并不一定是法律主体。任何企业，无论是独资、合资还是合伙人企业，都是一个会计主体。企业的分支机构，当其经营规模较大时也可以成为一个会计主体，但这些企业未必是法律主体。因此说，会计主体，可以是独立法人，也可以是非法人；可以是一个企业，也可以是企业内部的某一单位或企业中的一个特殊的部分；可以是单一企业，也可以是由几个企业组成的企业集团。

虽然会计主体可能是企业单位、事业单位，也可能是其他经济组织，但为了叙述方便，本书中会计主体都将按企业来说。

（二）持续经营假设

持续经营是指会计主体的经营活动都能够持续经营下去，在可预见的将来不会破产清算。持续经营假设是假定会计主体具有持续经营的核算条件，能够履行既定的承诺，能够正常地开展经营活动，并且持续下去。

会计的许多核算方法都是建立在这样的持续经营的条件之上。比如将资产划分为流动资产与非流动资产，固定资产的折旧，历史成本计价，编制会计月报、年报等，都需要有持续经营这一假定为前提条件。

（三）会计分期假设

会计分期是指将持续经营的长远时间人为地划分为若干连续的相等的时间段，这样的时间段都称为会计期间。会计分期假设是假定会计的持续经营时间上已经划分为各个会计期间，分期核算经济活动，分期报告财务状况和经营成果。

最常见的会计期间是年，称为会计年度。其次有月度、季度等。短于一个完整会计年度的期间都称为会计中期。会计年度、会计月度以及会计季度等都是以公历计算。有了会计期间，也才有期初、期末等概念，本期的期末与下期的期初是紧挨的两个时间。会计分期为会计核算提供了记账及报告的时间基准，从而具有了应收、应付、递延、预提、待摊等会计处理方法。

（四）货币计量假设

货币计量是指会计的经济活动都要以货币为计量单位进行记录、报告。货币计量假设是假定会计主体所发生的所有经济活动都能以币值基本稳定的统一的货币为主要计量单位进行记账、算账和报账。虽然一个会计主体发生的经济活动还可能有其他的计量方法，如实物计量、劳动计量等，但货币具有一般等价物的基本特征，具备其他计量方法所不具备的优势，便于会计主体将各种复杂的经济业务进行分类汇总、总括反映。

一个会计主体选定一种主要货币进行记账、算账和报账，这样的货币也称为记账本位币。目前我国企业的记账本位币为人民币。

三、会计信息质量要求

会计信息质量要求是对企业的会计核算以及会计核算所提供的会计信息最基本的质量要求，以满足会计信息使用者，如投资者、债权人、政府及其有关部门和社会公众等，真实了解企业的财务状况、经营成果以及现金流量，有助于信息使用者做出经营决策。这些信息质量要求主要包括可靠性、相关性、清晰性、可比性、实质重于形式、重要性、谨慎性和及时性等。

（一）可靠性

可靠性也称真实性，要求企业应当以实际发生的交易或者事项为依据进行确认、计量和报告，如实反映企业的财务状况、经营成果和现金流量，保证会计信息内容真实、数字准确、资料可靠。

可靠性是对会计核算工作和会计信息的最基本质量要求。按可靠性要求，会计核算过程中所有记录、计算和报告都必须依据真实的经济活动进行，具有可核实性。

（二）相关性

相关性要求企业提供的会计信息应当与投资者等会计信息使用者的经济决策需要相关，有助于信息使用者对企业过去、现在或者未来的情况做出评价或者预测。

相关性是以可靠性为基础的，两者之间并不矛盾，不能为了迎合相关性而削弱可靠性。会计信息应在可靠性的前提下，尽可能地做到相关性，以满足投资者等会计报告使用者的决策需要。

（三）清晰性

清晰性也称可理解性，要求企业提供的会计信息应当清晰明了，便于投资者等会计报告使用者理解和使用。

企业提供的会计信息，目的在于使用者使用。为有效使用会计信息，应将会计信息的内涵及外延清晰明了，易于理解。会计信息毕竟是一种专业性较强的信息产品，在强调会计信息的可理解性要求的同时，也应假定使用者具有一定的有关企业经营活动和会计方面的知识，并且愿意付出努力去研究这些信息。对于某些较为复杂的信息，只要其对使用者的经济决策相关的，企业就应当在会计报告中予以充分披露，以便于理解。

（四）可比性

可比性要求企业提供的会计信息应当相互可比。这主要包括两层含义：一是同一企业不同会计期间信息可比。这就是要求同一企业不同时期发生的相同或者相似的交易或者事项，应当采用一致的会计政策，不得随意变更。如果按照规定或者在会计政策变更后可以提供更可靠、更相关的会计信息，可以变更会计政策。但有关会计政策变更的情况，应当在会计报表附注中予以说明。二是不同企业相同会计期间的信息可比。这就要求不同企业在同一个会计期间发生的相同或者相似的交易或者事项，要采用统一规定的会计政策，确保会计信息口径一致、相互可比，以使不同企业按照一致的确认、计量和报告要求提供有关会计信息。

（五）实质重于形式

实质重于形式要求企业应当按照交易或者事项的经济实质进行会计确认、计量和报告，不仅仅以交易或者事项的法律形式为依据。

企业发生的交易或事项在多数情况下，其经济实质和法律形式是一致的。但在有些情况下，会出现不一致。例如，以融资租赁方式租入的固定资产虽然从法律形式来讲企业并不拥有其所有权，但是由于租赁合同中规定的租赁期可能相当长，租赁期结束时承租企业有优先购买该资产的选择权，在租赁期内承租企业有权支配资产并从中受益等，因此，从其经济实质来看，企业能够控制融资租入固定资产所创造的未来经济利益，在会计确认、计量和报告上就应当将以融资租赁方式租入的固定资产视为企业的资产。

（六）重要性

重要性要求企业提供的会计信息应当反映与企业财务状况、经营成果和现金流量有关的所有重要交易或者事项。虽然重要性的应用需要依赖职业判断，但企业可以根据其所处环境和实际情况，从项目的性质、影响和金额大小等方面加以判断。

（七）谨慎性

谨慎性也称稳健性，要求企业对交易或者事项进行会计确认、计量和报告时保持应有的谨慎，不应高估资产或者收益、低估负债或者费用。

在市场经济环境下，企业的生产经营活动面临着许多风险和不确定性，按会计信息质量的谨慎性要求，企业需要在面临不确定性因素的情况下做出职业判断时，保持应有的谨慎，充分估计到各种风险和损失，既不高估资产或者收益，也不低估负债或者费用。

（八）及时性

及时性要求企业对于已经发生的交易或者事项，应当及时进行确认、计量和报告，不得提前或者延后。

会计信息的价值在于帮助投资者等会计信息使用者及时做出经济决策，具有时效性。即使是可靠、相关的会计信息，如果不及时提供，就失去了时效性，对于使用者的效用就大打折扣甚至不再具有实际意义。在会计核算过程中贯彻及时性，一是要求及时收集会计信息，也就是说，在经济交易或者事项发生后，及时收集整理各种原始单据或者凭证；二是要求及时处理会计信息，即按照会计准则的规定，及时对经济交易或者事项进行确认或者计量，并按规定方法登记账簿和编制财务报告；三是要求按照规定程序和有关时限，及时将编制的财务报告传递给财务报告使用者，便于其及时使用和决策。

第四节　会计要素与会计等式

任何一个企业要从事经营活动，首先要有资金。所谓资金是社会再生产过程中各项财产物资的货币表现以及货币本身。以工业制造业为例，首先由货币形态的资金，通过购置厂房、机器设备、材料物资等，将劳动资料、劳动对象和劳动者相结合，生产出劳动产品，然后通过销售，又获得新的资金。这样，企业的资金通过供应过程、生产过程和销售过程，使得企业资金的形态不断变化。由货币资金开始，到生产储备资金，再到生产资金，成品资金，最后又形成新的货币资金的循环称为资金循环。周而复始的资金循环称为资金周转。这种资金周转使得各种资金在空间上同时并存，在时间上依次继起。

资金周转过程不断地为企业创造财富，增加收入，但同时也是在不断地产生劳动耗费，包括人力耗费和物力耗费。按会计的基本职能，就是要在这样的资金周转过程中对所有经济活动以及经济关系进行反映和监督。会计反映和监督的内容也称为会计对象。

按目前《企业会计准则——基本准则》，将会计对象按一定原则进行分类，其基本分类项目称为会计要素。即：资产、负债、所有者权益、收入、费用和利润。

一、会计要素

（一）资产

资产是指企业过去的交易或者事项形成的，由企业拥有或者控制的，预期能给企业带来经济利益的资源。

根据资产的定义，资产具有以下特征：

(1) 资产是由企业过去的交易或者事项形成的。

(2) 资产是企业拥有或者控制的资源。拥有是一种具有资源的所有权含义，而控制虽不具有所有权但有资源的支配权和控制权。

(3) 资产预期会给企业带来经济利益。这是指资产具有直接或者间接导致经济利益流入企业的潜力。

资产按其在企业生产经营过程中的变现能力和流动性快慢分为流动资产和非流动资产。流动资产是指可以在一年或者超过一年的一个营业周期内变现或耗用的资产，如库存现金、银行存款、应收账款、原材料等；非流动资产是指除流动资产之外的资产，包括固定资产、无形资产、长期股权投资等。

（二）负债

负债是指由过去的交易或者事项形成的、预期会导致企业经济利益流出的现时义务。

根据负债定义，负债具有以下特征：

(1) 负债是由过去的交易或事项形成的。换句话说，只有过去的交易或事项才形成负债，企业将在未来发生的承诺、签订的合同等交易或者事项，不形成负债。

(2) 负债是企业在现行条件下已承担的义务。

(3) 负债预期会导致经济利益流出企业。这是指预期需要企业资产或者提供劳务等进行偿还的债务。

负债按其流动性分为流动负债和非流动负债。这里的流动性是指债务的偿还期限。凡是偿还期在一年或超过一年的一个营业周期内需要偿还的债务都称为流动负债，如短期借款、应付账款、应交税费等，而非流动负债是指偿还期限在一年以上或者超过一年的一个营业周期以上的债务，如长期借款、应付债券等。

（三）所有者权益

所有者权益是指所有者对企业净资产所享有的剩余权益。净资产是指全部资产减去全部负债后的余额。所有者权益按其来源可分为所有者投入的资本、直接计入所有者权益的利得和损失、留存收益等。

所有者投入的资本是指所有者投入企业的资本部分，它既包括构成企业注册资本或者股本部分的金额，称为实收资本或股本，也包括投入资本超过注册资本或者股本部分的金额，这一部分金额也称为资本溢价或股本溢价。

直接计入所有者权益的利得和损失，是指不应计入当期损益，但会导致所有者权益发生增减变动，与所有者投入的资本或者向所有者分配的利润无关的利得和损失。

留存收益是企业历年实现的净利润留存于企业的部分，主要包括盈余公积和未分配利润。

(四) 收入

收入是指企业在日常活动中形成的、会导致所有者权益增加的、与所有者投入资本无关的经济利益的总流入。企业收入主要是由销售商品、提供劳务和让渡资产使用权等活动中形成的经济利益流入，包括主营业务收入和其他业务收入。

企业收入具有以下几个方面的特征：

(1) 收入是企业在日常活动中形成的。

(2) 收入是与所有者投入资本无关的经济利益的总流入。收入会导致经济利益的流入，从而导致资产的增加或负债的减少。所有者投入资本也会使经济利益流入企业，但这不构成企业的收入。

(3) 收入最终能导致所有者权益的增加。与收入相关的经济利益的流入最终都能导致所有者权益的增加，不能导致所有者权益增加的经济利益的流入不确认为收入。例如，企业向银行借入一笔长期借款，尽管这笔借款导致经济利益流入企业，但是该经济利益流入不会导致所有者权益的增加，而是使企业承担了一项现时义务。因此，企业不应将该笔借入的款项确认为收入，而应该确认为负债。

(五) 费用

费用是指企业在日常经济活动中发生的、会导致所有者权益减少的、与向所有者分配利润无关的经济利益的总流出。

企业中与销售商品、提供劳务相关的费用主要是构成商品或提供劳务的成本部分和营业税金及附加。成本部分也称为销售成本，通常分为主营业务成本或其他业务成本。营业税金及附加是指应从营业收入中得到补偿的各种税费，包括消费税、营业税、城市维护建设税、教育费附加、资源税等相关税费。

不计入商品产品成本，但应由本期收入中得以补偿的费用，称为期间费用，包括销售费用，管理费用和财务费用。销售费用是指企业在销售商品的过程中发生的包装费、运输费、装卸费、保险费、展览费、广告费等费用，以及专设销售机构发生的各类费用。管理费用是指企业管理部门为组织和管理经营活动而发生的各项费用，包括办公费、差旅费、招待费、水电费、折旧费、人工费等。财务费用是指企业为筹集资金而发生的筹资费用，包括利息支出（减利息收入）、金融机构手续费、汇兑损失等。

企业费用具有以下几个方面的特征：

(1) 费用是企业在日常活动中发生的。

(2) 费用是与所有者分配利润无关的经济利益的总流出。费用会导致经济利益的流出，从而导致资产的减少、损耗或者负债的增加。企业向所有者分配利润也会导致经济利益的流出，但这不构成企业费用。

（3）费用最终能导致所有者权益的减少。与费用相关的经济利益的流出最终会导致所有者权益的减少，不能导致所有者权益减少的经济利益的流出不确认为费用。例如，企业用银行存款购买材料，该项购买行为虽然导致企业经济利益（银行存款）的流出，但并不会导致企业所有者权益的减少，而是使企业增加了另外一项资产。企业不应当将该经济利益的流出确认为费用。

（六）利润

利润是指企业在一定会计期间的经营成果，包括营业利润、利润总额和净利润。营业利润是企业营业收入（主营业务收入和其他业务收入）减去营业成本（主营业务成本和其他业务成本），再减去营业税金及附加、期间费用等的差额。利润总额是营业利润加上营业外收入减去营业外支出后的差额。净利润是利润总额减去所得税费用后的净额。

利润反映企业的经营业绩，既是评价企业管理层业绩的一项重要指标，也是投资者、债权人等做出投资决策和信贷决策的重要参考指标。

二、会计等式

企业中任意一项经济活动都会涉及上述六个会计要素中的一个或一个以上的要素。因此各项会计要素并不是各自独立存在的，它们之间在数量上存在着一种平衡关系。

企业的资产分布于经营活动的各个阶段，其价值表现即为企业资金。按企业资金的来源渠道，一是来自企业的投资者，或者说属于投资者的所有者权益，二是企业的债权人，或者说是债权人权益，其形成企业负债。由于从数量上看，“来、去”相等，因此它们表现为下式所示：

资产＝负债＋所有者权益　　(1—1)

以权益统称所有者权益与债权人权益，那么式（1—1）也可表示为

资产＝权益　　(1—2)

式（1—1）是最基本的等式，也称为静态会计等式、存量会计等式或会计恒等式。它是设置账户、复式记账以及编制资产负债表的理论依据。

企业在生产经营过程中，无论发生什么样的经济活动，将会引起会计要素的变化，但上述会计等式始终不变。当企业的一项经济活动发生时，将产生会计要素变化的基本类型有且只有如下九种：

（1）一项资产增加，另一项资产减少，其金额相等。

（2）一项负债增加，另一项负债减少，其金额相等。

（3）一项所有者权益增加，另一项所有者权益减少，其金额相等。

（4）一项资产增加，另一项负债也增加，其金额相等。

（5）一项资产减少，另一项负债也减少，其金额相等。

（6）一项资产增加，另一项所有者权益也增加，其金额相等。

(7) 一项资产减少，另一项所有者权益也减少，其金额相等。

(8) 一项负债增加，另一项所有者权益减少，其金额相等。

(9) 一项所有者权益增加，另一项负债减少，其金额相等。

例如，企业向银行借款 20 万元。一方面，形成企业负债 20 万元，另一方面增加企业资产 20 万元。因此借款使得企业负债增加 20 万元，同时资产增加 20 万元。这是使会计等式两边同时增加的经济业务。

又比如，用银行存款 10 万元购入生产需要的材料。那么企业一项材料资产增加 10 万元，但同时另外一项存款资产减少 10 万元。这是使企业资产内部一增一减，但总额不变的经济业务。

企业为了盈利，需要通过销售商品或者提供劳务等经营活动而增加收入，但同时也增加了经营耗费。这种收入与费用的差额形成企业的营业利润或营业亏损，即

营业利润＝收入－费用　　(1—3)

但如果考虑企业非日常活动中取得的利得或损失，那么企业利润有下面关系：

利润＝收入－费用＋利得－损失　　(1—4)

其中的利得是指企业中直接计入当期利润的经济利益总流入，而损失也是指企业中直接计入当期利润的经济利益总流出。所以式 (1—4) 中的利润实际上就是会计要素中的利润。

由于企业中费用或损失发生，通常表现为企业资产的减少或负债的增加，而收入或利得增加，通常表现为企业资产的增加或负债减少。因此，有下面等式：

资产＋费用＋损失＝负债＋所有者权益＋收入＋利得　　(1—5)

或者

资产＝负债＋所有者权益＋利润　　(1—6)

资产＝负债＋所有者权益＋收入－费用＋利得－损失　　(1—7)

相对于式 (1—1) 的静态会计等式，式 (1—3) 或式 (1—4) 也称为动态会计等式；式 (1—5) 或式 (1—6)，式 (1—7) 称为扩展会计等式或综合会计等式。

第五节　会计要素的确认、计量及其他要求

一、会计要素确认

会计要素的确认除了要符合各会计要素的定义之外，还应符合下面两条：

(一) 相关的经济利益很可能流入或流出企业

这里的“很可能”是一种职业判断，按企业过去的经验或统计学的方法判断，“很可能”是指相关经济利益流入或流出的可能性很大，通常情况下可以用发生的可能性大于

50%即可。这是因为在市场经济条件下，企业的经济活动通常会处于一种风险或不确定之中。如赊销商品。如果企业不作赊销，那么企业的销售量可能上不去，但进行了赊销，又存在收不回来货款的风险。因此，经济利益流入或流出的“很可能”是保证企业确认要素的风险尽可能的小。

（二）流入或流出的经济利益能够可靠地计量

作为会计核算，需要以货币计量，但如果相关的经济利益不能可靠地计量，那么货币计量就成为一句空话。

企业的资产、负债、收入、费用的确认，除了定义之外，都应符合上述两个条件。由于会计等式的关系，所有者权益以及利润的确认可以通过会计等式间接地得到确认。

二、会计要素计量

要素计量涉及计量单位和计量属性。按会计基本假设，会计要素的计量单位当然是货币，而且是币值稳定的货币为计量单位。如果不是记账本位币，还应通过一定汇率进行转换。计量属性是指计量客体的特性或外在表现形式。会计上，计量属性是针对资产、负债所进行的计量，通常包括历史成本计量、重置成本计量、可变现净值计量、现值计量和公允价值计量。

（一）历史成本

也称实际成本。这是指取得或制造某项财产物资所实际支付的现金或其他等价物金额。在历史成本计量下，资产按购置时实际支付价款，或者在购置时所付出的对价的公允价值计量。负债按照因承担现时义务而实际收到的款项或者资产的金额，或者承担现时义务的合同金额，或者按照日常活动中为偿还负债预期需要支付的现金或者现金等价物的金额计量。

（二）重置成本

也称现行成本。这是指在当前市场条件下，重新购置一项资产所需要支付的现金或现金等价物金额。在重置成本计量下，资产按目前条件下重新购置相同或相似资产所需要支付的金额计量。负债按现在需要偿还的债务的金额计量。

（三）可变现净值

这是指在正常的生产经营过程中，以预计售价减去进一步加工成本或预计销售费用以及相关税费后的净值。在可变现净值计量下，资产按其正常销售所能收到的金额扣除至可销售止还需要支出或发生的成本支出、估计的销售费用以及相关税费之后的净额计量。

（四）现值

这是指以未来现金流量以恰当的折现率进行折现后的价值。在现值计量下，资产按其持有或处置所产生的未来现金流入量，按一定折现率折算后的金额计量。负债按预期需要支付的未来现金流出量，按一定折现率折算后的金额计量。

（五）公允价值

这是指，市场参与者在计量日发生的有序交易中，出售一项资产所能收到或者转移一项负债所需支付的价格。这里的有序交易，是指在计量日前一段时期内该资产或负债具有惯常市场活动的交易，不包括被迫清算和抛售。由于强调有序市场上出售资产或转移负债，所以公允价值反映的是脱手价格，而不是进入价格，突出了当前市场状况。

按《企业会计准则——基本准则》规定，企业资产或负债的计量一般采用历史成本计量。历史成本具有客观性和可验证性，已为社会所接受，因此历史成本计量是所有计量中最基本、也是最常用的计量属性。而采用其他方式计量，需要在金额能够保证取得，并能够可靠计量情况下使用。

三、会计基础

会计基础是指对收入和费用进行会计确认、计量和报告的基础。会计基础主要有两种，即权责发生制和收付实现制。

（一）权责发生制

权责发生制又称应收应付制、应计制。这是确定本期收入和费用的原则。本期收入和费用是以应收的权利或应付的义务是否已经发生为标准，而不是以款项的实际收付为标准。具体地说，凡是应属本期的收入，不管其款项是否收到，均作为本期的收入确认，并予以记账。凡是应属于本期的费用，不管其款项是否已经付出，均作为本期的费用确认，并予以记账。也可以说，凡不属于本期的收入，即使已收到款项，也不作为本期收入确认；凡不属于本期的费用，即使已经付出款项，也不作为本期的费用确认。

（二）收付实现制

收付实现制又称现金收付制。这是指企业单位对各项收入和费用的认定是以款项的实际收付作为标准。也就是说，凡是本期实际收到了款项，不论是否属于本期实现的收入，都作为本期收入予以确认；凡是本期实际支付了的款项，不论是否属于本期负担的费用，都作为本期费用予以确认。

按我国《企业会计准则——基本准则》规定，我国企业采用权责发生制原则进行收入、费用的确认、计量和报告。因此在会计中，收入是一种权责发生制下的收入，表现的是权利特性。费用也是一种权责发生制下的费用，表现的是义务特性。而现金收付制只有在特殊情况下使用，如编制现金流量表时，才按收付实现制原则调整企业经营活动取得的现金流量。

【例 1—1】 某企业 9 月份发生如下经济业务，试分别按权责发生制与收付实现制确定 9 月份收入和费用。

（1）销售产品收到现金 1 200 元。

（2）销售产品 1 300 元，收到货款 1 000 元，余款估计下月收回。

（3）收到购货单位 A 上个月所欠货款 1 500 元。

（4）收到购货单位 B 预交货款 900 元，估计下个月发货。

（5）收到租赁单位 C 交来 9—12 月份仓库租金 1 600 元，每月租金 400 元。

（6）预提 9 月份银行借款利息 1 000 元，下月支付。

（7）本月应交而未交的所得税 1 800 元。

（8）本月归还广告公司上月为企业所作的产品广告费 5 000 元。

（9）本月商品运输费 9 000 元，用现金支付 6 000 元，余款暂欠。

（10）现金支付管理部门 10—12 月份报纸订阅费 1 200 元，每月报刊费 400 元。

按权责发生制与收付实现制分别确认的收入或费用的金额如表 1—1 所示。

表 1—1　　权责发生制与收付实现制下收入或费用的确认计算

业务	权责发生制		现金收付制	
	收入	费用	收入	费用
（1）	1 200		1 200	
（2）	1 300		1 000	
（3）	—		1 500	
（4）	—		900	
（5）	400		1 600	
（6）		1 000		—
（7）		1 800		—
（8）		—		5 000
（9）		9 000		6 000
（10）		—		1 200
合计	2 900	11 800	6 200	12 200

四、配比原则

配比原则是当期利润的计算、确认原则，由于利润与收入、费用紧密相关，因此配比原则也称为收入、费用配比原则。配比原则是指为确定某个会计期间的利润，必须在确认当期收入的同时，还应确认与该收入相关的成本、费用，以及应计入当期利润的其他收支。

收入与费用的配比包含了两个层次：一是，当期收入应与其相关的成本、费用配比，这是具有因果关系的收入与费用配比；二是，当期的收入应与当期的耗费配比，这里的收入与耗费没有因果关系，与其他会计期间也没有关系，只是当前这个会计期间发生的收入与耗费。这是应与会计期间配比的收入和费用。

【例 1—2】　企业库存某商品 10 000 件，每件成本 40 元，当月销售该商品 6 000 件，每件销售价格90元。因此在权责发生制下，当月应确认收入540 000元（假定不考虑增值税）。按配比原则，与当月销售收入相关的商品销售成本应为240 000元（6 000×40）。

【例1—3】 本月企业发生如下部分收入及费用的业务：

（1）本月销售商品收入380 000元，销售成本130 000元。

（2）本月发生广告费用5 000元。

（3）本月发生企业办公费等支出10 000元。

按配比原则，（1）中销售成本是与商品销售收入具有因果关系的成本费用。但（2），（3）中的广告费用5 000元以及企业办公费等10 000元与当月商品销售没有因果关系，但应计入当期的利润中作为当期费用处理，或者说应与期间配比。

五、收益性支出与资本性支出原则

企业经营活动需要各种耗费或者支出。但有些支出是为了企业的长期利益，如购置固定资产的支出等，所以这些支出可以通过较长时期的经营收益中逐步得到补偿。而有些支出是为了企业的短期利益的，如企业管理人员的工资支出等。

收益性支出与资本性支出原则是指将企业支出划分为收益性与资本性两类。凡支出的效益只与本会计年度相关，不会延续到下一个会计年度的，这样的支出称为收益性支出，也称支出费用化；凡支出的效益与几个会计年度相关，至少跨过一个会计年度的，这样的支出称为资本性支出，也称支出资本化。按《企业会计准则》，凡收益性支出应直接计入当期损益，凡资本性支出的，应计入相关的资产成本中。

第六节　会计方法

一、会计方法体系

会计方法是指会计核算与监督的手段。主要包括会计核算方法、会计检查方法、会计分析方法、会计预测和决策方法等。随着会计职能扩展，管理要求提高，科学技术进步，会计方法也在不断地改进、发展与完善。

会计核算方法是对会计主体的所有经济活动进行连续、系统和全面地反映与监督的方法。会计检查方法，也称审计，是在会计核算资料的基础上，检查经济活动是否合法、合规、合理，会计资料是否真实、可靠、准确，会计提供的信息是否客观、一致、完整。在所有会计方法上，会计核算方法是基础，会计检查方法是会计核算方法的保证，其他会计方法是补充、拓展。对现代会计来说，会计诸方法紧密联系，相互依存，形成了以会计核算方法为基础的会计方法体系。

二、会计核算方法

会计核算方法在会计方法中具有基础性的地位，具有不可替代的作用。会计核算方法是由设置账户、复式记账、填制和审核凭证、登记账簿、成本计算、财产清查和编制会计报表构成。这七种方法相互联系、相互配合，构成了一个完整、科学的方法体系。

（一）设置账户

账户是指对会计对象的具体内容进行分类、系统记录和反映的工具。账户有名称、结构，能够反映账户指定类的经济内容的增减变化情况。一个会计主体通过设置账户，将所有经济业务涉及的会计对象具体内容按一定原则，一个不漏地进行分类，并且能够进行连续、系统、全面地记录，以反映这些会计对象的经济增减变动情况。各个账户之间既有联系又有分工，为经济管理提供了分门别类反映和监督的工具。

（二）复式记账

复式记账是指对每一笔经济业务，都以相同的金额在相互联系的两个或两个以上的账户上进行登记的一种专门方法。复式记账是会计史上，特别是15世纪以来有别于古代会计的最重要特征。经过500多年的历史检验，复式记账方法是科学的、是非常有生命力的。

复式记账原理是会计等式。一个会计主体的一项经济活动，无论具体会计对象发生什么样的增减变动，都不会破坏会计等式的平衡性。这就使得会计等式中必然发生了2个或2个以上会计要素的具体对象发生了增减变动或者一个会计要素中2个或2个以上会计对象发生了增减变动，而且这些变动始终不改变会计等式。采用复式记账，恰当地反映了这些会计对象增减变动情况全貌。所以复式记账，使账户之间既反映了对应关系，又反映了账户平行关系。这有助于检查有关经济业务的记录是否正确，从而有助于检查账簿记录是否正确。

（三）填制和审核凭证

要真实客观地反映会计主体的经济业务，就要对每一项经济业务的记录要求有可核实的凭证依据。会计凭证是记录经济业务、明确经济责任的书面证明。填制和审核凭证就是指填制会计凭证和审核会计凭证的专门方法。会计记录首先要取得直接反映经济业务原貌的原始凭证，审核原始凭证的合法、合规、合理、完整、准确，然后将原始凭证由会计专业人员转换成符合复式记账原则的记账凭证，并再次审核记账凭证的准确性和完整性。这是一项技术性要求较高的会计专门方法。

（四）登记账簿

账簿是用来连续、系统和全面记录各项经济业务的簿籍。登记账簿也称记账或过账，这是将每一项经济业务通过记账凭证，分门别类地记入有关账簿的专门方法。账簿中的每一页主要是账页，而账页上反映的是账户，因此账簿是若干账户的集中反映，登记账簿实际上是登记账户。

（五）成本计算

成本计算是指在成本计算对象上进行成本归集、计算，借以确定各成本计算对象的总成本和单位成本的专门方法。企业中的成本，包括采购成本，产品成本，工程成本，购置成本等，都是先通过归集、分配、计算，逐步形成。在此过程中，有些成本通过直接费用归集的，有些则要通过间接费用分配的。比如，工业企业的某种产品的成本，在生产车间制造过程中，有些材料费用、人工费用等可能直接计入生产成本，而有些间接费用只能先在“制造费用”账户中归集，到期末再按一定方法分配计入该产品成本。

成本计算涉及企业的生产补偿尺度，是确定产品的售价依据，是计算企业利润的关键数据。

（六）财产清查

财产清查是指企业在一定期间内通过实物盘点、核对账目、往来查询等，查明企业中财产物资和货币资金的实存数与账存数是否相符的专门方法。在日常会计核算中，为保证企业财产物资等资产的安全，需要定期或不定期地对企业资产进行清查，以确保财产物资的账存数与实存数相互一致。财产清查对于保证企业会计核算资料的正确性，财产物资的安全性以及使用合理性具有不可替代的重要作用。

（七）编制会计报表

会计报表是反映企业财务状况、经营成果以及现金流量的书面报告文件。作为投资者、债权人、国家政府机关、社会公众等不可能直接查看企业账簿，只能通过审计确认后的会计报表或会计报告，来了解企业中财务状况、经营成果及现金流量，以便他们做出经济决策。编制会计报表是对企业某一特定日期的财务状况和一定会计期间内经营成果、现金流量等会计核算资料的总结，其所提供的一系列指标有助于企业管理者加强经济管理、提高经济效益，有助于企业投资者、债权人进行投资决策和信贷决策，有助于政府有关部门加强宏观经济管理、调控经济活动、优化资源配置。

思考题

1. 阐述现代会计的特点。
2. 什么是会计基本职能？会计基本职能之间有什么样的关系？
3. 如何理解权责发生制与收付实现制？
4. 如何理解会计恒等式以及其他会计等式？
5. 什么是权责发生制和现金收付制？会计实务上采用哪一种作为会计基础？
6. 如何理解配比原则？如何理解划分收益性支出和资本性支出原则？
7. 会计核算方法都有哪些内容？各个核算方法之间的关系如何？

第二章

会计科目、账户和借贷记账法

第一节 会计科目

一、会计科目概述

(一) 会计科目概念

会计科目是按照经济业务的内容和经济管理的要求，对会计要素的具体内容进行分类核算的项目名称，也就是对各项会计要素作进一步系统分类所赋予的名称。

(二) 设置会计科目的意义

会计对象按照一定标准将其划分为若干个要素，这些要素通常称为会计要素，这是对会计对象的基本分类。我国的会计要素分为六项，分别是资产、负债、所有者权益、收入、费用和利润。但仅仅依靠这六项会计要素来反映企业所有的经济业务仍然过于粗糙。会计信息使用者为了决策和经济管理需要，除了需要总括项目之外，还需要更为详细的资料，因此，还需将六项要素再进行细分。例如，企业资产构成如何？企业债务构成如何？所有者权益又是怎样组成的？等等。这些也是会计信息使用者所关心的，因此，需要在会计要素的基础上再进行更为详细的分类，并以此为依据设置可用于记账的账户，以便会计人员进行连续、系统和全面地反映和监督经济活动增减变动情况，提供各种决策有用的数据和信息。例如，为了核算和监督各项资产的增减变动，需要将资产进一步划分为“库存现金”、“银行存款”、“应收账款”、“原材料”、“长期股权投资”、“固定资产”、“无形资产”等项目。为了核算和监督负债的增减变动，需要将负债进一步划分为“短期借款”、

“应付票据”、“应付账款”、“长期借款”等项目；为了核算和监督所有者权益的增减变动，需要进一步划分为“实收资本”、“资本公积”、“盈余公积”等项目。为了核算和监督收入、费用和利润的增减变动，需要进一步划分“主营业务收入”、“主营业务成本”、“管理费用”、“本年利润”、“利润分配”等项目。这些进一步划分出来的项目名称称为会计科目。按会计科目设置账户，并按一定原则进行账务处理，这是会计核算的一个重要方法。

设置会计科目有如下重要意义：

(1) 设置会计科目是组织会计核算的首要环节和重要依据。设置账户是会计核算方法之一，而设置会计科目是设置账户的基础，因此会计科目的设置直接影响到会计核算，影响到会计信息是否能够完整、准确和清晰。

(2) 设置会计科目是进行会计监督的重要手段。设置会计科目并规范其核算的内容和要求，实质上也是对企业核算的控制和规范，起到对经济活动控制和监督的作用。

(3) 会计科目是人们进行经济活动的经济语言和商业语言。设置会计科目有助于认识和理解经济活动。任何一个会计科目所包含的经济业务内容都有特定的范围，当要确认某项经济活动时不能不涉及用会计科目确认的范围。因此要认识或理解经济活动，要交流或描述经济活动，都会涉及会计科目。

(三) 会计科目与会计要素的关系

按照我国目前的会计基本准则，我国会计要素分为资产、负债、所有者权益、收入、费用和利润这六项要素。会计要素是反映企业会计信息的结构性内容，是财务报表的构成框架，具有普遍意义。

财政部2006年颁布的《企业会计准则——应用指南》把会计科目分为资产类、负债类、共同类、所有者权益类、成本类和损益类，这与会计要素有较大的差异。这是因为设置会计科目的目的在于设置账户，在于能够通过账户反映和监督企业的经济活动，因此会计科目分类更多地考虑企业经济活动特点和会计核算与监督的要求。

会计要素是会计科目的分类基础，会计科目是会计要素的具体细化。只有会计科目才使得会计要素具有实际可操作性。

二、会计科目设置原则

企业设置会计科目应符合企业会计准则规定和企业经济活动特点。设置会计科目应体现以下五项原则：

(一) 全面性原则

设置会计科目必须结合会计要素的特点，全面反映会计主体的会计对象和财务报表要素的内容，也就是说，这一原则要求设置的会计科目应包容企业所有的经济活动，不能有任何遗漏。例如，工业制造业有生产产品的业务，因而必须要有反映产品制造成本的会计科目，而商业企业有商品的采购和销售业务，则必须要有反映商品采购以及商品销售的会计科目。

(二) 统一性和灵活性相结合的原则

设置会计科目既要符合会计准则的规定，又要符合会计主体的具体要求。统一性是指在设置会计科目时，根据会计准则要求，对一些会计科目的设置及其核算内容应符合国家的统一规定，以保证核算指标在一个部门甚至全国都具有可比性或可汇总性。灵活性是指在保证统一核算指标的前提下，可以根据会计主体的具体情况和经济管理要求，对相关的会计科目作必要的增补、减少、归并或改称。例如，对包装物和低值易耗品业务较少的企业，可以用“周转材料”会计科目统一核算这类业务。又如，对股份制企业，通常将“实收资本”会计科目改称为“股本”。

（三）对外报告和对内经营管理兼顾原则

设置会计科目应兼顾对外报告和对内经营管理的需要，这样才能更好地提供对决策有用的会计信息。如将会计科目根据其所提供信息的详略程度，分为总分类科目和明细分类科目。总分类科目提供的是总括性信息，基本能满足企业外部有关方面的信息需求；而明细分类科目是对总分类科目的进一步分类，提供更详细、具体的信息，以满足内部经营管理的需要。

（四）简明实用原则

每一个会计科目都有其特定的核算内容，应力求做到简明扼要、通俗易懂，以利于准确反映会计主体的生产经营活动。所以，对每一个会计科目的核算内容必须有清晰的边界界定，对会计科目也应有简洁清晰的名称，以便于理解。

（五）既要适应经济业务发展需要，又要保持相对稳定原则

设置会计科目要适应社会经济环境的变化和企业自身业务发展的需要。例如，任何一家企业在刚开办时的业务量总是比较小的，但随着经营活动开展，逐渐打开市场，业务量逐渐增加，这时可能原先设置的会计科目已经不能全面反映企业的经济活动了，这就要求企业增设一些新的会计科目。因此开始时设置的会计科目就应留有余地，考虑到将来可能增加会计科目的情况。会计科目一经确定，不宜再随意变动，要保持相对稳定。

三、会计科目的内容和级次

（一）会计科目的内容

2006 年，财政部颁布的《企业会计准则——应用指南》统一规定了企业会计科目，具体内容，如表 2—1 所示。

表 2—1　　会计科目名称及其核算主要内容表

序号	编号	会计科目	主要核算内容
		一、资产类	
1	1001	库存现金	核算企业的库存现金
2	1002	银行存款	核算企业存入开户银行或其他银行的各种款项

续前表

序号	编号	会计科目	主要核算内容
3	1015	其他货币资金	核算企业的外埠存款、银行汇票存款、银行本票存款、信用卡存款、信用证保证金存款、存出投资款等各种其他货币资金
4	1101	交易性金融资产	核算企业为交易目的所持有的债券、股票、基金等投资资产
5	1121	应收票据	核算企业因销售商品、产品、提供劳务等而收到的商业汇票，包括银行承兑汇票和商业承兑汇票
6	1122	应收账款	核算企业因销售商品、产品、提供劳务等经营活动应收而未收取的款项
7	1123	预付账款	核算企业按照购货合同规定预付给供应单位的款项
8	1231	其他应收款	核算除应收票据、应收账款、预付账款等以外应收及暂付款
9	1241	坏账准备	核算企业应收款项等可能发生坏账而计提的坏账准备
10	1132	应收利息	核算企业应收而未收取的利息
11	1131	应收股利	核算企业应收取的现金股利和应收取其他单位分配的利润
12	1401	材料采购	采用计划成本进行材料日常记录时，核算购入材料的采购成本
13	1402	在途物资	采用实际成本（进价）进行材料（商品）日常记录时，核算购入材料（商品）的采购成本
14	1403	原材料	核算企业库存的各种材料，包括原料及主要材料、辅助材料、外购半成品（外购件）、修理用备件（备品备件）、包装材料、燃料等计划成本或实际成本
15	1404	材料成本差异	核算企业各种材料的实际成本与计划成本的差异
16	1406	库存商品	核算各种库存商品的实际成本（进价）或计划成本（售价）
17	1412	包装物及低值易耗品	核算企业包装物和低值易耗品的计划成本或实际成本
18	1521	持有至到期投资	核算企业持有至到期的各种投资
19	1524	长期股权投资	核算企业持有的采用成本法或权益法核算的长期股权投资
20	1601	固定资产	核算企业持有固定资产的原价
21	1602	累计折旧	核算企业对固定资产计提的累计折旧
22	1606	固定资产清理	核算企业固定资产出售、报废、毁损等而转入清理的净值、清理费用和清理收入
23	1604	在建工程	核算企业基建、技改等各项在建工程成本
24	1701	无形资产	核算企业持有的无形资产成本
25	1702	累计摊销	核算企业对使用寿命有限的无形资产计提的累计摊销
26	1901	待处理财产损溢	核算企业在财产清查过程中查明但需要批准处理的各种盘盈、盘亏和毁损的财产价值
		二、负债	
27	2001	短期借款	核算企业向银行或其他金融机构等借入的期限在1年以下（含1年）的各种借款

续前表

序号	编号	会计科目	主要核算内容
28	2201	应付票据	核算企业购买材料、商品和接受劳务等而开出并已承兑的商业汇票，包括银行承兑汇票和商业承兑汇票
29	2202	应付账款	核算企业购买材料、商品和接受劳务等经营活动应支付的款项
30	2205	预收账款	核算企业按照合同规定向购货单位预收的款项
31	2241	其他应付款	核算除应付票据、应付账款、预收账款等以外的应付或暂收款项
32	2211	应付职工薪酬	核算按规定应付给职工的各种薪酬，包括职工工资、福利费、基本养老保险、基本医疗保险、生育保险、失业保险、工伤保险、住房公积金、工会经费、职工教育经费、非货币性福利等
33	2221	应交税费	核算企业按照税法规定计算应交纳的各种税费
34	2232	应付利息	核算企业按照合同约定应支付的期限在一年内的各种利息
35	2231	应付股利	核算企业应付的股利或利润
36	2601	长期借款	核算企业向银行或其他金融机构借入的期限在1年以上（不含1年）的各项借款
		三、成本	
37	5001	生产成本	核算企业进行工业性生产而发生的各项生产费用，包括生产各种产品（包括产成品、自制半成品等）、自制材料、自制工具等生产费用
38	5101	制造费用	核算企业生产车间、部门为生产产品和提供劳务而发生的各项间接费用
39	5301	研发支出	核算企业进行无形资产、新产品、新工艺等研发过程中发生的各项支出
		四、所有者权益	
40	4001	实收资本	核算企业接受投资者实际投入企业的资本金
41	4002	资本公积	核算企业收到投资者出资超出其在注册资本或股本中所占份额部分以及直接计入所有者权益的利得和损失等
42	4101	盈余公积	核算企业从净利润中提取的盈余公积
43	4103	本年利润	核算企业当年实现的利润总额和净利润（或发生的净亏损）
44	4104	利润分配	核算企业利润的各项分配（或亏损的弥补）
		五、损益类	
45	6001	主营业务收入	核算根据收入准则确认销售商品、提供劳务等主营业务的收入
46	6051	其他业务收入	核算企业根据收入准则确认的除主营业务以外的其他经营活动实现的收入，包括出租固定资产、出租无形资产、出租包装物和商品、销售材料等实现的收入
47	6111	投资收益	核算企业确认的投资收益或投资损失
48	6401	主营业务成本	核算企业根据收入准则确认销售商品、提供劳务等主营业务收入时按配比原则应予结转的成本

续前表

序号	编号	会计科目	主要核算内容
49	6402	其他业务成本	核算除主营业务活动以外的其他日常经营活动所发生的支出
50	6405	营业税金及附加	核算企业经营活动中发生的营业税、消费税、城市维护建设税、资源税和教育费附加等需由营业收入补偿的相关税费
51	6601	销售费用	核算企业销售商品和材料、提供劳务的过程中发生的各种费用
52	6602	管理费用	核算企业为组织和管理经营活动所发生的管理费用
53	6603	财务费用	核算企业因筹资而发生的筹资费用，包括利息支出（收入）、金融机构的手续费支出、汇兑损益、现金折扣等
54	6701	资产减值损失	核算企业计提各项资产减值准备或其他确认的资产减值损失
55	6301	营业外收入	核算企业直接计入当期损益的各项利得，各项净收入，包括罚没收入、政府补贴等
56	6711	营业外支出	核算企业直接计入当期损益的各项损失，包括罚款支出、滞纳金支出、公益性捐赠支出等
57	6801	所得税费用	核算企业确认的应从当期利润总额中扣除的所得税费用，包括当期所得税费用和递延所得税费用

（二）会计科目的层次

各个会计科目并不是彼此孤立的，而是相互联系、相互补充，组成一个完整的会计科目体系。通过这些会计科目，可以为企业经济管理提供所需要的一系列核算指标。在生产经营过程中，由于经济管理的要求不同，所需要的核算指标的详细程度也就不同。根据经济管理的要求，既需要设置提供总括核算指标的总分类科目，也需要设置提供详细核算资料的二级明细科目或明细分类科目。

会计科目按其提供指标的详细程度，或者说提供信息的详细程度，可以分为两大类：总分类科目和明细分类科目（包括二级科目、明细科目）。

1. 总分类科目

总分类科目，也称总账科目或一级科目，是对会计要素具体内容进行总括分类的项目，是进行总分类核算的依据。如表 2—1 所示即总分类科目。

但一般情况下，总分类科目还不够具体，如“原材料”总账科目没有实物指标，不能提供材料的具体品种、规格及价格，因此在设置总分类科目的同时，还需要设置明细分类科目。

2. 明细分类科目

明细分类科目，也称明细科目或细目，是对总分类科目所包含的内容再进一步细化的科目。这是对总分类科目的进一步补充。如果对某总分类科目进一步补充细化的内容很多，可以在总分类科目和明细分类科目之间再插入一个中间科目，这称为二级科目。如在“原材料”总分类科目下按照材料的品种分别设置明细分类科目。当这种明细分类科目很多时，可以再插入“主要材料”和“辅助材料”等二级科目。显然，上一级会计科目是下级明细科目的总括反映，而下级明细科目是对相应的上级会计科目的详细补充。

设置明细科目除了要符合设置会计科目的五项原则之外，还应注意体现重要性原则。比如，企业赊销A产品给甲公司时，应设置“应收账款”总分类科目，但需要设置明细科目时，是用“甲公司”作为明细科目名称，还是用“A产品”作为明细科目名称？对企业来说，甲公司是债务人，将来需要与甲公司结算债务的，而A产品可能涉及的不仅仅是甲公司一家，因此不宜用A产品作为明细科目，而应以“甲公司”作为“应收账款”总分类科目之下的明细科目。通常情况下，债权结算类科目应以债务人作为明细科目。

按照我国现行的会计准则规定，总分类科目一般由财政部统一制定，在不影响会计核算和会计报表指标汇总，以及对外提供统一的会计报表的前提下，各单位可以根据实际情况自行增设、减少、合并或调整某些会计科目。明细分类科目在不违反统一会计核算要求的前提下，各单位可根据实际需要自行设置。

会计科目按提供指标详细程度，可依照表2—2所示方式分级。

表2—2　　会计科目按提供指标详细程度的分级范例

总分类科目（一级科目）	明细分类科目	
	二级科目（明细科目）	明细科目
原材料	甲材料	主要材料
	主要材料	乙材料
	辅助材料	丙材料
生产成本	第一车间	A产品
	第二车间	B产品
应收账款	甲公司	

为同时反映总分类科目和相应的明细分类科目，可用下面方法表示：

总分类科目—二级科目—明细分类科目

或者

总分类科目—明细分类科目

例如，总分类科目“原材料”和“应收账款”及其明细科目可表示如下：

原材料——主要材料——甲材料

——乙材料

原材料——辅助材料——丙材料

应收账款——甲公司

（三）会计科目的编号

为了明确会计科目的性质和所属类别，有助于企业进行会计核算和监督，有助于会计电算化处理，会计科目通常规定了编号。如表2—1所示，我国《企业会计准则——应用准则》中提供的会计科目都进行了编号。

一级会计科目的编号一般采用四位纯数字表示，其中：第一位数字（即千位）表示会计科目的类别，如我国《企业会计准则——应用准则》中会计科目的编号，1 表示资产类，2 表示负债类，3 表示共同类，4 表示所有者权益类，5 表示成本类，6 表示损益类；第二位数字（即百位）可以划分大类下面的小类；剩余两码为流水号。为便于会计科目的增减，一般情况下，编码要考虑到未来的扩展性，在编码间留有一定的间隔。明细科目可以在一级科目编号的基础上，以增加位数方式编号，如 1122001 表示应收账款下甲公司的明细科目等。

第二节　会计账户

一、账户的概念

会计科目只是会计对象的具体内容（会计要素）进行分类的项目名称。为了能够分门别类地对各项经济业务的发生所引起会计要素的增减变动及其结果情况进行全面、连续、系统地反映和监督，为会计信息使用者提供准确有用的会计信息，必须设计一种方法或手段，能核算会计对象具体内容的增减变化。这种会计核算的专门方法就是设置会计账户。

会计账户，是以会计科目划定的内容为依据设置的具有一定格式和结构、可以按照一定方法来系统、连续地核算和监督会计对象具体内容的记账实体或记账载体。

企业在设置了相应的会计科目后，可以一一对应地设置账户，包括明细账户和层次。由于会计科目有总分类科目和明细分类科目之分，对会计账户也按此分为总分类账户（总账账户）和明细分类账户（明细账户）。会计账户与会计科目形成一一对应关系，包括明细账户和明细科目，会计账户层次与会计科目层次都一一对应。这种情形，非常类似于一个人与这个人的名字，一个家族里每一个人与每一个人的名字，家族中的辈份相当于会计科目（账户）的层次。

正确地设置和运用账户，把各种经济业务的发生情况，以及由此而引起的各会计要素的增减变化，进行系统、分门别类地核算和监督，对加强宏观和微观经济管理都具有重要意义。

二、账户设置原则

会计账户的设置原则基本上与会计科目设置原则一致。但由于会计账户具有结构，能够反映会计对象的增减变化情况，因此设置会计账户除了与会计科目应遵循的原则相同之外，还应遵循以下原则：

（一）适用性原则

设置会计账户要能够反映会计对象增减变化情况，反映会计记录登记日期，会计记录摘要情况以及必要的记账依据情况等。这就要求设置会计账户时，要全盘考虑该账户将要记录的具体内容，以便这些内容有相应的栏目可用于登记。

（二）便于记录原则

按企业经营管理要求，有些账户可能需要更具体的分类记录，但又不需要增加会计科目，这就得在账户的设置上考虑这些分类记录的方便性。如“管理费用”账户，从企业管理角度，可能需要将费用内容细化，如“招待费”“折旧费”“办公费”等都要求分类记录，因此可通过在同一个金额增加的方向上设置多个栏目用于反映这些内容。

（三）便于管理原则

一般来说，不同会计账户反映的内容不同，但有些会计账户在一些特定的记账方法下却有较多的相似性。比如，一个企业设置“应收账款”账户，并按某个债务人设置了明细账户，如“应收账款——A公司”，但又设置了“预收账款”账户，同样也有A公司明细账户。从企业管理角度看，A公司同时出现在“应收账款”与“预收账款”两个性质不同的账户上，显然不便于管理，这时可以将A公司归在一个账户上进行核算，如归在“应收账款—A公司”账户核算，当出现对A公司的预收账款时，也记录在“应收账款—A公司”账户上。

三、账户结构

账户是用来记录经济业务的，必须具有一定的结构和格式。作为会计核算内容的会计对象会随着经济业务的发生在价值或数量上出现增减变化，并相应产生变化结果。因此，用来分类记录经济业务的账户必须确定账户的基本结构：增加的金额记在哪里，减少的金额记在哪里，增减变动后的结果记在哪里。

一般情况下，账户结构应包括以下内容：（1）账户的名称，即会计科目；（2）日期和摘要，即经济业务发生的时间和内容简要说明；（3）凭证号数，即账户记录的来源或依据；（4）记录增加或减少的金额；（5）增减变动余额。

账户结构与记账方法有关，下面三种类型的账户结构是借贷记账法下的账户结构。

（一）三栏式账户结构

这是指其格式主要包括借方、贷方和余额三个基本栏目的账户结构。这种设置的账户主要核算货币指标，不核算其他数量指标。因此常在总分类账户以及其他只需要提供货币指标的账户上使用。如表2—3所示。

表2—3 **会计科目（账户名称）**

年		凭证号数		摘要	借方	贷方	借或贷	余额
月	日	类	号					

注：“借或贷”栏表示余额的方向。（下同）

（二）多栏式账户结构

这是指根据经济业务的内容和管理的需要，在账页的“借方”和“贷方”栏内再分别设置若干专栏的账户结构。这种账户可以按“借方”和“贷方”分别设专栏，也可以只设“借方”专栏，“贷方”的内容在相应的借方专栏内用红字登记，表示冲减，费用类明细账一般均可采用这种格式的账户；或者只设“贷方”专栏，“借方”的内容在相应的贷方专栏内用红字登记，表示冲减，收入类明细账一般均可采用这种格式的账户。如表 2—4 和表 2—5 所示。

表 2—4 **会计科目（账户名称）**

年		凭证		摘要	借方					贷方	借或贷	余额
月	日	类	号		栏目 1	栏目 2	栏目 3	…	合计			

表 2—5 **会计科目（账户名称）**

年		凭证		摘要	借方	贷方					借或贷	余额
月	日	类	号			栏目 1	栏目 2	栏目 3	…	合计		

（三）数量金额式账户结构

这是指在“借方”、“贷方”和“余额”三个栏目内都分设数量、单价和金额三小栏的账户结构。数量金额式账户不但能够核算货币指标，还能核算数量指标，因此能够同时反映数量和价值量。“原材料”等明细账户均可采用这种结构的账户。如表 2—6 所示。

表 2—6 会计科目（账户名称）

20×2 年		凭证		摘要	借方（收入）			贷方（发出）			余额（结存）		
月	日	字	号		数量	单价	金额	数量	单价	金额	数量	单价	金额

一般情况下，账户需要反映四类金额，期初余额，本期增加发生额，本期减少发生额，期末余额。这四类金额之间的关系如下：

期初余额＋本期增加发生额＝本期减少发生额＋期末余额

为了教学或计算便利，通常采用账户简化格式，即“丁”字形账户或“T”字形账户。

借方	账户名称 贷方
期初余额 本期增加发生额（或减少发生额） 本期发生额合计 期末余额	期初余额 本期减少发生额（或增加发生额） 本期发生额合计 期末余额

图 2—1 教学用或计算用的 T 字形账户

会计上把一个会计期间内按照账户左方或右方所记录的各项交易或事项金额的合计数称为本期发生额合计，通常简称本期发生额。账户的余额要根据一定期间内所记录的增减变化结果而定，包括期初余额和期末余额。一般说来，账户正常的余额所在方向与记录数据增加的方向一致。

四、账户和会计科目关系

虽然会计科目与会计账户平时经常混合称呼，但会计科目与会计账户是两个既有区别，又有联系的不同概念。

（一）相互联系

（1）设置的原则相同。设置会计科目与设置会计账户都应根据企业会计准则进行，符合企业经济业务特点以及企业经济管理要求。

（2）反映的内容相同。会计科目与会计账户都是系统反映会计要素具体内容，而且同一会计科目和会计账户反映的具体内容一致。

（3）项目名称相同。会计科目是会计账户的名称，因此从称呼上两者没有区别。

（二）相互区别

（1）结构和格式上不同。会计科目本身不具有结构和格式，会计账户具有一定的结构和格式，能够对会计科目反映的内容进行连续、系统地记录。

(2) 发挥作用不同。会计科目是会计账户的名称，它规范了会计核算的业务范围，但不能反映具体业务的增减变化情况；会计账户则是用来具体记录经济业务的工具（手段），能够核算和监督经济业务的增减变化及其结果情况。

第三节　借贷记账法

一、复式记账法

（一）记账方法概述

在会计工作中，为全面反映和监督发生的各项经济业务，各会计主体除了要设置账户外，还要根据一定的方法进行记账。所谓记账方法，就是一种记录经济活动的方法，要求这样的方法能够反映经济活动的全貌，监督经济活动过程，达到会计记录的预期目的。会计上的记账方法经历了漫长的演变过程，从古代会计的单式记账法逐步演变成近代会计的复式记账法，从适应简单的经济活动到适应复杂经济活动，使记账方法不断完善、科学。

单式记账法通常是指对企业发生的经济业务，只登记涉及现金或银行存款的收付业务和应收、应付的结算业务，对不涉及现金或银行存款的经济业务至多在一个账户中登记。这是一种不完整的记账方法，不能反映经济业务的全貌和企业资金的来龙去脉，早已被复式记账法所淘汰。复式记账法虽然始于 15 世纪，但现代会计的记账方法还在延续近代会计的复式记账法，虽然现代技术的进步改变了记账手段，但复式记账原理不变。

（二）复式记账法原理

复式记账法是指对每一笔经济业务，都要用相等的金额，在两个或两个以上相互联系的账户中同时进行记录的记账方法。

例如，“以银行存款 3 000 元购买原材料”，这笔业务在记账时，不仅登记“银行存款”减少 3 000 元，同时还要登记“原材料”增加 3 000 元。这种登记的原因是企业银行存款减少了，同时原材料增加了。这两者之间形成因果关系，银行存款减少是因为原材料的增加，或者说原材料的增加是因为银行存款的减少。又如，企业销售商品，获得现金收入2 000 元。这样一个经济业务，一方面使企业的现金增加 2 000 元，另一方面企业的收入也增加 2 000 元。按会计账户来说，这种业务涉及企业的“库存现金”账户，同时也涉及“主营业务收入”账户。企业库存现金增加，同时企业主营业务收入也增加。库存现金增加与主营业务收入增加也形成因果关系。

各单位的经济活动是由众多的经济业务所组成的，每一项经济业务的发生又都会引起相关会计要素的增减变化，会计要素的各种变化，最后都集中表现为“资产”、“负债”、“所有者权益”这些会计要素的增加或减少，而且能始终保持它们之间的总量平衡。会计等式是复式记账的理论依据，即“资产＝负债＋所有者权益”为复式记账法提供了合理、科学的理论保证。复式记账的经济内容是会计要素，各个会计要素又是以会计科目或会计账户来反映的，这些会计账户是相互联系、相互依存的，各自具有独立的含义，并以不同的具体形式存在着，企业发生的经济业务，都会引起每一个会计要素具体内容的价值数量变化。因而设置相应的会计账户进行登记，就使得复式记账组成一个完整的、系统的记账组织体系。有了这样一个记账组织体系，不仅反映了资产、负债和所有者权益的增减变化和结存情况，而且还能反映收入、费用和利润的增减变动及其结存情况。因此，以会计等式为依据，以完整的账户体系为记账架构，是复式记账能够全面、系统和连续地反映和监督企业经济活动的根本原因。

综合上述，复式记账法的主要特点是：

(1) 设立完整的账户体系。这保证了企业中发生的每一笔经济业务都能有账户用于登记。

(2) 对于每一项经济业务都要在相互联系的两个或两个以上的账户中登记。这是由于每一项经济业务发生都能引起两个或两个以上的账户形成因果关系，所有形成因果关系的账户都要登记。

(3) 在具有因果关系的账户两方登记的金额相同。这是由于会计等式的原因，发生的经济业务在形成因果关系的账户之间发生相同的金额变化。

在复式记账法下，可以产生一种用于检查账户记录正确与否的方法。这是因为在一定会计期间内的连续登记，并且每一笔登记都以相同金额进行，从而只需将企业中所有账户相关方向记录全部汇总，按会计等式，必须有平衡关系。

二、借贷记账法

(一) 借贷记账法含义

凡符合复式记账原理的记账方法都可称为复式记账法。从 20 世纪 50 年代起，我国曾有增减记账法和收付记账法等复式记账法，但从《企业会计准则》颁布之后，明确规定我国企业采用借贷记账法。

借贷记账法是以“借”、“贷”为记账符号，以货币为计量工具，全面反映会计主体的经济业务增减变化情况的一种复式记账法。

借贷记账法萌芽于 12—13 世纪，于 15 世纪普及并不断完善，它是历史上第一种复式记账法。由于这种方法从账户结构与设置、记账规则以及试算平衡等方面都有显著的优势，是一种公认的比较成熟、完善的记账方法，因此目前世界各国普遍采用。我国企业采用借贷记账法对会计核算国际趋同，规范会计核算工作，更好地发挥会计核算与监督的作用都具有重要意义。

(二) 借贷记账法特点

1. 以“借”和“贷”为记账符号

“借”和“贷”是借贷记账法的两个记账符号。“借”（debit）表示借方的记账符号，也可简写成 Dr.；“贷”（credit）表示贷方的记账符号，也可简写成 Cr.。“借”、“贷”是两个抽象的符号标记，并没有中文的“借”、“贷”含义。虽然一项经济业务发生，会带来会计要素具体内容的增减变化，但“借”、“贷”二字并不固定的表示经济业务的增加或减少，只有针对某一特定的会计要素而言才具有明确的涵义。比如，对资产类账户，“借”表示该账户反映的资产增加额，而“贷”表示该账户反映的资产减少额，但对负债类账户而言，“借”却表示该账户反映的负债减少额，而“贷”表示该账户反映的负债增加额。因此，作为纯粹的记账符号，既不单纯的代表增加，也不单纯的代表减少。对于一个账户而言，借方和贷方究竟哪方表示增加，哪方表示减少，则要根据账户的性质及其核算内容来决定。“借记……账户”表示“记到……账户的借方”，“贷记……账户”表示“记到……账户的贷方”。

2. 设置完整的账户体系

在借贷记账法下，需要设置完整的账户体系。这些账户体系能够反映企业中所有经济业务增减变化情况。账户按其所反映的经济内容，可分为资产类账户、负债类账户、所有者权益类账户、收入类账户和费用类账户。这些账户分类也是按会计等式构成要素的分类设置的。从会计等式出发，适当设置账户的借贷方反映的内容就能保证会计等式在任何时候都保持平衡。

(1) 资产类账户。借方登记资产增加，贷方登记资产减少，期初余额与期末余额一般在借方。其账户结构一般形式，如图 2—2 所示。

借方	资产类账户名称	贷方
期初余额 登记增加额 期末余额	登记减少额	

图 2—2　资产类账户“丁”字形结构

该账户发生额和余额之间的关系一般可表示为：

资产类账户期末余额＝期初借方余额＋本期借方发生额－本期贷方发生额

(2) 负债及所有者权益类账户。借方登记负债减少或所有者权益减少，贷方登记负债增加或所有者权益增加。期初余额和期末余额一般在贷方。其账户结构形式，如图 2—3 所示。

借方	负债及所有者权益账户名称	贷方
登记减少额	期初余额 登记增加额 期末余额	

图 2—3　负债及所有者权益类账户“丁”字形结构

该账户发生额和余额之间的关系一般可表示为

负债及所有者类账户期末余额＝期初贷方余额＋本期贷方发生额－本期借方发生额

（3）成本费用类账户。企业在生产经营过程中发生的各种耗费，实质上是企业资产的一种转换形式，在成本费用抵消收入以前，可以将其看做一种资产。如“生产成本”归集了生产过程中某产品所发生的所有耗费，但在尚未完工结转入库以前，它反映企业“在产品”这项资产的成本。因此其结构与资产类账户的结构基本相同。借方登记成本费用增加，贷方登记成本费用减少。如果期末有余额，则余额通常在借方。其账户结构形式，如图 2—4 所示。

借方　　成本费用类账户	贷方
期初余额 登记增加额 期末余额	登记减少额

图 2—4　成本费用类账户“丁”字形结构

（4）收入类账户。因为企业收入的增加最终都能导致所有者权益的增加，因此收入的增加额也同所有者权益一样，借方登记收入减少额，贷方登记收入增加额。如果期末有余额，则余额通常在贷方。其账户结构形式，如图 2—5 所示。

借方　　收入类账户	贷方
登记减少额	期初余额 登记增加额 期末余额

图 2—5　收入类账户“丁”字形结构

各会计要素账户的借贷含义汇总，如表 2—7 所示。

表 2—7　　账户的借贷含义汇总表

账户类别	“借”的含义	“贷”的含义	余额一般方向
资产类	增加	减少	借方
负债类	减少	增加	贷方
所有者权益类	减少	增加	贷方
成本类	增加	减少	借方或无
损益类中的收入类	减少	增加	无或贷方
损益类中的费用类	增加	减少	无或借方

3. 以“有借必有贷，借贷必相等”为记账规则

在借贷记账法下，每一项经济业务发生，都必须在记入某一账户借方的同时记入另外一个账户的贷方，而且借方金额合计数与贷方金额合计数相等。

（三）借贷记账法下企业经济业务类型

按照会计等式以及账户类别，企业中一项经济业务发生，最终都会是如下九种基本形式之一：

（1）资产类账户一增一减，并且增减金额相等；

（2）负债类账户一增一减，并且增减金额相等；

（3）所有者权益类账户一增一减，并且增减金额相等；

（4）资产类账户增加，负债类账户也增加，并且增加的金额相等；

（5）资产类账户减少，负债类的账户也减少，并且减少的金额也相等；

（6）资产类账户增加，所有者权益类账户也增加，并且增加金额也相等；

（7）资产类账户减少，所有者权益类账户也减少，并且减少金额也相等；

（8）负债类账户增加，所有者权益类账户减少，并且增减金额相等；

（9）负债类账户减少，所有者权益类账户增加，并且增减金额相等。

上述九种类型的经济业务大多数都能在后面的企业会计核算的例子中找到，但有一些例子需要在后续内容中见到。九类经济业务关系，如图 2—6 所示。

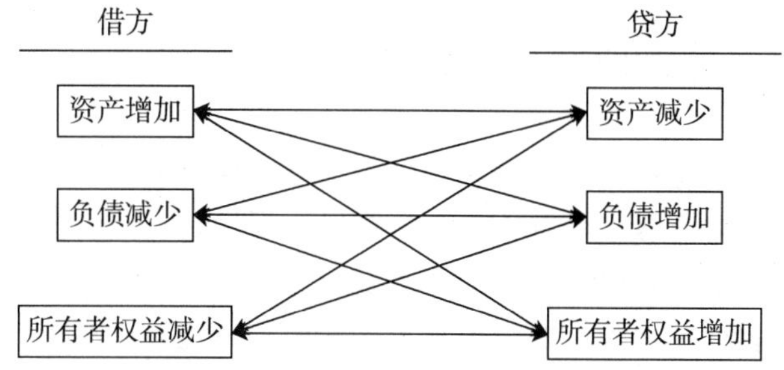

图 2—6　借贷记账法下企业经济业务九种基本类型的关系图

第四节　会计分录

一、会计分录的含义

会计分录是经济业务在登记账户之前预先确定的应记账户名称、方向和金额的一种记录形式。编制会计分录的重点是根据经济业务的特点确定账户名称，包括总分类账户名称、相应的明细分类账户名称、记账方向和记账金额。在会计实务中，会计分录是填写在记账凭证上的，因此会计分录是记账凭证的简化形式。借贷记账法下基本的会计分录形式如下：

借：总分类账科目——明细分类账科目　　　　金额

　贷：总分类账科目——明细分类账科目　　　　金额

二、账户的对应关系

账户的对应关系是指采用复式记账时，一项交易或事项发生后相互影响或者说具有因果关系的两个或两个以上相应账户之间的关系。在借贷记账法下，这种账户对应关系表现为一项交易或事项发生后相互影响的两个或两个以上账户之间的应借应贷关系。存在这种对应关系的账户，称为互为对应账户。

两个账户之间是否存在对应关系取决于账户的性质、核算内容和记账方法。在借贷记账法，存在对应关系的账户都将出现在同一个会计分录中。

同一个会计分录中账户的对应关系有下面 4 种类型：

(1) 一个借方账户与一个贷方账户相互对应，称为“一借一贷”对应关系，这是会计分录中最常见的账户对应关系。

(2) 一个借方账户与多个贷方账户相互对应，称为“一借多贷”对应关系。

(3) 多个借方账户与一个贷方账户相互对应，称为“多借一贷”对应关系。

(4) 多个借方账户与多个贷方账户相互对应，称为“多借多贷”对应关系。

第 (1) 种类型的会计分录，即一借一贷会计分录，常称为简单会计分录，而第(2)～第 (4) 种类型的会计分录通常称为复合会计分录。一般情况下，复合会计分录可以分解为若干个简单会计分录。

三、会计分录的编制步骤及举例

当一笔经济业务发生时，需要从以下几个方面分析编制会计分录：

(1) 分析经济业务的内容，确定涉及哪些账户，即确定具体的会计科目。

(2) 判断涉及的会计科目属于哪些会计要素。

(3) 确定涉及的会计要素是增加还是减少，从而判断应计入账户的借方还是贷方。

(4) 确定各账户中登记的金额。检查借方金额合计数与贷方金额合计数是否相等。

对上述问题进行确认后，以会计分录形式表示出来，也就是指明应记账户名称、方向、金额，从而完成了会计分录的编制。下面例子是借贷记账法下的会计分录，体现借贷记账法的记账规则。

【例 2—1】 A 公司 20×4 年 4 月 2 日向银行临时短期借款 60 000 元，并存入公司的开户银行账户中。

(1) 分析涉及的账户：短期借款，银行存款。

(2) 确认账户所属的会计要素：短期借款属于负债，银行存款属于资产。

(3) 确定会计要素增减变化情况：资产“增加”，企业负债也是“增加”。

(4) 确定记账方向：记入“银行存款”账户借方与“短期借款”账户贷方。

(5) 明确记账金额：借贷方应各记入 60 000 元。

(6) 正确书写会计分录：

借：银行存款　　60 000

　贷：短期借款　　60 000

【例 2—2】 A 公司 20×4 年 4 月 3 日收到甲公司的投资款 100 000 元，并存入银行。

(1) 分析涉及的账户：甲公司的投资款形成甲公司在 A 公司中的实收资本，所以涉及的账户是：实收资本，银行存款。

(2) 确认账户所属的会计要素：实收资本属于所有者权益，银行存款属于资产。

(3) 确定会计要素增减变化情况：资产“增加”，而作为企业所有者权益也是“增加”。

(4) 确定记账方向：记入“银行存款”账户借方与“实收资本”账户贷方。

(5) 明确记账金额：借贷方应各记入 100 000 元。

(6) 正确书写会计分录：

借：银行存款　　100 000

　贷：实收资本——甲公司法人资本　　100 000

【例 2—3】 A 公司于 20×4 年 4 月 13 日用银行存款购买甲材料 20 000 元，甲材料验收入库。

(1) 分析涉及的账户：甲材料已经验收入库，意味着涉及企业“原材料”账户，另外一个账户是“银行存款”。

(2) 确认账户所属的会计要素：“原材料”账户与“银行存款”账户均属于企业资产。

(3) 确定会计要素增减变化情况：资产一增一减，原材料增加，银行存款减少。

(4) 确定记账方向：记入“原材料”借方，同时应记入“银行存款”贷方。

(5) 明确记账金额：双方一增一减，均为 20 000 元。

(6) 正确书写会计分录：

借：原材料——甲材料　　20 000

　贷：银行存款　　20 000

【例 2—4】 A 公司 20×4 年 4 月 15 日以银行存款 15 000 元偿还前欠 B 单位货款。

(1) 分析涉及的账户：欠货款，涉及“应付账款—B 单位”账户；另外一个账户为银行存款。

(2) 确认账户所属的会计要素：应付账款账户属于负债，银行存款账户属于资产。

(3) 确定会计要素增减变化情况：负债“减少”，同时资产也“减少”。

(4) 确定记账方向：记入“应付账款—B 单位”借方，同时应记入“银行存款”贷方。

(5) 明确记账金额：双方均为减少 15 000 元。

(6) 正确书写会计分录：

借：应付账款——B 单位　　15 000

　贷：银行存款　　15 000

上述 4 个会计分录都是简单会计分录。下面的会计分录属于复合会计分录。

【例 2—5】 A 公司 20×4 年 4 月 23 日开出并承兑面值为 75 000 元的商业汇票以及银行存款 25 000 元，用于偿还前欠 D 公司货款。

(1) 分析涉及的账户：开出商业汇票涉及企业“应付票据”账户，另外两个账户为“银行存款”和“应付账款”账户。

(2) 确认账户所属的会计要素：应付票据、应付账款均属于企业负债，银行存款属于企业资产。

(3) 确定会计要素增减变化情况：应付账款负债“减少”，银行存款资产也“减少”，而应付票据负债“增加”。

(4) 确定记账方向：记入“应付账款”账户借方，记入“银行存款”账户贷方和“应付票据”账户贷方。

(5) 明确记账金额：借贷双方均为 100 000 元，其中贷方的银行存款 25 000 元，应付票据 75 000 元。

(6) 正确书写会计分录：

借：应付账款 100 000

　　贷：应付票据 75 000

　　　　银行存款 25 000

如果要求写出明细账户，则明细账户的增减变化与其相应的总账账户一致，因此，上述会计分录是：

借：应付账款——D公司 100 000

　　贷：应付票据——D公司 75 000

　　　　银行存款 25 000

第五节　试算平衡

一、试算平衡的含义

企业对日常发生的经济业务都要记入有关账户，记账内容庞杂，次数繁多，稍有疏忽，便有可能发生差错。因此，对全部账户的记录必须定期进行检查，借以验证账户记录是否正确。所谓试算平衡是指根据会计恒等式“资产＝负债＋所有者权益”以及借贷记账法的记账规则，通过汇总、检查和验算确定所有账户记录是否正确的一种会计核算检查方法。它包括发生额试算平衡和余额试算平衡。

二、试算平衡的基本方法

在借贷记账法下，每笔经济业务都按照“有借必有贷，借贷必相等”的记账规则记入有关账户的借方和贷方，且借贷两方的登记金额相等。试算平衡的基本做法是：

把本期的经济业务全部登记入账，并在计算出借贷方的本期发生额合计数和期末余额的基础上，通过编制“试算平衡表”来进行检查。按照检查内容，试算平衡可分为：发生额平衡法和余额平衡法。

（一）发生额平衡法

发生额是指在一定会计期间内账户所登记的增加额和减少额。

一定会计期间内的全部经济业务的会计分录，都记入有关账户后，全部账户的借方和贷方的本期发生额合计金额必然相等。这种关系可用下列公式表示：

本期全部账户借方发生额合计＝本期全部账户贷方发生额合计

会计实务上，本项工作是通过编制发生额试算平衡表进行的，如表2—8所示。

表2—8　　发生额试算平衡表　　单位：元

会计科目	本期发生额	
	借方	贷方
合计		

按会计等式以及记账规则，本期发生额借方合计数必须等于贷方合计数，如果不等，表明记账或计算有误。

（二）余额平衡法

余额平衡是指在一定会计期间，所有账户的借方余额之和与所有账户的贷方余额之和相等。这是由“资产＝负债＋所有者权益”的恒等关系决定的。根据确定余额的时间不同，可分为期初余额平衡和期末余额平衡。本期的期末余额平衡，结转到下一期，就成为下一期的期初余额平衡。这种关系可用下列公式表示：

本期期末全部账户的借方余额合计＝本期期末全部账户的贷方余额合计

会计实务上，本项工作是通过编制余额试算平衡表进行的，如表 2—9 所示。

表 2—9　　余额试算平衡表　　单位：元

摘要	期末余额	
	借方	贷方
合计		

按会计等式以及记账规则，本期借方余额合计数必须等于贷方余额合计数，如果不等，表明记账或计算有误。

（三）试算平衡表

在会计实务上，通常将发生额及余额试算平衡表合并编表，如表 2—10 所示。

表 2—10　　总分类账户发生额及余额试算平衡表

账户名称	期初余额		本期发生额		期末余额	
	借方	贷方	借方	贷方	借方	贷方
合　计						

应该看到，试算平衡表只是通过借贷方金额是否平衡来检查账户记录是否正确，而有些错误对于借贷双方的平衡并不发生影响。因此，在编制试算平衡表时应注意以下几个问题：

（1）必须保证所有账户的金额均已记入试算平衡表。因为会计等式是对六项会计要素整体而言的，缺少任何一个账户的金额，都会造成借方金额与贷方金额合计数不相等。

（2）如果借贷不平衡，肯定账户记录或计算有错误，应认真查找，直到实现平衡为止。

（3）如果借贷平衡，也不能说明账户记录绝对正确，因为有些错误对于借贷双方的平衡并不发生影响。例如，下列情况都是不影响试算平衡的错误：

①某项经济业务，本应借贷双方登记增加（减少）的，但都登记成减少（增加），借贷仍然平衡；

②重复登记某项经济业务，将使本期借贷双方的发生额发生等额虚增，借贷仍然平衡；

③某项经济业务记错有关账户，借贷仍然平衡；

④某项经济业务颠倒了记账方向，借贷仍然平衡；

⑤借方或贷方发生额中，偶然一多一少并相互抵消，借贷仍然平衡。

【例 2—6】 A 公司相关资料及业务如下：

(1) A 公司 20×4 年 3 月 31 日资产、负债及所有者权益各账户的期末余额，如表 2—11 所示。

表 2—11　　　资产、负债及所有者权益各账户的期末余额表

资产类账户	金额	负债及所有者权益账户	金额
库存现金	5 000	短期借款	120 000
银行存款	200 000	应付票据	20 000
交易性金融资产	80 000	预收账款	15 000
应收账款	130 000	应付账款	240 000
原材料	80 000	累计折旧	60 000
固定资产	540 000	实收资本	360 000
		资本公积	100 000
		盈余公积	70 000
		利润分配	50 000
合计	1 035 000	合计	1 035 000

(2) 20×4 年 4 月份，A 公司经济业务及会计分录见【例 2—1】至【例 2—5】。

(3) 根据会计分录登记账户，期末结出账户的本期发生额合计数和期末余额。如图 2—7 所示。

借	银行存款		贷
期初余额	200 000	20 000	(3)
(1)	60 000	15 000	(4)
(2)	100 000	25 000	(5)
发生额合计	160 000	60 000	发生额合计
期末余额	300 000		

借	应付账款		贷
(4)	15 000	240 000	期初余额
(5)	100 000		
发生额合计	115 000	0	发生额合计
		125 000	期末余额

借	原材料		贷
期初余额	80 000		
(3)	20 000		
发生额合计	20 000		
期末余额	100 000		

借	实收资本		贷
		360 000	期初余额
		100 000	(2)
		100 000	发生额合计
		460 000	期末余额

借	短期借款		贷
		120 000	期初余额
		60 000	(1)
		60 000	发生额合计
		180 000	期末余额

借	应付票据		贷
		20 000	期初余额
		75 000	(5)
		75 000	发生额合计
		95 000	期末余额

图 2—7　T 字形账户

（4）根据账户记录进行试算平衡，编制发生额及余额试算平衡表，见表 2—12。

表 2—12 **试算平衡表**

会计科目	期初余额		本期发生额		期末余额	
	借方	贷方	借方	贷方	借方	贷方
库存现金	5 000				5 000	
银行存款	200 000		160 000	60 000	300 000	
交易性金融资产	80 000				80 000	
应收账款	130 000				130 000	
原材料	80 000		20 000		100 000	
固定资产	540 000				540 000	
短期借款		120 000		60 000		180 000
应付票据		20 000		75 000		95 000
预收账款		15 000				15 000
应付账款		240 000	115 000			125 000
累计折旧		60 000				60 000
实收资本		360 000		100 000		460 000
资本公积		100 000				100 000
盈余公积		70 000				70 000
利润分配		50 000				50 000
合计	1 035 000	1 035 000	295 000	295 000	1 155 000	1 155 000

思考题

1. 什么是复式记账法？什么是借贷记账法？各有什么特点？

2. 会计科目与会计账户有什么联系与区别？

3. 什么是会计分录？什么是简单会计分录？什么是复合会计分录？

4. 试在［例 2—1］至［例 2—5］的经济业务中标出各会计要素增减变动情况，并填入表 2—13 中。

业务	资产		负债		所有者权益	
	增加	减少	增加	减少	增加	减少
1						
2						
3						
4						
5						

第三章

企业主要经济业务核算

第一节 企业主要经济业务概述

为了全面、系统地掌握账户和借贷记账法，进一步掌握企业会计核算的基本方法，本章选择具有完整的供、产、销经营活动的工业制造业为例，比较系统地说明如何建立一套完整的账户体系，并应用借贷记账法进行账务处理。

工业制造业企业从采购原材料开始，到原材料投入生产，并经过生产过程，制造出产品，将完工产品销售出去的整个过程，称为生产经营过程。这种生产经营过程经历了三个首尾相接的阶段：供应阶段、生产阶段和销售阶段。物资的价值表现称为资金，从物资价值来看生产经营过程反映了企业此起彼伏的资金运动。在生产经营过程中，物资不断运动，其价值形态也在不断地发生变化，由一种形态转化为另外一种形态，周而复始，循环往复，这就是资金运动。

资金运动包括五个方面的经济内容。

一、资金筹集

任何一个企业，首先都要从筹集一定数量的生产经营资金开始。资金来源渠道也称为筹资渠道。企业的筹资渠道主要由两大部分构成：

（1）投资者投入资金。这种资金形成企业的所有者权益，因此也称为资本金。投资者可以是国家或代表国家的政府机构、其他法人单位、个人以及外商。投入的形式可以是货币，也可以是实物、无形资产等。

（2）债权人借入资金。这种资金也称为债权人资金，反映债权人权益。债权人通常是银行等金融机构、其他企业或个人等。

二、资金投放

企业筹集到的资金首先进入供应过程。供应过程是企业产品生产的准备阶段，在这个过程中，企业以货币资金建造厂房、购买机器设备和各种材料、燃料等物资，为进行产品生产准备必要的生产资料，这时资金就由货币资金形态转化为固定资金形态和储备资金形态。供应过程为生产产品做好了各项准备后，企业就可以进入生产过程进行产品的生产加工。

三、资金耗费

生产过程是工业制造业企业生产经营过程的中心环节。在产品生产过程中，劳动者利用劳动资料对劳动对象进行加工，制造出各种为市场所需要的产品。生产过程既是物化劳动和活劳动的耗费过程，也是产品的形成过程。在产品生产过程中消耗的各种材料、支付的工资和机器设备等固定资产的磨损价值逐步转移到产品的价值中去。这时，资金的形态也相应由固定资金、储备资金和货币资金形态逐步转化为生产资金形态。随着产品制成和验收入库，资金又从生产资金形态转化为成品资金形态。验收入库的产品随后可通过市场对外出售。

四、资金收入

销售过程是产品价值的实现过程，也是资金耗费的补偿过程。通过产品销售，企业获得收入，实现利润。从货币资金开始，通过投放、耗费和收入三个环节，又回到货币资金形态的运动过程，称为资金循环。周而复始的资金循环称为资金周转。资金周转是企业生存的条件，只有资金周转能够持续下去，企业经营才能持续下去。于是加速资金周转也就成为企业生产经营活动的一项重要目标。

五、资金分配

资金收入使企业获得利润。在弥补生产耗费，按规定交纳税金之后，形成企业可供分配的利润。一部分利润从资金循环中退出，用于分配给投资者以及还本付息等债务偿还，另一部分利润，再次进入资金循环，继续投入企业生产经营活动。

综观上述资金运动过程，企业会计核算在每一个环节都赋有不同的内容。这些内容概括起来，主要有下列一些会计核算业务：（1）资金筹集会计业务；（2）供应过程会计业务；（3）生产过程会计业务；（4）销售过程会计业务；（5）利润形成与利润分配会计业务。

第二节　资金筹集业务的核算

一、筹资业务的基本内容

任何企业从事生产经营活动，首先必须有一定数量的资金投入，所以应先进行资金的筹集。资金筹集是指企业通过不同渠道，采取各种方式，按照一定程序，筹措企业设立、生产经营所需资金的财务活动。资金筹集主要划分为权益性资金筹资和债务性资金筹资两大类。也就是说，企业筹集资金的渠道主要有两个方面：一是投资者投入的资本金，形成投资者权益；二是通过各种形式举借债务，形成企业负债，也称债权人权益。

二、权益性资金筹集业务的核算

投资者的投资及其增值形成的企业资金称为权益性资金，这是企业所有者权益的重要组成部分。所有者权益按经济内容划分，可分为实收资本（或股本）、资本公积、盈余公积和未分配利润四个部分。我国企业会计准则规定："所有者权益的来源包括投资者投入的资本、直接计入所有者权益的利得和损失、留存收益等。"所有者投入的资本既包括构成企业注册资本部分的资金（实收资本），也包括投入资本超过注册资本部分的资金，即资本溢价或股本溢价（资本公积）；直接计入所有者权益的利得和损失，是指不应计入当期损益、但会导致所有者权益发生增减变动的、与所有者投入资本或者向所有者分配利润无关的利得或损失（资本公积）；留存收益是企业历年实现的净利润留存于企业的部分，主要包括累积计提的盈余公积和未分配利润。本节内容将重点介绍所有者权益中实收资本和资本公积业务的核算方法。至于留存收益业务将在本章第六节利润形成与利润分配业务的核算中阐述。

（一）实收资本业务的核算

1. 实收资本的含义

实收资本，也称为投入资本，是指企业的投资者按照企业章程或合同协议的约定实际投入企业的资本金以及按照有关规定由资本公积、盈余公积转为资本的资本金。实收资本是企业所有者权益的主体，也是企业进行正常生产经营活动和独立承担民事责任的基础，代表着一个企业存在和发展的实力。企业资本金应遵守资本保全（或称资本维持）制度的要求，除法律法规另有规定外，资本金不得随意抽回。企业在经营过程中实现的收入、发生的费用，以及在财产清查中发现的盘盈、盘亏等都不得直接增减企业资本金。

注册资本也称法定资本，是企业在国家工商管理部门登记注册的资本。2013 年 12 月 28 日全国人大常委会表决通过关于修改《中华人民共和国公司法》的决议，2014 年 2 月 7 日，国务院以国发［2014］7 号文件印发了《注册资本登记制度改革方案》。明确规定除法律法规另有规定外，公司注册资本从原来的实缴登记制改为认缴登记制，取消了公司注册资本最低限额，放宽了市场主体准入管制，这有利于优化营商环境，激发创业活力，催生发展新动力。注册资本认缴登记制度，虽然不要求企业的实收资本与其注册资本一致，但企业更需要加强自律，因为认缴的出资额是企业对外做出的一种承诺，而且也是企业，如有限责任公司的股东必须以其认缴的出资额为限承担有限责任。

2. 实收资本的分类

企业资本金按照投资主体的不同，可以分为国家资本金、法人资本金、个人资本金和外商资本金。其中，国家资本金是企业接受国家投资而形成的资本金；法人资本金是企业接受其他法人企业或单位投资而形成的资本金；个人资本金是企业接受个人包括内部职工投资而形成的资本金；外商资本金是企业接受外国及我国港、澳、台地区企业投资而形成的资本金。按照投资者投入资本的物质形态不同，还可以分为货币资金出资和非货币资金出资，非货币资金出资包括以实物、证券、无形资产等出资。

3. 实收资本入账价值的确定

企业收到各方投资者投入资本金的入账价值，涉及实收资本核算中价值确定问题。一般来说，实收资本是按照实际收到的投资额入账。对于收到的是货币资金投资的，应以实际收到的货币资金额入账；对于收到的是实物等其他非货币资金投资的，应以投资双方协议或评估确认的公允价值入账。

为了反映实收资本的形成及其变化情况，在会计核算上应设置“实收资本”账户（适用于非股份制企业，股份制企业应使用“股本”账户，在后面的介绍中统一使用“实收资本”，不做区分）。“实收资本”账户属于所有者权益类账户，用来核算企业实际收到投资者投入的资本。本账户贷方登记实收资本的增加额，借方登记实收资本的减少额，期末余额在贷方，表示期末实收资本的实有数额，该账户按投资者设置明细账户，进行明细分类核算。

“实收资本（股本）”账户的结构，如图 3—1 所示。

借方　　　　　　实收资本	贷方
发生额：本期实收资本减少金额	期初余额：期初实收资本实有数 发生额：本期实收资本增加金额
	期末余额：期末实收资本实有数

图 3—1　“实收资本（股本）”账户结构

【例 3—1】　华闽公司收到 A 公司的投资 200 000 元，款项通过银行划转。

这笔经济业务的发生，引起资产和所有者权益两个要素发生变化。企业的银行存款增加 200 000 元，应记入银行存款账户的借方；同时，实收资本也增加 200 000 元，应记入实收资本账户的贷方。编制会计分录如下：

借：银行存款　　200 000

　贷：实收资本　　200 000

【例 3—2】　华闽公司收到甲投资者投入的不需安装的新设备一台，确认的价值为 60 000 元，（不考虑该设备的增值税）。

新设备不需要安装，意味着无需通过“在建工程”核算，直接计入“固定资产”科目。这笔经济业务的发生，引起资产和所有者权益两个要素同时发生变化。企业的固定资产增加了 60 000 元，应记入固定资产账户的借方；同时，投资者投入企业的资本金也增加了 60 000 元，应记入实收资本账户的贷方。编制会计分录如下：

借：固定资产　　60 000

　贷：实收资本　　60 000

【例 3—3】 华闽公司接受某单位以一项专利技术作为投资，经投资双方评估确认的价值为 100 000 元，已办完各种手续。

专利技术属于企业无形资产。这笔经济业务的发生，引起资产和所有者权益两个要素发生变化。一方面企业的无形资产增加了 100 000 元，应记入无形资产账户的借方；另一方面某单位投入企业的资本金也增加了 100 000 元，应记入实收资本账户的贷方。编制会计分录如下：

借：无形资产　　100 000

　贷：实收资本　　100 000

（二）资本公积业务的核算

1. 资本公积的含义

资本公积是投资者投入的超过注册资本所占份额的部分，以及直接计入所有者权益的利得和损失等，是企业所有者权益的重要组成部分。资本公积本质上属于投入资本，这是资本公积与实收资本的共性，但是，资本公积与实收资本又有一定的区别，实收资本（或股本）是企业所有者（股东）对企业的一种原始投资，从法律上讲属于企业的法定资本，而资本公积可以源于投资者的额外投入或者其他额外所得。实收资本按投资者不同分设明细科目，但资本公积却归所有投资者共同享有。

2. 资本公积的来源

企业的资本公积主要来源于所有者投入资本中超过法定资本份额的部分和直接计入资本公积（属所有者权益）的各种利得或损失等。直接计入所有者权益的利得是指企业非日常活动所形成的、会导致所有者权益增加的、与所有者投入资本无关的经济利益的流入；直接计入所有者权益的损失是指企业非日常活动所发生的、会导致所有者权益减少的、与向所有者分配利润无关的经济利益的流出；除前述投入资本中包括的资本或股本溢价产生的资本公积外，其他业务也可能会产生资本公积。另外值得一提的是，利得和损失包括直接计入所有者权益的利得或损失（在“资本公积”账户核算）及直接计入当期损益的利得或损失（在“营业外收入”、“营业外支出”账户核算）。后续内容将进一步讲解，此处不详细阐述。

3. 资本公积的用途

我国《公司法》等法律规定，资本公积的用途主要是转增资本，即在办理增资手续后，资本公积可转为按所有者原有投资比例增加的企业实收资本。资本公积转增资本，一方面可以改变企业投入资本结构，体现企业稳健、持续发展的潜力；另一方面，对股份有限公司而言，它会增加投资者持有的股票数，从而提高股票的交易量和活跃资本市场。

4. 资本公积的核算

企业资本公积一般都有其特定的来源。不同来源形成的资本公积，其核算的方法也不一样。为了反映和监督资本公积的增减变动及其结余情况，会计上应设置“资本公积”账户，并设置“资本溢价（或股本溢价）”、“其他资本公积”等明细账户。资本公积属于所有者权益类，其贷方登记资本公积的增加额，借方登记资本公积的减少额，期末余额在贷方，表示期末资本公积的实有金额。

“资本公积”账户的结构，如图3—2所示。

借方	资本公积　　　　　　　　　　贷方
发生额：资本公积的减少数	期初余额：期初资本公积的结存数 发生额：资本公积的增加数
	期末余额：期末资本公积的结存数

图3—2　“资本公积”账户结构

【例3—4】　华闽公司接受某投资者货币资金的投资400 000元，其中300 000元作为实收资本，另100 000元作为资本公积，公司收到该投资者的投资后存入银行，手续已办妥。

这是一项接受投资而又涉及超过法定资本份额的业务。其中属于法定份额部分应计入实收资本，超过部分作为资本公积。该项业务涉及“银行存款”、“实收资本”和“资本公积”三个账户。银行存款的增加是资产的增加，应计入“银行存款”账户的借方，实收资本和资本公积的增加是所有者权益的增加，应分别计入“实收资本”、“资本公积”账户的贷方。编制会计分录如下：

借：银行存款　　400 000

　贷：实收资本　　300 000

　　　资本公积——资本溢价　　100 000

【例3—5】　华闽公司经股东大会批准，将公司的资本公积（资本溢价）100 000元转作实收资本。

这是一项所有者权益内部转化的业务。该项业务涉及“实收资本”和“资本公积”两个账户。资本公积的减少是所有者权益的减少，应计入“资本公积”账户的借方，实收资本的增加是所有者权益的增加，应计入“实收资本”账户的贷方。编制会计分录如下：

借：资本公积——资本溢价　　100 000

　贷：实收资本　　100 000

三、债务性资金筹集业务的核算

企业在生产经营过程中，由于资金周转或其他方面的原因，可以向银行等金融机构借入款项，也可以向社会公众发行公司债券，筹集所需资金。举债筹资不影响企业原有的资本结构，对原始投资者的权益有所保障。但负债有固定的偿还期，容易造成企业还款的压力。为方便于会计信息使用者分析企业的财务状况和偿债能力，企业的负债按其偿还期限的长短可以分为流动负债和非流动负债。这里仅以流动负债中的短期借款和非流动负债中的长期借款为例介绍债务资金筹集业务的会计核算。

(一) 短期借款业务的核算

1. 短期借款的含义

短期借款是指企业向银行等金融机构借入的偿还期限在 1 年以内(含 1 年)的各种借款。企业取得短期借款主要是为了满足日常生产经营的需要。企业取得各种短期借款时,应遵守银行或其他金融机构的有关规定,根据企业的借款计划及确定的担保形式,经贷款单位审核批准并订立借款合同后方可取得借款。每笔借款在取得时可根据借款合同上的金额来确认和计量。

2. 短期借款利息的确认与计量

短期借款的利息支出属于企业在理财活动过程中为筹集资金而发生的一项耗费,在会计核算中,企业应将其作为期间费用(财务费用)加以确认。由于短期借款支付方式和支付时间不同,会计处理方法也有一定的区别。

短期借款利息的计算公式为

短期借款利息=借款本金×利率×期限

按照权责发生制原则的要求,企业原则上应于每月月末确认当月应负担的利息费用,因而这里的"期限"是一个月。利率往往都是年利率,所以应将其转化为月利率,方可计算出一个月的利息额,年利率除以 12 即为月利率。如果在月内的某一天取得的借款,该日作为计息的起点时间,对于借款当月和还款月则应按实际经历天数计算(不足整月),此时应将月利率转化为日利率。在将月利率转化为日利率时,为简化起见,一个月一般按 30 天计算,一年按 360 天计算。

3. 短期借款的会计处理

对于短期借款本金和利息的核算需要设置"短期借款"和"财务费用"两个主要账户。"短期借款"账户属于负债类,其贷方登记取得短期借款的增加数;借方登记归还短期借款的减少数;期末余额在贷方,表示企业尚未偿还的短期借款。短期借款应按照债权人及借款种类设置明细账户,并进行明细分类核算。

"短期借款"账户的结构,如图 3—3 所示。

借方	短期借款 贷方
	期初余额:期初结存的尚未归还的借款额
发生额:短期借款的偿还金额(减少)	发生额:短期借款的取得金额(增加)
	期末余额:期末结存的尚未归还的借款额

图 3—3 "短期借款"账户结构

"财务费用"账户属于损益类,用来核算企业为筹集生产经营所需资金而发生的筹资费用,包括利息支出(减利息收入)、金融机构手续费、汇兑损益和理财损益等。借方登记发生的各种筹资费用;贷方登记各种存款利息收入、汇兑收益以及期末转入"本年利润"账户的财务费用净额;期末结转后无余额。该账户应按照费用项目设置明细账户或多栏式明细账,进行明细分类账核算。

"财务费用"账户的结构,如图 3—4 所示。

借方	财务费用 贷方
本期发生的利息支出、借款手续费用、汇兑损失等金额	本期发生的利息收入、汇兑收益 期末转入“本年利润”账户的财务费用

图 3—4 “财务费用”账户结构

企业取得短期借款时，借记“银行存款”账户，贷记“短期借款”账户；期末需要计算并确认借款利息时，借记“财务费用”账户，贷记“应付利息”账户；偿还借款本金、支付利息时，借记“短期借款”、“应付利息”账户，贷记“银行存款”账户。

下面一些例子说明短期借款的借入、计息和归还的核算过程。

【例 3—6】 华闽公司于 20×3 年 3 月 31 日从银行借入期限为 9 个月的生产周转借款 100 000 元，借款利率 6%，款项已存入银行。

这项经济业务的发生，公司的银行存款增加 100 000 元，同时，公司的短期借款也增加 100 000 元。这里利率是用于计算利息的，但刚开始借款，尚未形成利息，所以无需进行利息的账务处理。银行存款的增加应记入“银行存款”账户的借方，短期借款的增加应记入“短期借款”账户的贷方。所以，这项经济业务应编制的会计分录如下：

借：银行存款　　100 000

　贷：短期借款　　100 000

【例 3—7】 承前例，假如华闽公司借款利息是按季度结算。试编制 4 月 30 日确认借款利息的会计分录。

按照权责发生制原则，4 月份的利息应在 4 月份确认，但按该项经济业务，该月利息不在 4 月份实际支付。一般情况下，借款利息属于企业的财务费用。因此，这项经济业务的发生，企业 4 月份的一项费用增加（财务费用），同时，企业的一项负债也增加（应付利息）。财务费用的增加应记入“财务费用”账户的借方，应付利息的增加应记入“应付利息”账户的贷方。这项业务也称为计提利息费用。4 月份利息计算如下：

借款年利息＝100 000×6%＝6 000（元）

借款月利息＝6 000÷12＝500（元）

所以，这项经济业务应编制的会计分录是：

借：财务费用　　500

　贷：应付利息　　500

【例 3—8】 承前例，华闽公司在 6 月末用银行存款 1 500 元支付本季度的银行借款利息（5、6 月份的利息计算和计提利息费用与 4 月份相同）。

该项经济业务是偿还应付利息这项负债的业务。一方面使得公司的银行存款减少 1 500 元，另一方面使得公司的应付利息减少 1 000 元（4、5 两个月计提的利息），同时使 6 月份的财务费用增加 500 元。银行存款的减少应记入“银行存款”账户的贷方，应付利息的减少应记入“应付利息”账户的借方，财务费用增加应记入“财务费用”账户的借方。所以，这项经济业务应编制的会计分录如下：

借：财务费用　　500

　　应付利息　　1 000

　贷：银行存款　　1 500

【例 3—9】 承前例，华闽公司在 20×3 年 12 月 31 日用银行存款 101 500 元偿还到期的银行短期借款的本金及 10—12 月份的利息。

从 4 月 1 日到 12 月 31 日，恰好 9 个月时间，到了归还本息的时候。第二季度的利息归还业务同例 3—8，所以最后一个季度归还本息业务，一方面使得公司银行存款减少 101 500 元，用于归还借款本金 100 000 元和最后一个季度的利息 1 500 元，另一方面本月的财务费用增加 500 元，公司的短期借款本金减少 100 000 元，最后一个季度的前两个月应付利息减少 1 000 元。银行存款的减少应记入“银行存款”账户的贷方，财务费用增加应记入“财务费用”的借方；短期借款的减少应记入“短期借款”账户的借方，应付利息减少应记入“应付利息”账户的借方，所以，这项经济业务应编制会计分录如下：

借：短期借款	100 000	
财务费用	500	
应付利息	1 000	
贷：银行存款		101 500

（二）长期借款业务的核算

1. 长期借款的含义

长期借款是企业向银行及其他金融机构借入的偿还期限在 1 年以上或超过 1 年的一个营业周期以上的各种借款。企业举借长期借款，主要是为了购置厂房、购置大型设备或大型的技术更新改造等。在会计核算中，应当区分长期借款的性质，包括专门长期借款和一般性长期借款。按照申请获得贷款时实际收到的贷款数额进行长期借款确认和计量，按照规定的利率和付息方式，定期计息并确认长期借款费用入账。

2. 长期借款利息的确认与计量

长期借款费用主要是利息费用。按照企业会计准则的规定，长期借款利息需要区分符合资本化条件的利息和符合费用化条件的利息。符合资本化条件的长期借款利息应直接计入的资产购建成本，而符合费用化条件的利息应当在发生时根据其发生额确认为当期费用，计入当期损益（财务费用）。具体地说，为购建某项工程而发生长期借款利息，在该工程项目达到预定可使用或者可销售状态之前，应将其资本化，也就是，应记入该工程成本；在该工程完工达到预定可使用或者可销售状态之后发生的利息支出应停止借款费用资本化，而应予以费用化。这时的利息费用直接记入当期损益（财务费用）。

3. 长期借款的会计处理

为了核算长期借款本金及利息的取得和偿还情况，需要设置“长期借款”账户，该账户属于负债类。贷方登记长期借款的增加数（包括本金和各期计算出来的未付利息）；借方登记长期借款的减少数（偿还的借款本金和利息）；期末余额在贷方，表示尚未偿还的长期借款。该账户应按贷款银行以及贷款种类设置明细账户，并进行明细分类核算。企业取得长期借款时，借记“银行存款”账户，贷记“长期借款”账户；计算利息时借记“在建工程”、“财务费用”等账户，贷记“长期借款”账户；偿还借款、支付利息时借记“长期借款”账户，贷记“银行存款”账户。

“长期借款”账户的结构，如图 3—5 所示。

借方	长期借款	贷方
发生额：长期借款本息的偿还（减少）		期初余额：期初结存的未还长期借款本息 发生额：长期借款本金取得和未付利息增加额
		期末余额：尚未偿还长期借款本息结余

图 3—5 “长期借款”账户结构

【例 3—10】 华闽公司为购建一条新的生产线（工期 2 年），于 20×1 年 1 月 1 日向中国银行取得期限为 3 年的人民币借款 5 000 000 元，存入银行。华闽公司当即将该借款投入到生产线的购建工程中。

这项经济业务的发生，公司的银行存款增加 5 000 000 元，同时，公司的长期借款增加 5 000 000 元。银行存款的增加应记入“银行存款”账户的借方，长期借款的增加应记入“长期借款”账户的贷方。所以，这项经济业务应编制的会计分录如下：

借：银行存款　　5 000 000

　贷：长期借款——本金　　5 000 000

【例 3—11】 承前例，假如上述借款年利息 400 000 元，合同规定到期一次还本付息。要求编制 20×1 年末应由该工程负担的借款利息的会计分录。

在固定资产建造工程交付使用之前，用于工程的借款利息属于资本性支出，即，应记入固定资产建造工程成本。所以，这项经济业务的发生，公司的在建工程成本增加 400 000 元，工程成本的增加应记入“在建工程”账户的借方，由于这项长期借款利息 400 000 元要求到期偿还，偿还期超过一年，因此该项长期借款利息使得长期借款负债增加，所以该借款利息可直接记入“长期借款”账户的贷方。这项经济业务应编制的会计分录如下：

借：在建工程　　400 000

　贷：长期借款——利息　　400 000

【例 3—12】 承前例【例 3—10】和【例 3—11】，华闽公司在 20×3 年年末偿还该笔借款的本金 5 000 000 元和 3 年利息共计 1 200 000 元。

该笔长期借款在存续期间的利息共计为 1 200 000 元（注意：由于工程已经在 20×2 年年末完工，所以 20×3 年的利息不能记入工程成本，而应记入当年财务费用，关于 20×2 年和 20×3 年利息费用的处理略），借款本金 5 000 000 元，合计为 6 200 000 元，在20×3 年年末一次付清。所以，这项经济业务的发生，公司的银行存款减少 6 200 000 元，同时，公司的长期借款（包括本金和利息）减少 6 200 000 元。银行存款的减少应记入“银行存款”账户的贷方，长期借款的减少应记入“长期借款”账户的借方。所以，这项经济业务应编制的会计分录如下：

借：长期借款——本金　　5 000 000

　　　　　　——利息　　1 200 000

　贷：银行存款　　6 200 000

第三节　供应过程业务的核算

为了进行产品生产，企业必须利用筹集的资金准备劳动资料，其中较为重要的是劳动手段和劳动对象的准备。劳动手段的准备主要是构建厂房建筑物和机器设备等固定资产；劳动对象的准备主要是进行材料采购。这些都是企业进行生产经营活动必须具备的物质基础。本节主要介绍固定资产购置业务（本书只讲固定资产外购取得业务）的核算和材料采购业务的核算。

一、固定资产购置业务的核算

（一）固定资产的含义

固定资产，是指为生产商品、提供劳务、出租或经营管理而持有的，使用寿命超过一个会计年度的有形资产，包括房屋及建筑物、机器设备、运输设备、工具器具等。

固定资产同时具有下列三个特征：一是为生产商品、提供劳务、出租或经营管理而持有的；二是使用寿命超过一个会计年度；三是有形资产。第一项特征，表明固定资产是为企业生产经营活动而存在的，并非为了出售而存在，因此有别于企业的存货。第二项特征，表明固定资产的使用年限较长，这有助于区别低值易耗品或其他物品。第三项特征，表明固定资产是有形资产，这表明固定资产区别于企业的无形资产。

（二）固定资产入账价值的确定

企业取得固定资产的入账价值按固定资产取得时的实际成本确定。固定资产取得时的实际成本是指企业购建固定资产达到预定可使用状态前所发生的一切合理的、必要的支出，既有直接发生的，如支付固定资产的买价、包装费、运杂费、安装费等，也有间接发生的，如固定资产建造过程中应予以资本化的借款利息费用等。企业可以从各种渠道取得固定资产。不同的渠道形成的固定资产，其价值构成的具体内容也不相同。企业外购固定资产的成本，包括购买价款、进口关税和其他税费，使固定资产达到预定可使用状态前所发生的可归属于该项资产的运输费、装卸费、安装费和专业人员服务费等。自行建造固定资产的成本，由建造该项资产达到预定可使用状态前所发生的必要支出构成，包括工程用物资成本、人工成本、交纳的相关税费、应予资本化的借款费用以及应分摊的间接费用等。

这里需要说明的是关于企业购进货物包括固定资产在内涉及的增值税问题。按我国增值税法的规定，增值税是对在我国境内销售货物或者提供加工、修理修配劳务以及进口货物的企业单位和个人，就其货物销售或提供劳务的增值额和货物进口金额为计税依据而课征的一种流转税。我国目前增值税采用抵扣制度，即指不直接计算增值额，而是以纳税人在纳税期内销售应税货物或提供应税劳务的销售额乘以适用税率，求出销售应税货物而收取的增值税，这时也称销项税额，然后扣除企业购进货物或接受应税劳务已纳或应支付的增值税，这时也称进项税额，其差额即为纳税人应纳的增值税税额。增值税的进项税额与销项税额是相对应的，一项经济业务中，销售方的销项税额就是购买方的进项税额。按照税法规定，专门运输费允许按照运费金额和7%的扣除率计算进项税额。

2008年11月5日国家财政部和国家税务总局联合颁布了修订后的《中华人民共和国增值税暂行条例》，规定自2009年1月1日起，在全国推行增值税转型改革，其核心就是企业在计算应交增值税时，对于企业购入的用于生产的机器设备的增值税进项税额可以抵扣，不计入固定资产成本，但是企业购入的个人消费品（如小汽车、游艇等）所支付的增值税，不予扣除，应计入固定资产成本。有关增值税较为详细的内容可参阅本书后面的附录。

为便于理解，本书例题中涉及的运输费都暂不考虑增值税的问题。

（三）固定资产的核算

企业购买和自行建造固定资产业务的核算应设置以下主要账户：

1.“固定资产”账户

该账户属于资产类，用来核算企业持有固定资产原始价值（简称原价）的增减变动及其结余情况。借方登记固定资产原价的增加，贷方登记固定资产原价的减少；期末余额在借方，表示固定资产原价的结余额。该账户应按照固定资产的种类设置明细账户，进行明细分类核算。

“固定资产”账户的结构，如图3—6所示。

借方　　　　　固定资产	贷方
期初余额：期初固定资产结存的原价 发生额：固定资产取得成本的增加额	发生额：结转处置固定资产原价减少额
期末余额：期末固定资产结存的原价	

图3—6　“固定资产”账户结构

2.“在建工程”账户

该账户属于资产类，用来核算企业为进行固定资产基建、安装、技术改造以及大修理等工程而发生的全部支出，并据以计算确定该工程成本。借方登记工程支出的增加额；贷方登记结转完工总成本，期末余额在借方，表示未完工工程的成本。“在建工程”账户应按工程内容或项目，如建筑工程、安装工程、安装设备等设置明细账户，进行明细分类核算。

“在建工程”账户的结构，如图3—7所示。

借方　　　　　在建工程	贷方
期初余额：期初结存的工程成本 发生额：本期工程支出的增加额	发生额：本期工程完工转出的工程成本
期末余额：期末未完工工程成本	

图3—7　“在建工程”账户结构

企业购买的固定资产，有些不需要安装就可直接投入使用，而有些还需要经过安装方可投入使用，这两种情况在核算上是有区别的。在对固定资产进行核算时，一般将其区分为不需要安装的固定资产和需要安装的固定资产。需要安装的固定资产，在其达到预定可使用状态之前，由于没有形成完整的成本资料，必须通过“在建工程”账户进行成本归集核算，在购建过程中所发生的全部支出，都归集在“在建工程”账户，待工程达到预定可使用状态而形成固定资产之后，方可将该工程成本从“在建工程”账户转入“固定资产”账户。

3.“应交税费”账户

该账户属于负债类，用来核算企业应交纳的各种税费及其增减变动情况与实际缴纳情况。贷方登记各种应交而未交的税费，包括增值税、消费税、营业税、城市维护建设税、教育费附加、所得税等；借方登记实际缴纳的各种税费，包括支付的增值税进项税额。期末余额方向不固定，如果在贷方，表示企业尚未交纳的税额；如果在借方，表示企业多交或尚未抵扣的税款。“应交税费”账户应按照税费品种设置明细账户，进行明细分类核算。

“应交税费”账户的结构，如图 3—8 所示。

借方　　　　应交税费	贷方
实际缴纳的各种税费	计算出的应交而未交的税费
	期末余额：应交而尚未交纳的税费结存数

图 3—8　“应交税费”账户结构

【例 3—13】　华闽公司 20×3 年 12 月 5 日购入一台不需要安装的生产设备，该设备的买价为 200 000 元，增值税为 34 000 元，包装运杂费 2 000 元，全部款项通过银行存款支付，设备当即投入使用。

这是一台不需要安装的设备，购买之后就意味着达到了预定可使用状态。在购买过程中发生的货款和包装运杂费支出共计 202 000 元形成固定资产的取得成本，支付的增值税 34 000 元应记入“应交税费——应交增值税（进项税额）”账户。这项经济业务的发生，公司固定资产增加 202 000 元，同时，公司的银行存款减少 236 000 元。固定资产的增加应记入“固定资产”账户的借方；支付的增值税进项税额应记入“应交税费——应交增值税（进项税额）”账户的借方；银行存款的减少应记入“银行存款”账户的贷方。所以，这项经济业务应编制的会计分录如下：

借：固定资产　　202 000
　　应交税费——应交增值税（进项税额）　　34 000
　贷：银行存款　　236 000

【例 3—14】　华闽公司 20×3 年 12 月 15 日用银行存款购入一台需要安装的机器设备，增值税专用发票等相关凭证注明其买价为 100 000 元，增值税为 17 000 元，包装运杂费等为 4 000 元，设备投入安装。

由于这是一台需要安装的设备，因而购买过程中发生的各项支出构成固定资产安装工程成本，在设备达到预定可使用状态前，这些支出应先在“在建工程”账户中进行归集。这项经济业务的发生，公司的在建工程成本增加 104 000 元（100 000＋4 000），同时，公司的银行存款减少 121 000 元。在建工程成本的增加应记入“在建工程”账户的借方，支付的增值税进项税额应记入“应交税费——应交增值税（进项税额）”账户的借方，银行存款的减少应记入“银行存款”账户的贷方。所以，这项经济业务应编制的会计分录如下：

借：在建工程　　104 000
　　应交税费——应交增值税（进项税额）　　17 000
　贷：银行存款　　121 000

【例 3—15】　承前例，华闽公司的上述设备在安装过程中发生如下安装费：领用本企业原材料 3 000 元，应付本企业安装工人的薪酬 4 000 元。

设备在安装过程中发生的安装费也构成固定资产安装成本。这项经济业务的发生，公司固定资产安装工程支出增加 7 000 元（3 000＋4 000），同时，公司的原材料减少 3 000 元，应付职工薪酬增加 4 000 元。在建工程成本的增加应记入“在建工程”账户的借方，原材料的减少应记入“原材料”账户的贷方，应付职工薪酬的增加应记入“应付职工薪酬”账户的贷方。所以，这项经济业务应编制的会计分录如下：

借：在建工程　　7 000
　贷：原材料　　3 000
　　　应付职工薪酬　　4 000

【例 3—16】　承前例，上述设备安装完毕，达到预定可使用状态，并经验收合格办理竣工决算手续，现已交付使用，结转工程成本。

工程安装完毕，交付使用，意味着固定资产的取得成本已经形成，可以将该工程全部支出转入“固定资产”账户，其工程的全部成本为 111 000 元（104 000＋7 000）。这项经济业务的发生，公司的固定资产取得成本增加 111 000 元，同时，公司的在建工程成本减少 111 000 元。固定资产的增加应记入“固定资产”账户的借方，在建工程成本的结转应记入“在建工程”账户的贷方。所以，这项经济业务应编制的会计分录如下：

借：固定资产　　111 000
　贷：在建工程　　111 000

二、材料采购业务的核算

原材料是指企业为生产产品而储备的各种原料及主要材料、辅助材料、外购半成品、修理用备件、包装材料、燃料等。原材料构成企业的一项存货。所谓存货是指企业在日常经营活动中持有的待售商品或产成品，处于生产过程中的在产品以及在生产过程或提供劳务过程中耗用的材料和物资等。为建造固定资产等各项工程而储备的各种材料，虽然同属于材料，但是不符合存货的定义，因此不能作为企业存货，而应列入“工程物资”科目核算。

不同方式取得的材料，其成本的确定方法不同，成本构成内容也不同。在材料采购过程中，一方面是企业从供应单位购进各种材料，要计算购进材料的采购成本，另一方面企业要按照经济合同和约定的结算办法支付材料的买价和各种采购费用，并与供应单位发生货款结算关系。在材料采购业务的核算过程中，还会涉及增值税进项税额的计算与处理问题。

具体来说，外购材料的成本即材料的采购成本，指企业材料从采购到验收入库前所发生的全部支出，包括购买价款、相关税费（一般不包括增值税）、运输费、装卸费、保险费以及其他可归属于材料采购成本的费用。其中，购买价款，是指企业购货发票账单上列明的货款金额，但不包括按规定可以抵扣的增值税额。相关税费，是指企业购买、自制或委托加工存货发生的进口关税、消费税、资源税和不能抵扣的增值税进项税额等应计入材料采购成本的税费。其他可归属于材料采购成本的费用，即采购成本中除上述各项以外的可归属于材料采购成本的费用，如在材料采购过程中发生的仓储费、包装费、运输途中的合理损耗、入库前的挑选整理费用等。这些费用能分清负担对象的，应直接计入材料的采购成本；不能分清负担对象的，应选择合理的分配方法，分配计入有关材料的采购成本，可按所购材料的数量或采购价格比例等进行分配。对于采购过程中发生的物资毁损、短缺等，除合理的损耗应当作为其他可归属于材料采购成本的费用计入采购成本外，应区别不同情况进行会计处理：从供货单位、外部运输机构等收回的物资短缺或其他赔款，应冲减所购物资的采购成本；因遭受意外灾害发生的损失和尚待查明原因的途中损耗，暂作为待处理财产损溢进行核算，查明原因后再作处理。需要注意的是市内零星运杂费、采购人员的差旅费以及采购机构的办公经费等不构成材料的采购成本，而应计入期间费用（管理费用）。

会计实务上，企业的原材料可以按照实际成本计价，也可以按照计划成本计价，具体采用哪一种方法，由企业根据具体情况自行决定。本书只介绍实际成本计价的材料核算。

原材料按实际成本计价方法核算时应设置以下几个账户：

（1）“在途物资”账户。该账户属于资产类，用来核算企业已经付款或已开出并承兑的商业汇票，但尚未到达或尚未验收入库的原材料。借方登记购入材料的买价和采购费用，贷方登记结转完成采购过程、验收入库材料的实际采购成本；期末余额在借方，表示尚未运达企业或者已经运达企业但尚未验收入库的在途材料的成本。“在途物资”账户应按照购入材料的品种或种类设置明细账户，进行明细分类核算。

“在途物资”账户的结构，如图 3—9 所示。

借方　　　　　　　　在途物资	贷方
期初余额：期初在途物资材料成本 发生额：发生物资材料买价和采购费用	结转验收入库物资材料实际采购成本
期末余额：期末在途材料成本	

图 3—9　“在途物资”账户结构

企业对于购入的材料，不论是否已经付款，只要确认该材料所有权已经归属企业时，一般都可记入“在途物资”账户，在材料验收入库结转成本时，再将其成本转入“原材料”账户。购入材料过程中发生的除买价之外的采购费用，如果能够分清是某种材料直接负担的，可直接计入该材料的采购成本，否则就应进行分配。分配时，首先根据材料的特点确定分配的标准，一般来说，可以选择的分配标准有材料的重量、体积、买价等，然后计算材料采购费用分配率，最后计算各种材料的采购费用负担额，即：

材料采购费用分配率＝共同采购费用额/分配标准的合计数

某材料应负担的采购费用额＝该材料的分配标准×材料采购费用分配率

（2）“原材料”账户。该账户属于资产类，用来核算企业库存材料实际成本的增减变动及其结存情况。借方登记已验收入库材料实际成本的增加，贷方登记发出材料的实际成本；期末余额在借方，表示库存材料实际成本的期末结余金额。“原材料”账户应按照材料的保管地点、材料的种类或规格等设置明细账户或数量金额式明细账，进行明细分类核算。

“原材料”账户的结构，如图 3—10 所示。

借方	原材料　　　　　　　　贷方
期初余额：期初库存材料实际成本 发生额：本期验收入库材料实际成本的增加	发生额：本期库存材料实际成本的减少
期末余额：期末库存材料实际成本结余额	

图 3—10　“原材料”账户结构

（3）“应付账款”账户。该账户属于负债类，用来核算企业因购买材料、物资和接受劳务供应等应付而未付账款的增减变动及其结余情况。贷方登记应付供应单位款项（买价、税金和代垫运杂费等）的增加额，借方登记应付供应单位款项的减少额。期末余额一般在贷方，表示尚未偿还的应付账款的结余额。该账户应按照债权人设置明细账户，进行明细分类核算。

“应付账款”账户的结构，如图 3—11 所示。

借方	应付账款　　　　　　　　贷方
发生额：本期偿还应付供应单位款项	期初余额：期初尚未偿还的应付款数 发生额：应付而未付供应单位款项的增加数
	期末余额：期末尚未偿还的应付账款

图 3—11　“应付账款”账户结构

（4）“应付票据”账户。该账户属于负债类，用来核算企业采用商业汇票结算方式购买材料物资等而开出并承兑的商业汇票的增减变动及其结余情况。贷方登记企业开出并已承兑的商业汇票的增加额，借方登记商业汇票的减少金额。期末余额在贷方，表示尚未到期的商业汇票的期末结余额。该账户应按照债权人的不同设置明细账户，进行明细核算，同时设置“应付票据备查簿”，应付票据到期结清时，应将备查簿中的记录进行冲销。

商业汇票按承兑人不同，分为商业承兑汇票和银行承兑汇票两类。商业承兑汇票是由付款人承兑的商业汇票，而银行承兑汇票是由银行承兑的汇票。在我国，一般情况下，银行承兑汇票对企业来说承担的风险较小，而商业承兑汇票具有一定的风险。

“应付票据”账户的结构，如图 3—12 所示。

借方	应付票据　　　　　　　　贷方
发生额：应付票据的减少额	期初余额：期初尚未到期的商业汇票 发生额：商业汇票的增加额
	期末余额：期末尚未到期商业汇票的结余数

图 3—12　“应付票据”账户结构

（5）“预付账款”账户。该账户属于资产类，用来核算企业向供应单位预付货款业务。预付货款属于企业的一项债权。该账户借方登记结算债权的增加即预付账款的增加，贷方登记收到供应单位提供的材料物资而应冲销的预付账款。期末借方余额表示尚未结算的预付账款的结余额，如为贷方余额实质上属于应付账款，成为企业的负债。该账户应按照供应单位的名称设置明细账户，进行明细分类核算。对于预付账款业务不多的企业，也可不设“预付账款”账户，而统一在“应付账款”账户的借方反映企业预付的款项。

“预付账款”账户的结构，如图3—13所示。

借方　　　　　预付账款	贷方
期初余额：期初尚未结算的预付款数 发生额：预付供应单位款项的增加	期初余额：期初应付而未付的账款 发生额：冲销预付供应单位的款项
期末余额：尚未结算的预付账款	期末余额：期末应付而未付的账款

图3—13　“预付账款”账户结构

【例3—17】　华闽公司用银行存款140 400元购入A材料600公斤，每公斤价格200元，共计材料价格120 000元和增值税20 400元。A材料全部验收入库。

该项经济业务的发生，一方面A材料验收入库，表明公司材料增加120 000元，另一方面公司的银行存款减少140 400元，支付增值税使公司的应交税费负债减少20 400元。材料增加记入“原材料”账户的借方，应交税费负债减少记入“应交税费——应交增值税（进项税额）”账户的借方，银行存款减少记入“银行存款”账户的贷方。因此应编制的会计分录是：

借：原材料——A材料　　120 000
　　应交税费——应交增值税（进项税额）　　20 400
　贷：银行存款　　140 400

【例3—18】　华闽公司从华艺工厂购入下列材料：甲材料5吨，每吨价格为2 500元，乙材料2吨，每吨价格为4 000元，甲、乙材料的增值税共计3 485元。购货的增值税专用发票已到，但尚未付款，甲、乙材料也尚未到达公司。

由于材料尚未到达公司，也就不能验收入库，于是“原材料”账户尚不能登记。但购货发票已到，表明材料的采购成本已经发生，材料采购成本增加20 500元（2 500×5＋4 000×2），增值税进项税额增加，也就是企业应交税费负债将减少3 485元。尚未付款意味着公司应付给华艺工厂的账款，即负债增加23 985元（20 500＋3 485）。尚未验收入库的材料采购成本记入“在途物资”账户的借方，增值税进项税额的增加应记入“应交税费——应交增值税（进项税额）”账户的借方，应付账款的增加应记入“应付账款”账户的贷方。所以，这项经济业务应编制的会计分录如下：

借：在途物资——甲材料　　12 500
　　　　　　——乙材料　　8 000
　　应交税费——应交增值税（进项税额）　　3 485
　贷：应付账款——华艺工厂　　23 985

【例 3—19】 华闽公司开出转账支票 5 600 元支付上述甲、乙两种材料共同的运杂费，按照材料的重量比例进行分配。

运杂费构成材料采购成本，由于甲、乙材料共同负担运杂费 5 600 元，需要在甲、乙材料之间进行分配：

运杂费分配率＝5 600÷（5＋2）＝800（元/吨）

甲材料负担的采购费用＝5×800＝4 000（元）

乙材料负担的采购费用＝2×800＝1 600（元）

这项经济业务的发生，公司的材料采购成本增加 5 600 元，其中甲材料采购成本增加 4 000 元，乙材料采购成本增加 1 600 元；同时，公司的银行存款减少 5 600 元。作为材料采购成本的增加应记入“在途物资”账户的借方，银行存款的减少应记入“银行存款”账户的贷方。所以，这项业务应编制的会计分录如下：

借：在途物资——甲材料	4 000	
——乙材料	1 600	
贷：银行存款		5 600

【例 3—20】 接【例 3—18】和【例 3—19】，甲、乙材料运达公司，并验收入库。

验收入库，表明公司原材料增加，而原来作为计算和归集采购成本的“在途物资”已完成其成本归集使命，所以，原材料增加记入“原材料”账户的借方，而甲材料采购总成本 16 500 元（12 500＋4 000）和乙材料采购总成本 9 600 元（8 000＋1 600）应从“在途物资”账户中转出，这表明“在途物资”减少，应记入“在途物资”账户的贷方。即

借：原材料——甲材料	16 500	
——乙材料	9 600	
贷：在途物资——甲材料		16 500
——乙材料		9 600

【例 3—21】 华闽公司按照合同规定用银行存款预付给光明工厂订购丙材料货款 20 000 元。

这项经济业务的发生，使得公司预付的订货款增加 20 000 元，同时，使得公司的银行存款减少 20 000 元。预付订货款的增加应记入“预付账款”账户的借方，银行存款的减少应记入“银行存款”账户的贷方。所以，这项经济业务应编制的会计分录如下：

借：预付账款——光明工厂	20 000	
贷：银行存款		20 000

【例 3—22】 华闽公司收到光明工厂发运来的、前已预付货款的丙材料。随货物附来的发票注明该批丙材料的价款为 20 000 元，增值税进项税额为 3 400 元，另发生运杂费 1 600 元，除冲销原预付款 20 000 元外，不足款项用银行存款补付。材料验收入库。

这项经济业务的发生，材料采购成本共计 21 600 元（20 000＋1 600），由于材料已经验收入库，采购成本无需再通过“在途物资”账户归集，直接转入公司的原材料。所以公司的原材料增加 21 600 元，应交增值税负债减少 3 400 元；同时，公司的预付款与银行存款共减少 25 000 元，（其中银行存款减少 5 000 元和预付账款减少 20 000 元）。材料增加应记入“原材料”账户的借方，增值税负债减少应记入“应交税费——应交增值税（进项税额）”账户的借方，预付款的减少应记入“预付账款”账户的贷方，银行存款的减少应记

入“银行存款”账户的贷方。所以，这项经济业务应编制的会计分录如下：

借：在途物资——丙材料　21 600

　应交税费——应交增值税（进项税额）　3 400

　贷：预付账款——光明工厂　25 000

借：预付账款——光明工厂　5 000

　贷：银行存款　5 000

【例3—23】 华闽公司签发并承兑一张商业汇票，用以抵付本月【例3—18】从华艺工厂购入的甲材料和乙材料的价税款23 985元。

这项经济业务的发生，公司的应付账款减少23 985元，同时，公司的应付票据增加23 985元。应付账款的减少应记入“应付账款”账户的借方，应付票据的增加应记入“应付票据”账户的贷方。所以，这项经济业务应编制的会计分录如下：

借：应付账款——华艺工厂　23 985

　贷：应付票据——华艺工厂　23 985

第四节　生产过程业务的核算

工业企业的主要经济活动是供、产、销的经济活动，也就是购建生产产品所需要的机器、设备和采购材料等物资，生产符合市场需要的产品，然后销售产品以获得企业利润。利润最大化始终都是企业经济活动的一项重要财务目标。提高产品利润可以通过提高市场占有率，提高产品销售价格而获得，也可以通过降低产品生产成本来获得。但由于销售价格往往受到许多不为企业所左右的外部因素制约，所以降低产品成本是企业提高产品利润的一条重要途径。

产品成本主要是由什么构成的呢？产品成本按经济内容构成的项目通常称为成本项目。一般说来，成本项目是由直接材料、直接人工和制造费用三个部分所组成。直接材料和直接人工等统称为直接费用。直接费用是指能够直接计入成本计算对象的费用，不需要在不同的成本计算对象之间分配。制造费用是一项间接费用，也就是指企业为组织生产产品和提供劳务而发生的各项间接支出。详细地说，直接材料是指企业在生产产品和提供劳务的过程中所消耗的、直接用于产品生产，构成产品实体的各种原材料及主要材料、外购半成品以及有助于产品形成的辅助材料等。直接人工是指企业在生产产品和提供劳务过程中，直接从事产品生产的工人工资、津贴、补贴和福利费等薪酬。制造费用的构成内容比较复杂，包括车间一般管理人员的工资费、福利费、折旧费、办公费、水电费、机物料消耗、季节性停工损失等，这些费用平时只是暂时归集在“制造费用”账户中，在一定时候，比如月末，需要将制造费用按企业（车间）的各种相关成本计算对象进行分配，这时将分配由某个成本计算对象负担的“制造费用”部分，再记入该成本计算对象的“制造费用”成本项目中，构成成本计算对象成本的一个组成部分。工业企业的成本计算对象通常是产品。

生产费用与生产成本是两个不同的概念，它们既有联系又有区别。生产费用是指工业企业在生产产品过程中发生的、用货币表现的所有生产耗费。这种生产耗费不特别针对某类产品而发生，但如果企业为生产一定种类和数量的产品所支出的生产费用总和对象化于该类产品，则这时的生产费用就形成了该类产品的生产成本。两者的联系在于生产费用的发生过程也是产品成本的形成过程。费用是产品成本形成的基础，成本是对象化的费用。两者的区别在于生产费用是在一定期间内为了进行生产经营活动而发生的各项耗费，因此与发生的期间相关；但生产成本是针对某类产品而言所发生的费用，是按产品品种等成本计算对象对当前发生的生产费用进行归集而形成的。企业发生的各项费用，只有与产品生产有直接关系的费用才能记入产品成本，包括直接材料、直接人工以及通过分配记入的制造费用等；对于与产品无直接关系，但与生产经营活动期间密切相关的费用，应作为期间费用处理，如管理费用、财务费用等，不记入产品生产成本。

一、材料费用的归集与分配

工业企业为生产产品而领用材料，材料耗费就构成了产品的材料费用。工业企业在确定材料费用时，应根据领料凭证区分车间、部门和不同用途，将发出材料的成本分别记入“生产成本”、“制造费用”、“管理费用”等账户以及相应的产品成本明细账。对于直接用于某种产品生产的材料费用，应按直接受益直接分配原则，直接记入该产品的生产成本明细账中的“直接材料”项目；对于由几种产品共同耗用、应由这些产品共同负担的材料费用，按照共同受益间接分配原则，选择适当的标准在各种产品之间进行分配之后，记入各有关成本记算对象；对于为组织生产等需要而间接消耗的各种材料费用，应先在“制造费用”账户中进行归集，然后再同其他间接费用一起分配记入有关产品成本中。另外，企业经营活动中可能发生一些共同性费用，有些共同性费用由于与受益对象的受益关系并不十分明显且费用的金额也不大，对受益对象的成本升降水平影响有限时，按照重要性原理，可以不记入相应受益对象的成本。而对受益对象的成本升降水平影响较大的重要的共同性费用，才按照共同受益间接分配原则按受益关系记入受益对象成本之中。

为了反映和监督产品在生产过程中各项材料费用的发生、归集和分配情况，正确地计算产品生产成本中的材料费用，应设置以下几个账户：

1. “生产成本”账户

该账户属于成本类，用来归集和分配产品生产过程中所发生的各项生产费用，并据以计算产品生产成本。借方登记应记入产品生产成本的各项费用，包括直接记入产品生产成本的直接材料、直接人工和期末按照一定的方法分配记入产品生产成本的制造费用；贷方登记结转完工验收入库产成品的生产成本。期末如有余额，应在借方，表示尚未完工产品（在产品）的生产成本。该账户应按产品品种设置明细账或多栏式明细账，进行明细分类核算。

生产成本账户的结构，如图 3—14 所示。

借方　　　　　　　　　　　生产成本	贷方
期初余额：期初未完工产品成本 本期发生额：发生的各类生产费用，包括直接材料、直接人工、制造费用等	结转完工验收入库产成品成本
期末余额：期末在产品成本	

图 3—14　“生产成本”账户结构

2. “制造费用”账户

该账户属于成本类，用来归集和分配企业生产车间为组织和管理产品生产所发生的暂时不能直接记入“生产成本”账户的各项间接费用，包括车间管理人员的薪酬、车间用固定资产的折旧费、办公费、水电费、机物料消耗等。借方登记实际发生的各项制造费用，贷方登记期末经分配后转入“生产成本”账户借方的制造费用转出额，期末费用结转后一般无余额。该账户应按不同车间设置明细账户，按照费用项目设置专栏进行明细分类核算。

制造费用账户的结构，如图3—15所示。

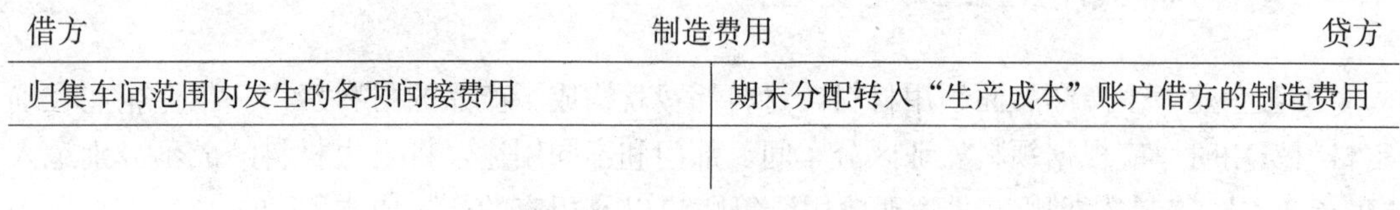

借方	制造费用 贷方
归集车间范围内发生的各项间接费用	期末分配转入“生产成本”账户借方的制造费用

图3—15 “制造费用”账户结构

【例3—24】 华闽公司20×3年12月31日，根据本月发料凭证汇总表。A、B产品共同耗用甲材料100 000元，其中：A产品耗用60 000元，B产品耗用40 000元，A、B产品共同耗用乙材料246 000元，其中：A产品耗用50 000元，B产品耗用80 000元，车间一般耗用116 000元。

该企业的材料费用可以分为两个部分，一部分为直接用于产品生产的直接材料费用，另一部分为属于间接费用的车间一般材料耗用。产品成本计算对象要以A、B产品分别设立，具体如表3—1所示。

表3—1 材料费用计算

成本计算对象	直接费用		间接费用	
	甲材料	乙材料	甲材料	乙材料
A产品	60 000	50 000		
B产品	40 000	80 000		
合计	100 000	130 000		116 000

这项经济业务的发生，公司生产产品的直接材料费增加230 000元，间接材料费增加116 000元，同时，公司的库存材料减少346 000元。生产产品的直接材料费和间接材料费的增加应分别记入“生产成本”和“制造费用”账户的借方，原材料的减少应记入“原材料”账户的贷方。所以，这项经济业务应编制的会计分录如下：

借：生产成本——A产品 110 000
　　　　　　——B产品 120 000
　　制造费用 116 000
　贷：原材料——甲材料 100 000
　　　　　　——乙材料 246 000

二、人工费用的归集与分配

职工薪酬是企业为获得职工提供的服务而给予各种形式的报酬以及其他相关支出，通常包括职工工资、奖金、津贴、补贴、职工福利费、医疗保险费、养老保险费、失业保险费、工伤保险费、生育保险费、住房公积金、工会经费、职工教育经费以及非货币性福利等。其中医疗保险费、养老保险费、失业保险费、工伤保险费、生育保险费和住房公积金也常称为“五险一金”，前面五项保险费也常统称为社会保险费。这是按国家规定的基准和比例计算，向社会保险机构缴纳的保险费用。住房公积金也是企业按国家规定的基准和比例计算，向住房公积金管理机构缴存的公积金。

企业发生的职工薪酬用途是不同的，有的直接用于产品生产，有的用于管理活动等，所以，在确定本月应负担的职工薪酬时，应该按其用途分别在有关账户中进行核算。职工薪酬在实际发生时应根据职工提供服务的受益对象不同，分别计入有关成本费用或计入有关资产的成本。应由生产产品、提供劳务负担的职工薪酬，计入产品生产成本或劳务成本；应由在建工程、无形资产负担的职工薪酬，计入建造固定资产或无形资产的成本；其他的职工薪酬计入当期损益。对于生产多种产品的企业，共同性的职工薪酬应在各种产品之间按照一定的标准进行分配。在对企业的职工薪酬进行核算时，应根据工资结算汇总表或按月编制的“职工薪酬分配表”的内容进行相关的账务处理，登记有关的总分类账户和明细分类账户。

为了核算职工薪酬的发生和分配，需要设置“应付职工薪酬”账户。“应付职工薪酬”账户属于负债类，用来核算企业应付给职工的各种薪酬的计算与实际发放情况。其贷方登记本月计算的应付职工薪酬总额，包括各种工资、奖金、津贴和职工福利费等，借方登记本月实际支付的职工薪酬。月末如为贷方余额，表示本月应付职工薪酬大于实付职工薪酬的差额，即应付而未付的职工薪酬。“应付职工薪酬”账户可以按照“工资”、“奖金”、“津贴”、“职工福利”、“社会保险费”、“住房公积金”、“工会经费”和“职工教育经费”等设置多栏式明细账户，进行明细分类核算。

“应付职工薪酬”账户的结构，如图 3—16 所示。

借方　　　　　　　　　　　应付职工薪酬	贷方
实际支付的职工薪酬（工资、奖金、津贴、福利费、劳动保护费等）	由成本计算对象分别负担的职工薪酬发生额
	期末余额：应付而未付的职工薪酬结存数

图 3—16　“应付职工薪酬”账户结构

下面一些例子反映生产过程中部分职工薪酬的归集与分配业务的核算。

【例 3—25】　华闽公司根据 12 月份的考勤记录和产量记录等，计算确定本月应付职工的工资如下：生产 A 产品工人工资 50 000 元，生产 B 产品工人工资 60 000 元；生产车间管理人员工资 25 000 元；厂部管理人员工资 30 000 元。

该项经济业务，企业的人工费用可以分为三个部分，一部分为直接用于产品生产的直接人工费用，一部分为属于间接费用的车间管理人工费用，另一部分人工费用与产品生产没有直接联系。产品成本计算对象仍然以 A、B 产品分别设立。因此有下面成本计算资料，如表 3—2 所示。

表 3—2　　人工费用计算表 1

成本计算对象	直接人工（工资）	间接人工（工资）
A 产品	50 000	
B 产品	60 000	
合计	110 000	25 000

这项经济业务的发生，生产工人的工资作为直接生产费用应记入“生产成本”账户的借方，车间管理人员的工资作为间接生产费用应记入“制造费用”账户的借方，厂部管理人员的工资作为期间费用应记入“管理费用”账户的借方，上述职工工资尚未支付形成企业负债的增加，应记入“应付职工薪酬”账户的贷方。根据上述分析，应编制的会计分录如下：

借：生产成本——A 产品　　50 000
　　　　　　——B 产品　　60 000
　　制造费用　　25 000
　　管理费用　　30 000
　贷：应付职工薪酬——工资　　165 000

【例 3—26】　接上例，用银行存款 165 000 元发放工资。

这项经济业务的发生，公司的应付职工薪酬的负债减少 165 000 元，同时，公司的银行存款减少 165 000 元。因此应编制的会计分录如下：

借：应付职工薪酬——工资　　165 000
　贷：银行存款　　165 000

【例 3—27】　计提 12 月份职工工会经费 3 000 元，其中：生产 A 产品工人 800 元，生产 B 产品工人 700 元，车间管理人员 1 000 元，行政管理部门 500 元。

工会经费属于职工薪酬，因此也类似【例 3—25】有下面成本计算资料，如表 3—3 所示。

表 3—3　　人工费用计算表 2

成本计算对象	直接人工（工会经费）	间接人工（工会经费）
A 产品	800	
B 产品	700	
合计	1 500	1 000

行政部门的工会经费与生产产品没有直接联系，不计入产品成本，而是作为期间费用处理。所以有下面的会计分录：

借：生产成本——A 产品　　800
　　　　　　——B 产品　　700
　　制造费用　　1 000
　　管理费用　　500
　贷：应付职工薪酬——工会经费　　3 000

【例 3—28】　华闽公司将计提的工会经费 3 000 元转交公司工会部门。

企业中的工会部门通常有自己的银行户头，因此转交工会经费后，公司“应付职工薪酬——工会经费”的负债减少 3 000 元，同时，企业“银行存款”资产也减少 3 000 元。所以该业务应编制的会计分录如下：

借：应付职工薪酬——工会经费　　　　3 000

　贷：银行存款　　　　3 000

三、制造费用的归集与分配

制造费用是工业企业为了生产产品和提供劳务而发生的各种间接费用，其主要是企业的生产部门（如生产车间）为组织和管理生产活动而发生的费用。制造费用都是间接用于产品生产的费用，如机物料消耗费用，车间生产或管理使用的固定资产折旧费、保险费，车间生产或管理发生的水电费、劳动保护费、车间管理人员的职工薪酬、办公费、差旅费等。制造费用还包括直接用于产品生产，但管理上不要求或者不便于单独核算，因而不专设成本项目进行核算的费用，如生产工具的摊销费、设计制图费、试验费以及生产工艺用的动力费等。

在生产多种产品的企业里，制造费用在发生时一般无法直接判定其应归属的成本计算对象，因而不能直接计入所生产的产品成本中，必须将上述各种费用按照发生的不同空间范围（如车间）在“制造费用”账户中先予以归集、汇总，然后采用一定的标准在各种产品之间进行分配。制造费用可以采用的分配标准有：按生产工人工资比例分配、按生产工人工时比例分配、按机器设备运转台时分配、按耗用原材料的数量或成本分配、按产品产量分配等。企业可以根据自身管理的需要、产品的生产特点等来选择分配标准。但是，标准一经确定，应遵循可比性的要求，一般不得随意变更。

固定资产随着在生产经营过程中的不断使用，其服务能力也会逐渐丧失，这种丧失是由于固定资产的损耗造成的。固定资产的损耗通常有两种类型，一是有形损耗，这是由于固定资产使用过程中的磨损、老化，房屋建筑物受到自然侵蚀等原因形成的物理损耗；二是无形损耗，这是由于新技术、新工艺的出现而使原有固定资产技术水平相对陈旧、市场需求变化使产品过时等因素形成的相对损耗。这两类损耗使得固定资产有一个使用寿命问题。当使用寿命期限届满时，原有的固定资产必须予以废弃、替换或重置。因此，企业必须在固定资产的有效使用年限内通过计提折旧费用的方式不断实现对固定资产损耗价值的补偿，以使将来固定资产废弃时，企业有能力重新购置资产，维持再生产的正常进行，同时也是为了实现期间收入与费用的正确配比。

固定资产折旧就是指在固定资产使用寿命内，按照确定的方法对损耗进行合理估计，并计入相应的产品生产成本或期间费用等的账务处理。为了核算固定资产的折旧，需要设置“累计折旧”账户。

“累计折旧”账户属于资产类，该账户用来核算企业中固定资产已提折旧累计情况。该账户的增加意味着企业资产的减少，因此，贷方登记按月提取折旧额的增加数，借方登记因处置固定资产而减少的累计折旧减少数。期末余额在贷方，表示已提折旧的累计额。该账户只进行总分类核算，不进行明细分类核算。

“累计折旧”账户的结构，如图 3—17 所示。

借方	累计折旧 贷方
因处置固定资产等原因而减少的折旧额	期初余额：期初固定资产累计折旧额 提取的固定资产折旧的增加额
	期末余额：现有固定资产累计折旧额

图 3—17 “累计折旧”账户结构

“固定资产”账户反映的是固定资产原价，固定资产使用过程中的损耗不直接冲减固定资产原价，而是通过“累计折旧”账户来反映固定资产损耗价值。因此通过“固定资产”账户与“累计折旧”账户余额的对比分析或者“固定资产”原价减去“累计折旧”就可得到固定资产的账面净值或折余价值。

固定资产折旧的计提方法包括：年限平均法、工作量法、双倍余额递减法和年数总和法四种，这里只介绍常用的年限平均法，其他几种方法将在后续课程中学习。年限平均法又称直线法，是将固定资产的应计折旧总额均衡地分摊到固定资产预计使用年限内的一种方法。

固定资产原价是指固定资产取得时的入账价值，这是固定资产的实际取得成本。固定资产的净残值是指固定资产预计使用寿命届满时固定资产处置净收益（即未来的处置收益扣除处置费用后的净值），因此净残值是一项预计值。

$$\text{固定资产折旧总额}=\text{固定资产原价}-\text{预计净残值}$$

$$\text{固定资产年折旧额}=\frac{\text{固定资产折旧总额}}{\text{预计使用年限}}$$

$$\text{固定资产月折旧额}=\frac{\text{固定资产年折旧额}}{12}$$

$$\text{预计净残值率}=\frac{\text{固定资产净残值}}{\text{固定资产原价}}=1-\frac{\text{固定资产折旧总额}}{\text{固定资产原价}}$$

$$\text{年折旧率}=\frac{1-\text{预计净残值率}}{\text{预计使用年限}}$$

$$\text{月折旧率}=\frac{\text{年折旧率}}{12}$$

【例 3—29】 华闽公司用银行存款支付本月生产车间水电费 38 000 元。

生产车间水电费属于车间为组织生产和管理而支付的间接费用。支付本月生产车间水电费时，一方面使得车间的制造费用增加 38 000 元，另一方面使得公司的银行存款减少 38 000 元。制造费用的增加应记入“制造费用”账户的借方，银行存款的减少应记入“银行存款”账户的贷方。所以应编制的会计分录如下：

借：制造费用 38 000

　贷：银行存款 38 000

【例 3—30】 华闽公司于 12 月末计提本月固定资产折旧，生产车间的月折旧率 3‰，行政管理部门的月折旧率 2‰。生产车间固定资产原价 5 000 万元，厂部行政管理部门固定资产原价 3 000 万元。

该项经济业务发生，固定资产折旧使车间生产费用增加，也使厂部行政管理费用增加，同时，累计折旧本身也增加。因此车间固定资产提取的折旧额应记入“制造费用”账户的借方，厂部行政管理部门固定资产提取的折旧额应记入“管理费用”账户的借方，同时，固定资产提取的折旧额应记入“累计折旧”账户的贷方，表示固定资产已提折旧的增加。

生产车间月折旧额＝5 000×3‰＝15（万元）

厂部月折旧额＝3 000×2‰＝6（万元）

这项经济业务应编制的会计分录如下：

借：制造费用　　150 000

　　管理费用　　60 000

　贷：累计折旧　　210 000

【例 3—31】　华闽公司在月末将本月累计发生的制造费用总额 330 000 元按照生产工人工资比例分配记入 A、B 产品生产成本（其中 A 产品生产工人工资为 50 000 元，B 产品生产工人工资为 60 000 元）。

按工人工资比例计算制造费用分配率如下：

$$制造费用分配率=\frac{制造费用总额}{生产工人工资总和}=\frac{330\ 000}{50\ 000+60\ 000}=3$$

A 产品负担的制造费用额＝50 000×3＝150 000（元）

B 产品负担的制造费用额＝60 000×3＝180 000（元）

将分配的结果记入产品生产成本时，一方面使得产品生产成本增加 330 000 元，另一方面使得公司的制造费用减少 330 000 元。产品生产成本的增加应记入“生产成本”账户的借方，制造费用的减少应记入“制造费用”账户的贷方。这项业务应编制的会计分录如下：

借：生产成本——A 产品　　150 000

　　　　　　——B 产品　　180 000

　贷：制造费用　　330 000

四、完工产品生产成本的计算与结转

在将制造费用分配计入各种生产产品的成本之后，“生产成本”账户的借方归集了各种产品所发生的直接材料、直接人工和制造费用等全部内容。如果当月没有完工产品，不需要计算完工产品成本时，“生产成本”账户直接结转下个月继续归集生产费用，但当月有部分完工产品，并需要计算完工产品成本时，就得按一定方法计算完工产品的总成本和单位成本。这就是说，将当月已经归集起来的生产总成本按一定方法在完工产品与尚未完工产品之间进行分配，将分配记入完工产品的成本部分，作为完工产品总成本，并以此计算单位成本。账务处理就是将完工产品成本从“生产成本”账户结转到专门进行完工产品核算的“库存商品”账户。这种会计分录也称为成本结转分录。

在某一时刻尚未完成全部生产工序，还处在生产阶段的产品都称为这一时刻的在产品，于是，在产品生产成本计算过程中，存在期初在产品和期末在产品，作为成本，也就有期初在产品成本和期末在产品成本。连同期末完工产品成本以及本月发生的生产费用有下面的关系：

完工产品生产成本＝期初在产品成本＋本月发生的生产费用－期末在产品成本

下面例子将说明产品生产成本的计算以及相应的账务处理过程。

【例 3—32】 华闽公司期初在产品资料、本期发生的各项生产费用资料，如表 3—4 和表 3—5 所示。期末 A 产品 500 件已全部完工；B 产品 1 200 件，其中，完工产品 1 000 件，在产品 200 件。期末在产品成本按定额成本标准计算。单位 B 在产品期末各成本项目的定额成本为：直接材料 50 元、直接人工 30 元、制造费用 45 元。试计算完工产品的生产成本，并进行相应的账务处理。

表 3—4 **期初在产品资料** 单位：元

产品名称	直接材料	直接人工	制造费用	合计
A	15 000	8 000	2 000	25 000
B	20 000	10 000	5 200	35 200
合计	35 000	18 000	7 200	60 200

表 3—5 **本期发生的各项生产费用资料** 单位：元

产品名称	直接材料	直接人工	制造费用	合计
A	110 000	57 000	150 000	317 000
B	120 000	68 400	180 000	368 400
合计	230 000	125 400	330 000	685 400

产品生产成本的计算步骤如下：

第一步，根据资料计算各产品包含期初在产品成本在内的生产费用总和。比如，本例中，

A 产品生产费用总和的计算：

直接材料＝15 000＋110 000＝125 000（元）

直接人工＝8 000＋57 000＝65 000（元）

制造费用＝2 000＋150 000＝152 000（元）

A 产品生产费用总计 125 000＋65 000＋152 000＝342 000（元）

B 产品生产费用总和的计算：

直接材料＝20 000＋120 000＝140 000（元）

直接人工＝10 000＋68 400＝78 400（元）

制造费用＝5 200＋180 000＝185 200（元）

B 产品生产费用总计 140 000＋78 400＋185 200＝403 600（元）

第二步，计算期末在产品成本。

A 产品期末在产品成本计算：因为 A 产品全部完工，期末在产品成本为 0。

B 产品期末在产品成本计算

直接材料＝50×200＝10 000（元）

直接人工＝30×200＝6 000（元）

制造费用＝45×200＝9 000（元）

B 产品期末在产品成本 10 000＋6 000＋9 000＝25 000（元）

第三步，计算完工产品成本和单位成本。

A 产品完工产品成本＝342 000 元，单位成本＝342 000÷500＝684（元）

B 产品完工产品成本＝403 600－25 000＝378 600（元），单位成本＝378 600÷1 000＝378.60（元）

上述计算过程可用表 3—6 和表 3—7 统一进行：

表 3—6　　**A 产品成本计算表**　　单位：元

摘要	直接材料	直接人工	制造费用	合计
期初在产品成本	15 000	8 000	2 000	25 000
本期生产费用	110 000	57 000	150 000	317 000
期末在产品成本	0	0	0	0
完工产品成本	125 000	65 000	152 000	342 000
单位成本	250	130	304	684

表 3—7　　**B 产品成本计算表**　　单位：元

摘要	直接材料	直接人工	制造费用	合计
期初在产品成本	20 000	10 000	5 200	35 200
本期生产费用	120 000	68 400	180 000	368 400
期末在产品成本	10 000	6 000	9 000	25 000
完工产品成本	130 000	72 400	176 200	378 600
单位成本	130	72.40	176.20	378.60

企业生产的产品经过所有工序加工完成后，就成为企业的完工产品，这种产品称为产成品。因此产成品就是指已经完成全部生产过程并已验收入库、符合标准规格和技术条件，可以按照合同规定送交订货单位或可以作为商品对外销售的产品。根据完工产品生产成本计算单可以结转完工并验收入库产品的生产成本。

为了核算完工产品成本结转及其库存商品成本的情况，需要设置“库存商品”账户。该账户属于资产类，用来核算企业库存的外购商品、自制产品即产成品、自制半成品等实际成本（或计划成本）的增减变动及其结余情况。其借方登记验收入库商品成本的增加，贷方登记库存商品成本的减少（发出）。期末余额在借方，表示库存商品成本的期末结余额。“库存商品”账户应按照商品的种类、品种和规格等设置明细账，进行明细分类核算。

“库存商品”账户的结构，如图 3—18 所示。

借方　　　　　　　　库存商品	贷方
期初余额：期初库存商品成本 验收入库商品成本的增加	发出库存商品成本的减少
期末余额：期末结存的商品成本	

图 3—18　“库存商品”账户结构

【例 3—33】 华闽公司生产车间本月生产完工 A、B 两种产品，其中 A 产品完工总成本为 342 000 元，B 产品完工总成本为 378 600 元。A、B 产品现已验收入库，试结转完工产品成本。

产品完工入库并结转成本时，公司的库存商品成本增加，同时，由于结转入库商品实际成本而使生产过程中占用的生产成本减少 720 600 元（342 000＋378 600）。库存商品成本的增加应记入“库存商品”账户的借方；结转入库产品成本使生产成本减少，应记入“生产成本”账户的贷方。这项业务应编制的会计分录如下：

借：库存商品——A 产品　　342 000
　　　　　　——B 产品　　378 600
　贷：生产成本——A 产品　　342 000
　　　　　　　——B 产品　　378 600

第五节　销售过程业务的核算

销售过程是工业企业生产经营过程的最后阶段，销售产品是企业在销售过程中最主要的经济活动，也是企业资金循环的最后一个环节。通过销售产品，获得收入，才能获得企业利润，实现企业经营目标。当然在销售过程中，还要相应发生许多业务，比如按规定交纳销售税金，发生销售费用，结算销售货款等。

工业企业在销售过程中发生的销售商品产品以及提供工业性劳务都统称为主营业务。除此之外，还可能发生其他业务，如销售产品生产过程中多余的材料或不适用的材料、边角料，出租包装物，出租设备，出租无形资产等让渡资产使用权的经济活动。但要注意的是，对于不同行业的企业来说，主营业务和其他业务的划分并不是绝对的，这要根据企业的经营性质和行业特点区别对待。在本节，将按照主营业务和其他业务来分析销售过程业务的核算。

一、主营业务核算

工业企业进行销售收入核算，关键是要解决收入的确认问题，也就是在什么时间确认收入和确认多少收入的问题。按《企业会计准则》，确认收入的标准是权责发生制。在权责发生制下，各会计期间是以收款权利的取得来确认收入的，即不论现金款项是否收到，只要能够确定企业已经取得了收取货款权利的，就可确认为企业的收入。另外一个原则是配比原则。这是指各个会计期间确认收入的同时必须将其相关的成本、费用进行配比确认，以便合理计算本期损益。按照《企业会计准则第 14 号——收入》的要求，企业销售商品收入的确定，必须同时符合以下条件：

（1）企业已将商品所有权上的主要风险和报酬转移给购货方；

（2）企业既没有保留通常与所有权相联系的继续管理权，也没有对已售出的商品实施有效控制；

（3）收入的金额能够可靠计量；

（4）相关的经济利益很可能流入企业；

（5）相关的已发生或将发生的成本能够可靠地计量。

销售商品的收入按照上述的原则和条件予以确认之后，就要对其金额进行计量。销售商品收入的计量，应当按照从供货方已收或应收的合同或协议价款确定收入金额，已收或应收的合同或协议价款明显有失公平的除外。在计量销售商品的收入时，要注意在销售过程中发生的销售退回、销售折让、商业折扣等处理。销售退回，是指企业售出的产品由于质量、品种等不符合要求而发生的退货；销售折让，是指企业因售出商品的质量、品种、规格不符合购货合同要求等原因而在售价上给予的减让，实际发生销售折让时应直接冲减当期的销售收入；商业折扣，是指企业为促进商品销售而直接在商品标价上给予的价格扣除。如，原价 200 元/件，现价 190 元/件。企业销售商品时，如果涉及商业折扣，应当按照扣除商业折扣后的实收金额确定销售收入的金额。

（一）主营业务收入的核算

主营业务收入是企业销售商品产品和提供劳务等主要经营业务所实现的收入。不同行业的企业具有不同的主营业务。例如，工业企业的主营业务是销售产品、半成品和提供工业性劳务，商业企业的主营业务是销售商品，商业银行的主营业务是存贷款和办理结算，保险公司的主营业务是签发保单，安装公司的主营业务是提供安装服务，咨询公司的主营业务是提供咨询服务等。本节内容主要介绍工业企业销售商品业务的核算。

为了反映和监督企业销售商品和提供劳务所实现的收入以及因销售商品而与购货单位之间发生的货款结算业务，应设置下列账户：

（1）“主营业务收入”账户。该账户属于损益类，用来核算企业销售商品和提供劳务所实现的收入。贷方登记企业实现的主营业务收入的增加，借方登记发生销售退回和销售折让时应冲减的本期主营业务收入和期末转入“本年利润”账户的主营业务收入额，结转后该账户期末没有余额。“主营业务收入”账户应按照主营业务的种类设置明细账，进行明细分类核算。

“主营业务收入”账户的结构，如图 3—19 所示。

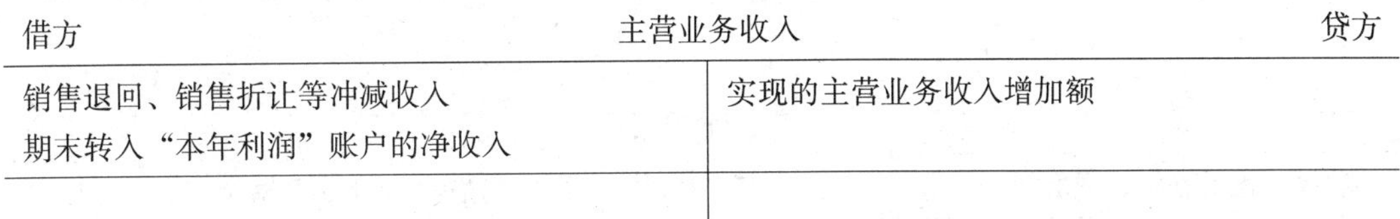

借方　　　　主营业务收入	贷方
销售退回、销售折让等冲减收入 期末转入“本年利润”账户的净收入	实现的主营业务收入增加额

图 3—19　“主营业务收入”账户结构

（2）“应收账款”账户。该账户属于资产类，用来核算因销售商品和提供劳务等而应向购货单位或接受劳务单位收取货款的结算业务。代购买单位垫付的各种款项也在该账户中核算。应收账款按交易日的实际发生额入账。其借方登记由于销售商品以及提供劳务等而发生的应收账款的增加额，包括应收取的价款、税款和代垫款等，贷方登记已经收回的应收账款。期末余额如在借方，表示尚未收回的应收账款；期末余额如在贷方，表示预收的账款。该账户应按不同的购货单位或接受劳务单位设置明细账户，进行明细分类核算。

“应收账款”账户的结构，如图 3—20 所示。

借方	应收账款	贷方
期初余额：期初应收而未收账款结余数 发生的应收账款增加额		期初余额：期初预收的账款结余数 收回的应收账款（减少）
期末余额：应收而未收账款结余数		期末余额：期末预收的账款结余数

图 3—20 “应收账款”账户结构

（3）“预收账款”账户。该账户属于负债类，用来核算企业按照合同规定预收购买单位订货款的增减变动及其结余情况。其贷方登记预收购买单位订货款的增加，借方登记销售实现时冲减的预收货款。期末余额如在贷方，表示企业预收款的结余额；期末余额如在借方，表示应收而未收的购货单位款项。本账户应按照购货单位设置明细账户，进行明细分类核算。

对于预收账款业务不多的企业，可以不单独设置“预收账款”账户，而将预收的款项直接记入“应收账款”账户。

“预收账款”账户的结构，如图 3—21 所示。

借方	预收账款	贷方
期初余额：期初应收款的结余数 预收货款的减少额		期初余额：期初预收款的结余数 预收货款的增加额
期末余额：期末应收款的结余额		期末余额：期末预收款的结余额

图 3—21 “预收账款”账户结构

（4）“应收票据”账户。该账户属于资产类，用来核算企业采用商业汇票（商业承兑汇票或银行承兑汇票）结算方式销售商品而与购货单位发生的结算债权的增减变动及其结余情况。企业销售商品收到购货单位开出并承兑的商业汇票，应记入“应收票据”账户的借方，票据到期收回购货单位款项，应记入“应收票据”账户的贷方。期末该账户如有借方余额，表示尚未到期的应收票据款项的结余额，该账户可以不设置明细账户。如图 3—22 所示。

借方	应收票据	贷方
本期收到的商业汇票增加额		到期（或提前贴现）商业汇票减少额
期末余额：尚未收回的商业汇票应收款		

图 3—22 “应收票据”账户结构

对于正常的商品销售活动，应按照收入确认的条件进行确认和计量，并进行相应的会计处理。按确认的收入金额与应收取的增值税税额，借记“银行存款”、“应收账款”、“应收票据”等账户；按确定的收入金额，贷记“主营业务收入”账户。按规定，销售时应向购货方收取增值税，作为销项税额。按收取的增值税销项税额，贷记“应交税费——应交增值税（销项税额）”账户。

【例 3—34】 华闽公司 20×3 年 12 月 3 日销售给北方公司 A 产品 200 件，价款总额 160 000 元，增值税额为 27 200 元。收到北方公司开具的转账支票一张，支票已存入银行。

这项经济业务的发生，一方面使得公司的银行存款增加 187 200 元（160 000＋27 200），另一方面使得公司的产品销售收入增加 160 000 元，应交增值税（销项税额）负债增加 27 200 元。银行存款的增加应记入“银行存款”账户的借方，产品销售收入的增加应记入“主营业务收入”账户的贷方，增值税（销项税额）负债的增加应记入“应交税费——应交增值税（销项税额）”账户的贷方。这项经济业务应编制的会计分录如下：

借：银行存款　　187 200

　贷：主营业务收入　　160 000

　　　应交税费——应交增值税（销项税额）　　27 200

【例 3—35】 华闽公司 12 月 6 日赊销给北方公司 B 产品 400 件，价款总额为 300 000 元，增值税额为 51 000 元。根据双方协议，款项于发货后 30 日内结算。另外，华闽公司用银行存款为北方公司垫付 B 产品运杂费 1 500 元。

这项经济业务的发生，一方面使得公司的应收账款增加 352 500 元（300 000＋51 000＋1 500），另一方面使得公司的产品销售收入增加 300 000 元，应交增值税增加 51 000 元，银行存款减少 1 500 元。应收账款的增加应记入“应收账款”账户的借方，产品销售收入的增加应记入“主营业务收入”账户的贷方，增值税额的增加应记入“应交税费——应交增值税（销项税额）”账户的贷方，银行存款减少应记入“银行存款”账户的贷方。所以，这项业务应编制的会计分录如下：

借：应收账款——北方公司　　352 500

　贷：主营业务收入　　300 000

　　　应交税费——应交增值税（销项税额）　　51 000

　　　银行存款　　1 500

【例 3—36】 华闽公司 12 月 8 日向广厦公司销售产品 50 件，发票注明该批产品的总价款为 40 000 元，增值税额为 6 800 元，收到广厦公司提供的一张已承兑的含全部款项的商业汇票。

这项经济业务的发生，一方面使得公司的应收票据款增加 46 800 元（40 000＋6 800），另一方面使得公司的产品销售收入增加 40 000 元，应交增值税额增加 6 800 元。应收票据款的增加应记入“应收票据”账户的借方，产品销售收入的增加应记入“主营业务收入”账户的贷方，增值税额的增加应记入“应交税费——应交增值税（销项税额）”账户的贷方。这项经济业务应编制的会计分录如下：

借：应收票据——广厦公司　　46 800

　贷：主营业务收入　　40 000

　　　应交税费——应交增值税（销项税额）　　6 800

【例 3—37】 华闽公司 20×3 年 12 月 13 日按照合同规定预收南方公司订购 B 产品的货款 100 000 元，存入银行。

这项经济业务的发生，公司的银行存款增加 100 000 元，同时，公司的预收账款增加 100 000 元。银行存款增加应记入“银行存款”账户的借方，预收账款增加应记入“预收账款”账户的贷方。这项业务应编制的会计分录如下：

借：银行存款　　100 000

　贷：预收账款——南方公司　　100 000

【例 3—38】 华闽公司于 20×3 年 12 月 23 日发货给南方公司 B 产品 120 件，增值税专用发票注明的价款为 90 000 元，增值税销项税额为 15 300 元。该批货物属于 12 月 13 日的预订货物。当时预订款 100 000 元。20×4 年 1 月 5 日南方公司通过银行转账补付了货款。

华闽公司原预收南方公司货款 100 000 元，而现在发出货物的价税款合计为 105 300 元（90 000＋15 300），不足款项的差额为 5 300 元（105 300－100 000）。这项经济业务的发生，使得公司的预收账款减少 100 000 元，银行存款增加 5 300 元，同时，公司的产品销售收入增加 90 000 元，增值税额增加 15 300 元。预收账款减少应记入“预收账款”账户的借方，银行存款增加应记入“银行存款”账户的借方，产品销售收入增加应记入“主营业务收入”账户的贷方，增值税额的增加应记入“应交税费——应交增值税（销项税额）”账户的贷方。这项业务应编制的会计分录如下：

20×3 年 12 月 23 日

科目	借方	贷方
借：预收账款——南方公司	105 300	
贷：主营业务收入		90 000
应交税费——应交增值税（销项税额）		15 300

20×4 年 1 月 5 日

科目	借方	贷方
借：银行存款	5 300	
贷：预收账款——南方公司		5 300

【例 3—39】 华闽公司于 20×3 年 12 月 25 日销售给北方公司的 B 产品因质量问题被客户退回 4 件，冲减原已确认的收入 3 000 元，冲减原已收款的增值税销项税额 510 元。

由于本月销售给北方公司的 B 产品被退回，按照规定应冲减本月的有关收入、成本等，因此，应在退货时冲减本月的产品销售收入和增值税销项税额。所以，这项经济业务的发生，使得公司的产品销售收入减少 3 000 元、增值税销项税额减少 510 元，同时，公司的银行存款减少 3 510 元。产品销售收入的减少应记入“主营业务收入”账户的借方，增值税销项税额的减少应记入“应交税费——应交增值税（销项税额）”账户的借方，银行存款的减少应记入“银行存款”账户的贷方。所以，这项业务应编制的会计分录如下：

科目	借方	贷方
借：主营业务收入	3 000	
应交税费——应交增值税（销项税额）	510	
贷：银行存款		3 510

企业发生销售退回时也可采用红字更正法进行处理，即用红字（以下用□表示红字）填制会计分录，冲减退回商品的销售和增值税销项税额。所以，这项业务应编制的会计分录如下：

科目	借方	贷方
借：银行存款	[3 510]	
贷：主营业务收入		[3 000]
应交税费——应交增值税（销项税额）		[510]

（二）主营业务成本的核算

主营业务成本是指企业在获取主营业务收入时，与其配比的业务成本。如工业制造业在销售产成品时，在获取产品销售收入时，应与其收入相配比的是该批产品的生产成本。又如商业企业在获取商品销售收入时，应与其收入相配比的是商品采购成本或商品加工成本。由于

主营业务毛利＝主营业务收入－主营业务成本

所以确认主营业务成本是确认主营业务毛利的重要环节，从而也是确认营业利润的重要环节。为了准确计算企业营业利润，必须将主营业务成本与主营业务收入在同一会计期间确认，这是配比原则的要求。主营业务成本的计算公式如下：

本期应结转的主营业务成本＝本期销售商品的数量×商品的单位成本

【例 3—40】 华闽公司 20×3 年 12 月份共销售 A 产品 250 件，销售 B 产品 500 件，A 产品的单位成本为 450 元，B 产品的单位成本为 250 元。试结转销售成本。

首先需要计算确定已销售的 A、B 产品的销售成本。本期销售 A 产品 250 件，其销售总成本为 112 500 元（450×250）；本期销售 B 产品 500 件，其销售总成本为 125 000 元（250×500）。这项经济业务的发生，使公司的产品销售成本增加 237 500 元（112 500＋125 000），同时，使公司的库存商品成本减少 237 500 元。商品销售成本的增加应记入“主营业务成本”账户的借方，库存商品成本的减少应记入“库存商品”账户的贷方。这项业务应编制的会计分录如下：

借：主营业务成本	237 500	
贷：库存商品——A 商品		112 500
——B 商品		125 000

（三）营业税金及附加的核算

营业税金及附加是指企业经营活动应负担，并且要从企业营业收入中获得补偿的相关税费，包括营业税、消费税、资源税、城市维护建设税和教育费附加等。企业在销售商品过程中，实现了商品的销售，就应该向国家缴纳各种销售税金及附加。这些税金及附加一般是根据当月销售额或计税营业额，按照规定的税率计算的。

为了核算企业销售商品的税金及附加情况，需要设置“营业税金及附加”账户。该账户属于损益类，用来反映企业主营业务和其他业务负担的各种营业税金及附加的计算及其结转情况。借方登记按照有关的计税依据计算出来的各种营业税金及附加额，贷方登记期末转入“本年利润”账户的营业税金及附加额。经过结转之后，该账户期末没有余额。

“营业税金及附加”账户的结构，如图 3—23 所示。

借方　　　　营业税金及附加	贷方
按照计税依据计算出的营业税、消费税、城市维护建设税和教育费附加等增加额	期末转入“本年利润”账户的营业税金及附加额

图 3—23　“营业税金与附加”账户结构

【例 3—41】 华闽公司经计算，20×3 年 12 月销售 A 产品应缴纳的消费税为 10 000 元（假设 A 产品为应税消费品），另外 A 产品应缴纳的城市维护建设税为 700 元，教育费附加为 300 元。B 产品应缴纳的城市维护建设税为 270 元，教育费附加 140 元。

这项经济业务的发生，公司的营业税金及附加增加 11 410 元（10 000＋700＋300＋270＋140），同时，公司的应交税费增加 11 410 元。营业税金及附加的增加应记入“营业税金及附加”账户的借方，应交税费的增加应记入“应交税费”账户的贷方。这项业务应编制的会计分录如下：

借：营业税金及附加——A 产品　　11 000
　　　　　　　　　——B 产品　　410
　贷：应交税费——应交消费税　　10 000
　　　　　　——应交城市维护建设税　　970
　　　　　　——应交教育费附加　　440

二、其他业务核算

（一）其他业务收入的核算

其他业务收入是指企业日常经营活动中除主营业务收入以外的其他经济利益流入，通常包括销售材料、边角料，出租包装物，出租固定资产，出租无形资产，用材料等存货进行非货币性资产交换以及债务重组收入等。其他业务收入的确认或实现原则与主营业务收入的确认标准相同。

在会计核算过程中，设置“其他业务收入”账户进行其他业务收入的核算。“其他业务收入”账户属于损益类账户。贷方登记其他业务收入增加业务，借方登记期末转入“本年利润”账户的其他业务收入结转或减少业务，经过结转之后，期末没有余额。本账户应按照其他业务的种类设置明细账户，进行明细分类核算。

“其他业务收入”账户的结构，如图 3—24 所示。

借方　　　　　　其他业务收入	贷方
期末转入“本年利润”账户的其他业务收入结转额，或其他业务收入减少额	其他业务收入增加额

图 3—24 “其他业务收入”账户结构

【例 3—42】 华闽公司 20×3 年 12 月 10 日销售多余材料一批，价款为 6 000 元，增值税为 1 020 元。款项已收到并已存入银行。

销售材料的收入属于其他业务收入。这项经济业务的发生，使公司的银行存款增加 7 020 元，同时，使公司的其他业务收入增加 6 000 元，应交增值税销项税额增加 1 020 元。银行存款的增加应记入“银行存款”账户的借方，其他业务收入的增加应记入“其他业务收入”账户的贷方，增值税销项税额的增加应记入“应交税费——应交增值税（销项税额）”账户的贷方。所以，这项业务应编制的会计分录如下：

借：银行存款　　7 020

　贷：其他业务收入　　6 000

　　　应交税费——应交增值税（销项税额）　　1 020

【例 3—43】 华闽公司 12 月 22 日将一项专有技术使用权转让给长江公司，收到长江公司支付的本年使用费 25 000 元。

转让专有技术使用权，实质上就是让渡资产的使用权，应列入其他业务收入。这项经济业务的发生，公司的银行存款增加 25 000 元，同时，公司的其他业务收入增加 25 000 元。银行存款的增加应记入“银行存款”账户的借方，其他业务收入的增加应记入“其他业务收入”账户的贷方。所以，这项业务应编制的会计分录如下：

借：银行存款　　25 000

　贷：其他业务收入　　25 000

（二）其他业务成本的核算

企业在实现其他业务收入的同时，往往还要发生一些与其他业务有关的成本和费用，包括销售材料的成本、出租固定资产的折旧额、出租无形资产的摊销额、出租包装物的成本或摊销额等，另外在实现其他业务收入过程中可能需要缴纳的营业税、城市维护建设税、教育费附加等相关税费。这些与销售收入相伴的成本和费用，按配比原则，应当在确认其他业务收入的当期确认这些其他业务成本或“营业税金及附加”。

为了核算这些支出，需要设置“其他业务成本”账户。该账户属于损益类，用来核算企业日常经营活动中除主营业务成本以外的、应与其他业务收入进行配比的成本支出。该账户借方登记其他业务成本的增加，贷方登记期末转入“本年利润”账户的其他业务成本额；经过结转后，该账户期末没有余额。本账户应按照其他业务的种类设置明细账户，进行明细分类核算。

“其他业务成本”账户的结构，如图 3—25 所示。

借方　　　　其他业务成本	贷方
其他业务成本的发生	期末转入“本年利润”账户的其他业务成本

图 3—25　“其他业务成本”账户结构

【例 3—44】 华闽公司 20×3 年 12 月末结转销售材料成本 4 000 元。

这项经济业务的发生，一方面使得公司的其他业务成本增加 4 000 元，另一方面使得公司的库存材料成本减少 4 000 元。其他业务成本的增加应记入“其他业务成本”账户的借方，库存材料成本的减少应记入“原材料”账户的贷方。所以，这项业务应编制的会计分录如下：

借：其他业务成本　　4 000

　贷：原材料　　4 000

【例 3—45】 华闽公司 12 月 15 日转让一项专利技术使用权给长江公司，该项专利技术的账面价值为 240 000 元，摊销期限为 10 年，每月摊销 2 000 元。试编制月摊销会计分录。

专利技术属于企业的无形资产，转让使用权的收入属于其他业务收入。由于无形资产有使用期限，因此，类似于固定资产，需要在使用期限内将无形资产的价值逐渐转移或摊销，采用的方法通常是年限平均法。由于无形资产通常没有残余价值，所以无形资产的摊销可用下式计算：

年摊销额＝无形资产原价÷使用年限

月摊销额＝年摊销额÷12

所以本例中，年摊销额＝240 000÷10＝24 000（元），月摊销额＝24 000÷12＝2 000（元）。

作为其他业务核算的无形资产，其摊销成本应记入“其他业务成本”。该项经济业务，使公司的其他业务成本增加 2 000 元，同时，使无形资产的累计摊销额增加 2 000 元。其他业务成本的增加应记入“其他业务成本”账户的借方；无形资产的摊销额应记入“累计摊销”账户的贷方，表示专有技术使用权累计摊销额的增加。

借：其他业务成本　　2 000

　贷：累计摊销　　2 000

【例 3—46】 华闽公司转让一项专利技术使用权给长江公司，按合同约定，公司每月有转让收入 20 000 元。无形资产转让使用权收入应缴纳营业税，营业税率 5%，试编制相关营业税业务的会计分录。

应交营业税＝转让收入×营业税税率＝20 000×5%＝1 000（元）

这项经济业务的发生，一方面使得公司的营业税金及附加增加 1 000 元，另一方面使得公司的应交税费增加 1 000 元。营业税金及附加的增加应记入“营业税金及附加”账户的借方，应交税费的增加应记入“应交税费”账户的贷方。这项业务应编制的会计分录如下：

借：营业税金及附加　　1 000

　贷：应交税费——应交营业税　　1 000

第六节　利润形成与分配业务的核算

利润（亏损）是企业在一定期间内所实现的经营成果，也是综合反映企业在一定期间内经营成果的重要指标，直接反映企业的盈利能力。利润最大化是企业的经营目标之一。

一、利润的构成与计算

利润的确认取决于收入与费用的确认，通过权责发生制原则和配比原则确认收入、费用，也间接地确认了利润。

按会计报表要素，企业利润包括营业利润、利润总额和净利润三个层次。

（一）营业利润

营业利润是指企业在一个会计期间内营业收入和为实现这些营业收入所发生的费用、

成本比较的结果。营业利润的具体构成，可用下列公式表示：

营业利润＝营业收入－营业成本－营业税金及附加－销售费用－管理费用－财务费用－资产减值损失±公允价值变动收益(损失)±投资收益(或损失)

其中，营业收入包括主营业务收入和其他业务收入，营业成本包括主营业务成本和其他业务成本，营业税金及附加包括主营业务和其他业务应负担的营业税、消费税、资源税、城市维护建设税和教育费附加等。

(二) 利润总额

利润总额是指企业在一个会计期间内包括营业利润在内的所有收益总和。按照我国企业会计准则的规定，企业的利润总额包括营业利润和营业外收支净额等内容。可用下列公式表示：

利润(或亏损)总额＝营业利润＋营业外收入－营业外支出

(三) 净利润

净利润是指在利润总额中扣除所得税费用后的净额，也常称为税后利润。净利润是企业经营的最终成果。净利润越多，表明企业的经营效益越好；净利润越少甚至亏损，表明企业的经营效益越差。因此净利润是衡量一个企业经营效益的主要指标。可用下列公式表示：

净利润＝利润总额－所得税费用

营业收入、营业成本、营业税金及附加，已在上一节中作了介绍，这里主要讨论期间费用、投资收益以及净利润构成中的营业外收支、所得税费用。

二、利润形成的核算

(一) 期间费用的核算

期间费用是指企业当期发生的、不能归属于某个特定产品成本的管理费用、财务费用和销售费用。它是企业在经营过程中随着时间的推移而不断发生、与产品生产活动的管理和销售有一定的关系，但与产品的制造过程没有直接联系的各种费用，由于难以判定其所归属的产品，因而不能列入产品制造成本，而在发生的当期直接计入当期损益。期间费用由管理费用、财务费用和销售费用三项费用组成。其中的财务费用已在本章第二节的债务资金筹集业务中作了介绍，这里只讨论期间费用中的管理费用和销售费用。

管理费用是指企业行政管理部门为组织和管理企业的经营活动而发生的各种费用。管理费用包括：公司内部行政管理机构或组织的费用，如董事会费、监事会费、工会经费、职工培训费、办公经费、安保经费、行政管理部门职工薪酬、油料物料消耗、折旧费、低值易耗品摊销、水电费、业务招待费、研究费和差旅费等，企业外部发生的费用，如咨询费、诉讼费、排污费、技术转让费等，以及一些税费，如房产税、车船使用税、土地使用税、印花税、矿产资源补偿费等。

销售费用是指企业在销售商品、提供劳务等日常经营过程中发生的各项与销售有关的费用，包括销售保险费、包装费、运输费、装卸费、展览费、广告费、商品维修费、预计产品质量损失费，以及为销售本企业的商品而专设的销售机构的职工薪酬、业务费、折旧费等经营费用。

为了核算期间费用的发生情况，除“财务费用”账户外，企业还需要设置以下账户：

（1）“管理费用”账户。该账户属于损益类，用来核算企业行政管理部门为组织和管理企业的生产经营活动而发生的各项管理费用。借方登记发生的各项管理费用增加额，贷方登记管理费用的冲减额或期末转入“本年利润”账户的管理费用。经结转后，本账户期末没有余额。管理费用账户应按照费用项目设置明细账或多栏式明细账，进行明细分类核算。

“管理费用”账户的结构，如图 3—26 所示。

借方　　　　管理费用	贷方
发生的管理费用增加额	管理费用冲减额 期末转入“本年利润”账户的管理费用

图 3—26　“管理费用”账户结构

（2）“销售费用”账户。该账户属于损益类，用来核算企业在销售商品、提供劳务过程中发生的各项销售费用。借方登记发生的各项销售费用增加额，贷方登记期末转入“本年利润”账户的销售费用。经结转后，该账户期末没有余额。“销售费用”账户应按照费用项目设置明细账户或多栏式明细账，进行明细分类核算。

“销售费用”账户的结构，如图 3—27 所示。

借方　　　　销售费用	贷方
发生的销售费用	期末转入“本年利润”账户的销售费用

图 3—27　“销售费用”账户结构

【例 3—47】　华闽公司 20×3 年 12 月 5 日用现金支付董事会成员津贴及咨询费 60 000 元。

这项经济业务的发生，一方面使得公司的管理费用增加 60 000 元，另一方面使得公司的现金减少 60 000 元。管理费用的增加应记入“管理费用”账户的借方，现金的减少应记入“库存现金”账户的贷方。这项业务应编制的会计分录如下：

借：管理费用　　　　60 000

　贷：库存现金　　　　60 000

【例 3—48】　计提企业管理部门 12 月份固定资产折旧费 5 000 元。

企业管理部门使用的固定资产折旧费属于企业的管理费用。这项经济业务的发生，一方面使得公司的管理费用增加 5 000 元，另一方面使得公司固定资产累计折旧增加 5 000

元。管理费用的增加应记入“管理费用”账户的借方，累计折旧的增加应记入“累计折旧”账户的贷方。这项业务应编制的会计分录如下：

借：管理费用　　5 000

　贷：累计折旧　　5 000

【例 3—49】 计提 12 月车船使用税 3 600 元、房产税 4 000 元，另外用银行存款支付本月的印花税 400 元。

车船使用税、房产税和印花税都属于管理费用核算的内容，前两种税金需要预计金额，因而在本月形成一项负债，而印花税是随时发生随时交纳的。所以，这项经济业务的发生，一方面使得公司的管理费用增加 8 000 元（3 600＋4 000＋400），另一方面是使得公司的应交税费增加 7 600 元（3 600＋4 000），银行存款减少 400 元。管理费用的增加应记入“管理费用”账户的借方，应交税费的增加应记入“应交税费”的贷方，银行存款的减少应记入“银行存款”账户的贷方。这项业务应编制的会计分录如下：

借：管理费用　　8 000

　贷：应交税费——应交车船使用税　　3 600

　　　　　　——应交房产税　　4 000

　　银行存款　　400

【例 3—50】 12 月 20 日公司人员李东出差归来报销差旅费 1 300 元，原借款 1 600 元，余额退回现金。

原借款业务是在“其他应收款”账户中核算，因此这项经济业务的发生，一方面使得公司的管理费用增加 1 300 元，库存现金增加 300 元（1 600－1 300），另一方面使得公司的其他应收款这项债权减少 1 600 元。管理费用的增加应记入“管理费用”账户的借方，现金的增加应记入“库存现金”账户的借方，其他应收款的减少应记入“其他应收款”账户的贷方。这项业务应编制的会计分录如下：

借：管理费用　　1 300

　　库存现金　　300

　贷：其他应收款——李东　　1 600

【例 3—51】 12 月 24 日公司用银行存款 3 600 元支付销售产品的运输费。

这项经济业务的发生，一方面使得公司的销售费用增加 3 600 元，另一方面使得公司的银行存款减少 3 600 元。销售费用的增加应记入“销售费用”账户的借方，银行存款的减少应记入“银行存款”账户的贷方。这项业务应编制的会计分录如下：

借：销售费用　　3 600

　贷：银行存款　　3 600

【例 3—52】 华闽公司下设有一个销售网点。经计算确认 12 月份该网点销售人员的工资 14 000 元。

这项经济业务的发生，一方面使得公司的销售费用增加 14 000 元，另一方面使得公司的应付职工薪酬增加 14 000 元。销售费用的增加应记入“销售费用”账户的借方，应付职工薪酬的增加应记入“应付职工薪酬”账户的贷方。这项业务应编制的会计分录如下：

借：销售费用　　14 000

　贷：应付职工薪酬——工资　　14 000

综合前面各例可以计算，华闽公司20×3年12月份发生管理费用164 800元，销售费用17 600元，财务费用500元。发生的期间费用共计182 900元（164 800＋17 600＋500）。具体计算如表3—8所示。

表3—8　　期间费用汇总表　　单位：元

项目	相关例题	本期金额
管理费用	【例3—25】	30 000
	【例3—27】	500
	【例3—30】	60 000
	【例3—47】	60 000
	【例3—48】	5 000
	【例3—49】	8 000
	【例3—50】	1 300
管理费用合计		164 800
销售费用	【例3—51】	3 600
	【例3—52】	14 000
销售费用合计		17 600
财务费用	【例3—9】	500
财务费用合计		
期间费用合计		182 900

（二）投资收益的核算

投资收益是指企业将资金投资于购买债券、股票、基金或进行其他股权投资等而获得的收益（或损失）。投资收益与投资损失的差额称为投资净收益（或净损失）。投资收益的实现或投资损失的发生都会影响企业当期的经营成果。

为了核算投资损益的发生情况，需要设置“投资收益”账户。该账户属于损益类，用来核算企业对外投资所实现的收益或发生的损失。贷方登记实现的投资收益和期末转入“本年利润”账户的投资净损失。借方登记发生的投资损失和期末转入“本年利润”账户的投资净收益。经结转后，该账户期末没有余额，“投资收益”账户应按照投资的种类设置明细账户，进行明细分类核算。

“投资收益”账户的结构，如图3—28所示。

借方　　投资收益	贷方
发生的投资损失以及期末转入“本年利润”账户的投资净收益	实现的投资收益以及期末转入“本年利润”账户的投资净损失

图3—28　“投资收益”账户结构

【例3—53】 华闽公司于12月20日将前期的一项为交易目的而购入的股票出售，买价100 000元，卖价156 000元，所得款项存入银行。

企业购入的为交易目的而持有的股票属于企业交易性金融资产。出售该股票，使得公司银行存款增加156 000元，但原先以买价构成的股票成本要转出，该成本100 000元，其买卖差价即为股票的投资收益。所以这项经济业务的发生，使公司的银行存款增加156 000元，记入“银行存款”账户的借方；公司的交易性金融资产减少100 000元，记入“交易性金融资产”账户的贷方，投资收益增加56 000元，记入“投资收益”账户的贷方。这项经济业务应编制的会计分录如下：

借：银行存款　　156 000

　贷：交易性金融资产　　100 000

　　投资收益　　56 000

综合前面各例可得，华闽公司20×3年12月份实现的主营业务收入为587 000元，其他业务收入为31 000元，两者相加可得本月营业收入为618 000元（587 000＋31 000）；本月结转的主营业务成本为237 500元，其他业务成本为6 000元，两者相加可得营业成本为243 500元（237 500＋6 000）；本月发生的营业税金及附加为12 410元；本月发生的期间费用共计182 900元，其中销售费用17 600元，管理费用164 800元，财务费用500元；本月获得的投资净收益为56 000元。将上述主营业务收支、其他业务收支、期间费用以及投资收益的内容综合起来，就可以计算出华闽公司12月份的营业利润

营业利润＝618 000－243 500－12 410－182 900＋56 000＝235 190（元）

具体计算，如表3—9所示。

表3—9　　营业利润计算表　　单位：元

项目	相关例题	本期金额
主营业务收入	【例3—34】	160 000
	【例3—35】	300 000
	【例3—36】	40 000
	【例3—38】	90 000
	【例3—39】	－3 000
主营业务收入合计		587 000
其他业务收入	【例3—42】	6 000
	【例3—43】	25 000
其他业务收入合计		31 000
营业收入		618 000
主营业务成本	【例3—40】	237 500
主营业务成本合计		237 500
其他业务成本	【例3—44】	4 000
	【例3—45】	2 000
其他业务成本合计		6 000
营业成本		243 500

续前表

项目	相关例题	本期金额
营业税金及附加	【例 3—41】 【例 3—46】	11 410 1 000
营业税金及附加合计		12 410
销售费用	表 3—8	17 600
管理费用	表 3—8	164 800
财务费用	表 3—8	500
投资收益	【例 3—53】	56 000
投资净收益		56 000
营业利润		235 190

(三) 营业外收支的核算

企业的营业外收支是指与企业日常生产经营活动没有直接关系的各项利得与损失，包括营业外收入和营业外支出。营业外收入是指与企业正常的生产经营活动没有直接关系的各项利得，包括处置固定资产净收益、出售无形资产净收益、非货币性资产交换收益、罚款收入、债务重组利得、捐赠利得等。营业外收入不是由企业日常经营活动中资金耗费所产生的，因而无法与有关的费用支出相配比。企业发生营业外收入时，应按其净额进行核算，并直接增加企业的利润总额。营业外支出是指与企业正常生产经营活动没有直接关系的各项支出损失，包括处置固定资产净损失、出售无形资产净损失、非货币性资产交换损失、罚款支出、债务重组损失、捐赠支出等。营业外支出并非是为取得营业外收入而发生的，营业外收入与营业外支出之间没有配比关系，因此不能以营业外支出直接冲减营业外收入，同样，也不能以营业外收入直接冲减营业外支出。在实际发生营业外支出时，直接冲减企业当期的利润总额。

为了核算营业外收支的具体内容，需要设置以下的账户：

(1) “营业外收入”账户。该账户属于损益类，用来核算企业各项营业外收入的实现及其结转情况。贷方登记营业外收入的增加，借方登记期末转入“本年利润”账户的营业外收入。经结转后，该账户期末没有余额。营业外收入账户应按照收入的具体项目设置明细账户，进行明细分类核算。

“营业外收入”账户的结构，如图 3—29 所示。

借方	营业外收入　　　　　　　　贷方
期末转入“本年利润”账户的营业外收入	实现的营业外收入（增加）

图 3—29　“营业外收入”账户结构

(2) “营业外支出”账户。该账户属于损益类，用来核算企业各项营业外支出的发生及其结转情况。借方登记营业外支出的增加，贷方登记期末转入“本年利润”账户的营业外支出。经结转后，该账户期末没有余额。营业外支出账户应按照支出的具体项目设置明细账户，进行明细分类核算。

“营业外支出”账户的结构，如图 3—30 所示。

借方	投资收益 贷方
营业外支出的发生（增加）	期末转入“本年利润”账户的营业外支出

图 3—30 “投资收益”账户结构

【例 3—54】 华闽公司 20×3 年 12 月 20 日收到某单位的合同违约罚款收入 4 000 元，存入银行。

罚款收入属于企业的营业外收入。这项经济业务的发生，公司的银行存款增加 4 000 元，同时，公司的营业外收入增加 4 000 元。银行存款的增加应记入“银行存款”账户的借方，营业外收入的增加应记入“营业外收入”账户的贷方。这项业务应编制的会计分录如下：

借：银行存款　　4 000

　贷：营业外收入　　4 000

【例 3—55】 华闽公司 20×3 年 12 月 22 日用银行存款 20 000 元支付一项公益性捐赠。

企业的公益性捐赠属于营业外支出。这项经济业务的发生，一方面使得公司的银行存款减少 20 000 元，另一方面使得公司的营业外支出增加 20 000 元。营业外支出的增加应记入“营业外支出”账户的借方，银行存款的减少应记入“银行存款”账户的贷方。这项业务应编制的会计分录如下：

借：营业外支出　　20 000

　贷：银行存款　　20 000

根据上述业务的内容可知，华闽公司实现的营业外收入为 4 000 元，发生的营业外支出为 20 000 元，因而营业外收支净额为－16 000 元（4 000－20 000）。

企业在一定时期内所实现的经营成果即利润或亏损总额是由营业利润、营业外收入和营业外支出等几项内容所组成。而对于这几项构成内容，已在前面通过具体经济业务的实例作了说明，把这些具体经济业务综合起来，就可以计算确定本期实现的利润总额。

【例 3—56】 华闽公司 20×3 年 12 月实现的营业利润为 235 190 元，营业外收入为 4 000 元，营业外支出为 20 000 元。其利润总额为

利润总额＝235 190＋4 000－20 000＝219 190（元）

（四）所得税费用的核算

企业所得税是对我国境内的企业和其他取得收入的组织，按其生产经营所得和其他收入所得征收的一种税。根据国家税法，企业所得税是按企业的一个经营年度内实现的所有应税所得乘以规定的所得税税率来计算应缴纳所得税额。因此，在计算交纳所得税额时，涉及应税所得是如何确定的问题。

企业在一定期间内的所有所得额按不同标准可分为会计所得和应纳税所得两种。会计所得是企业根据《企业会计准则》标准确认的收入与费用以及其他利得与损失计算得出的税前会计利润。应纳税所得是根据国家税收法规标准确认的收入和准予扣除的费用计算得出的企业纳税所得，也称应税利润。按照会计法规计算确定的会计利润与按照税收法规计

算确定的应税利润对同一个企业的同一个会计期间来说，其计算的结果往往不一致，所以在计算所得税前应对利润总额进行纳税调整。

相关计算公式如下：

应纳税所得额＝利润总额±所得税前利润中应予调整增加(减少)额

应交所得税额＝应纳税所得额×所得税税率

由于纳税调整项目的内容比较复杂，在本书中，为了简化核算，都假设纳税调整项目为零，因而可以假定会计所得就是应纳税所得，在这个假定条件下，上面的公式可简化为：

应交所得税＝利润总额×所得税税率

企业所得税的基本税率为25%。企业所得税通常是按年计征，分月或分季预缴，年终汇算清缴，多退少补。

为了核算所得税费用的发生情况，在会计上需要设置“所得税费用”账户，该账户属于损益类，用来核算企业所得税费用的发生及其结转情况。按照企业会计准则要求，所得税费用包括当期所得税费用和递延所得税费用两个内容，当期所得税费用就是按税法规定标准确定的当期应纳所得税费用，递延所得税费用是指从企业资产和负债中调整出来的暂时性差异按照所得税率计算的递延所得税负债与递延所得税资产的差额。递延所得税费用将在后续课程中学习。因此，本书中的“所得税费用”账户将只核算当期所得税费用。该账户借方登记按照应纳税所得额计算出的当期所得税费用，贷方登记期末转入“本年利润”账户的所得税费用。经过结转之后，该账户期末没有余额。

“所得税费用”账户的结构，如图3—31所示。

借方　　　　所得税费用	贷方
本期发生的当期所得税费用	期末转入“本年利润”账户的当期所得税费用

图3—31　“所得税费用”账户结构

【例3—57】　假定华闽公司本期实现的利润总额为219 190元，按照25%的税率计算本期的所得税费用（假设没有纳税调整项目），并进行相应的账务处理。

本期应交所得税为54 797.5元（219 190×25%）。所得税计算出来之后，一般不需要立即缴纳，所以在形成所得税费用的同时也产生了企业的一项负债。这项经济业务的发生，一方面使得公司的所得税费用增加54 797.5元，另一方面使得公司的应交税费增加54 797.5元。所得税费用的增加应记入“所得税费用”账户的借方，应交税费的增加应记入“应交税费——应交所得税”账户的贷方。所以这项业务应编制的会计分录如下：

借：所得税费用　　54 797.5

　贷：应交税费——应交所得税　　54 797.5

（五）净利润形成的核算

企业净利润是指利润总额扣除所得税费用后的净额。但是在账务处理上，利润总额和净利润的形成是通过一系列损益类账户的结转来完成的。这种结转有两种方法，分别称为账结法和表结法。

账结法是通过“本年利润”账户计算各月利润以及本年利润总额和净利润的方法。具体步骤是：在每个月月末将各个损益类账户的发生额合计数全部结转到“本年利润”账户，通过“本年利润”账户借、贷方的记录结算出各月损益总额和本年利润总额以及净利润。在这种方法下，每个月末都要编制结账分录，结清各损益类账户，结清后各月损益类账户没有余额；表结法是通过利润表计算各月利润，而不通过“本年利润”账户计算各月（1—11月）利润的方法。具体步骤是：在1—11月的每一个月末不结转各损益类账户发生额，而是通过编制利润表计算各月利润，12月末，才将各损益类账户发生额合计数结转到“本年利润”账户上，以此确定本年利润总额和净利润。

为了核算企业利润总额与净利润的形成情况，在会计上需要设置“本年利润”账户。该账户属于所有者权益类，用来核算企业一定期间形成的利润总额以及净利润。贷方登记会计期末转入的各项收入，包括主营业务收入、其他业务收入、公允价值变动收益、投资净收益和营业外收入等，借方登记会计期末转入的各项成本费用，包括主营业务成本、营业税金及附加、其他业务成本、管理费用、财务费用、销售费用、资产减值损失、公允价值变动损失、投资净损失、营业外支出和所得税费用等。该账户年内期末余额如果在贷方，表示实现的累计净利润；如果在借方，表示累计发生的亏损。年末应将该账户的余额转入“利润分配”账户，经过年末结转之后，“本年利润”账户没有余额。

“本年利润”账户的结构，如图3—32所示。

借方	本年利润	贷方
期末转入的各项费用： 主营业务成本 营业税金及附加 其他业务成本 管理费用 财务费用 销售费用 资产减值损失 公允价值变动损失 投资净损失 营业外支出 所得税费用		期末转入的各项收入： 主营业务收入 其他业务收入 公允价值变动收益 投资净收益 营业外收入

图3—32 “本年利润”账户结构

会计期末（月末或年末）结转各项收入时，借记“主营业务收入”、“其他业务收入”、“投资收益”、“营业外收入”等账户，贷记“本年利润”账户；结转各项费用时，借记“本年利润”账户，贷记“主营业务成本”、“营业税金及附加”、“其他业务成本”、“管理费用”、“财务费用”、“销售费用”、“营业外支出”、“所得税费用”等账户。如果“投资收益”账户反映的为投资损失，则应进行相反的结转。“公允价值变动损益”账户贷方余额表示公允价值变动收益，借方余额表示公允价值变动损失。因此，结转到“本年利润”账户时，如果“公允价值变动损益”是收益的，应借记“公允价值变动损益”账户，贷记“本年利润”账户，如果“公允价值变动损益”是损失的，应借记“本年利润”账户，贷记“公允价值变动损益”账户。

【例3—58】 华闽公司在会计期末（年末）将本期实现的各项收入包括主营业务收入587 000元、其他业务收入31 000元、投资净收益56 000元、营业外收入4 000元转入“本年利润”账户。

这项经济业务的发生，一方面使得公司的有关损益类账户所记录的各种收入减少了，另一方面使得公司的利润额增加了。各项收入的结转应记入“主营业务收入”、“其他业务收入”、“投资收益”、“营业外收入”等账户的借方，利润的增加应记入“本年利润”账户的贷方。这项业务应编制的会计分录如下：

借：主营业务收入	587 000	
其他业务收入	31 000	
投资收益	56 000	
营业外收入	4 000	
贷：本年利润		678 000

【例3—59】 华闽公司在会计期末（年末）将本期发生的各项费用包括主营业务成本237 500元、营业税金及附加12 410元、其他业务成本6 000元、管理费用164 800元、财务费用500元、销售费用17 600元、营业外支出20 000元以及所得税费用54 797.5元转入“本年利润”账户。

这项经济业务的发生，一方面需要将记录在有关损益类账户中的各项费用予以结转，另一方面结转费用会使得公司的利润减少。各项费用和支出的结转应记入“主营业务成本”、“其他业务成本”、“管理费用”、“财务费用”、“销售费用”、“营业外支出”账户的贷方，利润的减少应记入“本年利润”账户的借方。这项业务应编制的会计分录如下：

借：本年利润	513 607.5	
贷：主营业务成本		237 500
营业税金及附加		12 410
其他业务成本		6 000
管理费用		164 800
财务费用		500
销售费用		17 600
营业外支出		20 000
所得税费用		54 797.5

期末可以根据“本年利润”账户的借、贷方记录计算确定企业的净利润额，即：

净利润＝678 000－513 607.5＝164 392.5(元)

三、利润分配的核算

（一）利润分配的顺序

利润分配是企业经过股东大会或类似权力机构的批准，对企业可供分配的利润指定其特定用途并进行分配的行为。这种行为不仅关系到投资者利益，也涉及企业职工利益，更涉及企业未来发展。因此利润分配是企业中一项政策性强，涉及面广的重要事项。

根据《公司法》等有关法规的规定，企业当年取得的利润可以在税前先弥补 5 年内的亏损，经过弥补，企业当年的应纳税所得额将会减少。但超过 5 年的亏损，企业只能利用净利润或发生亏损以前提取的盈余公积来弥补，不得用税前利润弥补。因此，企业当年取得的净利润，首先应弥补以前年度尚未弥补的亏损，剩余部分，应按下列顺序进行分配：

1. 提取法定盈余公积

根据我国《公司法》的规定，公司制企业应按照净利润的 10%提取法定盈余公积，其他类型企业可以根据需要确定提取比例，但不得低于 10%比例。当公司提取的法定盈余公积累计额为公司注册资本 50%以上时可以不再提取。盈余公积可用于弥补亏损、转增资本和发放股利等。

2. 提取任意盈余公积

任意盈余公积一般按照股东大会决议提取，其用途与法定盈余公积相同。

3. 向投资者分配利润或股利

企业实现的净利润在扣除上述项目后，再加上年初未分配利润和其他转入数（公积金弥补的亏损等），形成可供投资者分配的利润。可供投资者分配的利润，应按下列顺序进行分配：

（1）支付优先股股利。这是指企业按照利润分配方案分配给优先股股东的现金股利，优先股股利是按照约定的股利率计算支付的。

（2）支付普通股现金股利。这是指企业按照利润分配方案分配给普通股股东的现金股利，普通股现金股利一般按各股东持有股份的比例进行分配。如果是非股份制企业则为分配给投资者的利润。

（3）转作资本（或股本）的普通股股利。这是指企业按照利润分配方案以分派股票股利的形式转作资本（或股本）。

可供投资者分配的利润经过上述分配之后，剩余部分为企业的未分配利润。未分配利润是指企业尚未指定分配去向的利润或留待以后年度继续进行分配的利润。它是所有者权益的一个重要组成部分。相对于所有者权益的其他部分来说，企业对于未分配利润的使用有较大的自主权。

（二）利润分配业务的核算

为了核算企业利润分配，需要设置以下的几个账户。

（1）“利润分配”账户。该账户属于所有者权益类，用来核算企业一定时期内净利润的分配或亏损的弥补以及历年结存的未分配利润（或未弥补亏损）情况。借方登记实际分配的利润额，包括提取的盈余公积金和分配给投资者的利润以及年末从“本年利润”账户转入的全年累计亏损额；贷方登记用盈余公积弥补的亏损等其他转入数以及年末从“本年利润”账户转入的全年实现的净利润额。年内期末余额如果在借方，表示已分配的利润或尚未弥补以前年度的累积亏损。年末余额如果在借方，表示未弥补的亏损额；年末余额如果在贷方，表示未分配利润额。

“利润分配”账户一般应设置以下几个主要的明细账户：“提取法定盈余公积”、“提取任意盈余公积”、“应付现金股利”、“转作股本的股利”、“盈余公积补亏”、“未分配利润”等。年末，应将“利润分配”账户下的其他明细账户的余额转入“未分配利润”明细账户，经过结转后，除“未分配利润”明细账户有余额外，其他各个明细账户均无余额。

“利润分配”账户的结构，如图 3—33 所示。

借方　　　　　　　　　　利润分配	贷方
实际分配的利润额： 提取法定盈余公积 提取任意盈余公积 应付现金股利 转作股本的股利（等） 年末从“本年利润”账户转入的本年亏损	盈余公积补亏（等） 年末从“本年利润”账户转入的全年净利润
期末余额：已分配利润或未弥补亏损	期末余额：未分配利润

图 3—33　“利润分配”账户结构

（2）“盈余公积”账户。该账户属于所有者权益类，用来核算企业从税后利润中提取的盈余公积的增减变动及其结余情况。贷方登记从税后利润中提取的盈余公积增加数，借方登记转增资本、弥补亏损等盈余公积的减少数。期末余额在贷方，表示结余的盈余公积。“盈余公积”应设置“法定盈余公积”、“任意盈余公积”等明细账户进行明细分类核算。

“盈余公积”账户的结构，如图 3—34 所示。

借方　　　　　　　　　　盈余公积	贷方
实际使用的盈余公积（减少）	期初余额：期初结余的盈余公积 年末提取的盈余公积（增加）
	期末余额：期末结余的盈余公积

图 3—34　“盈余公积”账户结构

（3）“应付股利”账户。该账户属于负债类，用来核算企业按照股东大会或类似权力机构决议分配给投资者股利或利润的增减变动及其结余情况。贷方登记应付而未付给投资者的利润或股利，借方登记实际支付给投资者的利润或股利。期末余额在贷方，表示尚未支付的股利或利润。

“应付股利”账户的结构，如图 3—35 所示。

借方　　　　　　　　　　应付股利	贷方
实际支付的利润或股利	应付未付的利润或股利
	期末余额：尚未支付的利润或股利
	期末余额：期末结余的盈余公积

图 3—35　“应付股利”账户结构

【例 3—60】 华闽公司将本年度实现的净利润 164 392.5 元结转到“利润分配——未分配利润”账户。

结转净利润这项经济业务的发生，公司记录在“本年利润”账户的累计净利润减少 164 392.5 元，同时，公司可供分配的利润增加 164 392.5 元。结转净利润时，应将净利润从“本年利润”账户的借方转入“利润分配”账户的贷方（如果结转亏损，则进行相反的处理）。这项业务应编制的会计分录如下：

借：本年利润 164 392.5

贷：利润分配——未分配利润 164 392.5

【例 3—61】 华闽公司经股东大会批准，按净利润 164 392.5 的 10%提取法定盈余公积。

应提取的法定盈余公积为 16 439.25 元（164 392.5×10%）。公司提取盈余公积使公司利润的分配额增加 16 439.25 元，同时，公司的盈余公积增加 16 439.25 元。利润额的分配应记入“利润分配”账户的借方，盈余公积的增加应记入“盈余公积”账户的贷方。这项业务应编制的会计分录如下：

借：利润分配——提取法定盈余公积 16 439.25

贷：盈余公积——法定盈余公积 16 439.25

【例 3—62】 华闽公司按照股东大会决议，决定分配给股东现金股利 30 000 元。

现金股利是指以现金作为股利分派给股东（即投资者）的。对于现金股利的分配，一方面使公司的利润分配额增加 30 000 元；另一方面，现金股利虽然已决定分配给股东，但在分配的当时并不实际支付，所以形成公司的一项负债，使公司的应付股利增加 30 000 元。利润分配的增加应记入“利润分配”账户的借方，应付股利的增加应记入“应付股利”账户的贷方。所以，这项业务应编制的会计分录如下：

借：利润分配——应付现金股利 30 000

贷：应付股利 30 000

【例 3—63】 华闽公司以前年度累计未弥补亏损 15 000 元，已经超过了用税前利润弥补的期限。经股东大会决议，用盈余公积金额弥补。

企业发生的亏损，可以用实现的利润弥补，也可以用积累的盈余公积弥补。用盈余公积弥补亏损，相当于增加可供分配的利润。这项经济业务的发生，一方面使公司的盈余公积减少 15 000 元，另一方面使公司的可供分配利润增加 15 000 元。盈余公积的减少应记入“盈余公积”账户的借方，可供分配利润的增加应记入“利润分配”账户的贷方。这项业务应编制的会计分录如下：

借：盈余公积 15 000

贷：利润分配——盈余公积补亏 15 000

【例 3—64】 华闽公司在会计期末结清利润分配账户所属的各有关明细账户。至目前止，利润分配各相关明细账户情况如下：

利润分配——提取法定盈余公积　借方余额 16 439.25

利润分配——应付现金股利　借方余额 30 000

利润分配——盈余公积补亏　贷方余额 15 000

结清利润分配总账下各明细账户就是指对利润分配账户下除“未分配利润”明细账户

外，其他各明细账户都结转到“未分配利润”明细账上。因此应将各个明细账户的余额从其相反方向分别转入“未分配利润”明细账户中。应编制的会计分录如下：

借：利润分配——未分配利润　　46 439.25
　贷：利润分配——提取法定盈余公积　　16 439.25
　　　　　　——应付现金股利　　30 000
借：利润分配——盈余公积补亏　　15 000
　贷：利润分配——未分配利润　　15 000

思考题

1. 所有者权益和负债的主要区别是什么？所有者权益主要有哪些会计科目？
2. 怎样理解“累计折旧”账户的用途及结构？
3. 原材料实际采购成本包括哪些内容？
4. 说明制造费用账户与生产成本账户中“制造费用”的成本项目有什么关系？
5. 材料采购成本、完工产品成本以及销售成本是如何结转的？
6. 如何确认商品销售收入？其确认的具体条件有哪些？
7. 反映企业利润的指标有哪些？其具体构成及其关系如何？
8. 企业进行利润分配有哪些顺序？

第四章 会计凭证

第一节　会计凭证概述

一、会计凭证的概念

会计凭证是具有一定格式，用以记录和证明经济业务的发生和完成情况，是明确经济责任，作为记账依据的书面证明。会计凭证也是记录会计信息的重要载体，是重要的会计资料，具有法律效力。填制和审核会计凭证是会计核算方法之一，是会计核算工作的起点和基础。经济业务的发生必须有原始凭证，会计主体进行任何一项经济业务，都必须办理凭证手续。这些凭证用复式记账的原理使之归类后，再以会计分录的形式填制在记账凭证上，作为记账的依据。

二、会计凭证的作用

为了全面、真实地反映各种经济业务的实际发生情况，有必要在经济业务发生时，填制和取得适当的会计凭证。例如，购买材料时，取得由销货方开具的发票；销售商品对外开具的发票，开出现金支票的支票存根等，以及会计人员运用专门的方法将上述单据归类、整理后填制的记账凭证，都属于会计凭证。填制和审核会计凭证作为会计核算的一种重要方法，对企业明确经济责任、加强经济监督、提高经济管理水平以及提供客观真实的会计信息都有着重要意义。

（1）通过会计凭证的填制和审核，可以客观及时地反映经济业务的发生及完成情况，全面、系统、规范地开展会计核算工作，这有利于保证会计记录以及提供的会计信息的客观、真实和正确。

（2）通过会计凭证的填制和审核，可以检查、监督经济业务的合法性和合理性，保证各项经济业务符合法律法规及相关制度规定，确保企业财产物资的安全，也有利于改善企业的经营管理。

（3）通过会计凭证的填制和审核，可以分清有关方面和相关人员的经济责任，加强经济管理。每一项经济业务发生后，均须经办业务部门和人员办理有关手续，并且必须具备有关人员的签章，才能将凭证传递下去。在这个过程中这些部门和人员应对经济业务的真实性和合法性以及凭证的合规性负有责任。这样可以促使有关责任人在各自的职权范围内各司其职、各负其责、互相牵制，加强内部控制。这不仅促使有关财务人员认真负责，严格按制度规定办事，保证凭证的正确性，还能明确经手人的职责，加强岗位责任制，保证企业一切经济活动有凭有据，循序进行。

（4）通过会计凭证的填制和审核，可以为登记账簿提供依据。当一项经济业务发生以后，按规定由有关经手人员及时地根据经济业务的实际内容，记录在会计凭证上，并经过审核无误后才能据以登记账簿，这样就为账簿记录提供了真实可靠的依据。为记账、算账提供可靠的资料，保证账簿记录正确。

企业的经济业务复杂多样，会计凭证的种类也是各式各样的，可以有不同标准的分类。按照填制程序和用途不同来分类，会计凭证可划分为原始凭证和记账凭证。这是会计凭证最主要的一种分类。

第二节　原始凭证

原始凭证又称单据，是在经济业务发生时取得或填制的，用以记录经济业务的发生和完成情况、明确经济责任的原始书面证明。它也是记账的原始依据，如购货发票、领料单、银行结算凭证等。

一、原始凭证的分类

（一）原始凭证按其来源不同

原始凭证按其来源不同可分为自制原始凭证和外来原始凭证两种。

1. 自制原始凭证

自制原始凭证是指由本企业内部经办部门的人员在完成经济业务时填制的凭证。如购入材料入库时本企业的仓管人员填制的收料单，本企业相关部门人员领用材料物资时填制的领料单、本企业员工出差向财务部门暂支差旅费的借款单以及出差归来填制的差旅费报销单等。

自制原始凭证按照填制的程序不同，又可分为一次凭证、累计凭证和汇总原始凭证。

（1）一次凭证。

一次凭证是指业务经办人员在一项经济业务或若干项同类经济业务发生或完成后，一次填制完毕的一种原始凭证。一般已填列的一次凭证不能重复使用。一次凭证只记录一笔业务的内容，其优点是使用方便灵活，但凭证数量较多。

如收款收据（企业收取款项时由出纳人员开出的收款原始凭证）、收料单（是企业购买材料验收入库时由仓库保管人员填制的原始凭证）、领料单（用料部门或人员从仓库领出材料时由领料人填制的原始凭证）、借款单（是指单位内部所属机构为购买零星办公用品或职工因公出差等原因向出纳员借款时使用的借款原始凭证）等。收款收据、收料单、领料单、产品入库单、借款单的格式如表 4—1 至表 4—5 所示。

表 4—1 收 款 收 据

20××年 10 月 12 日　　No. ×××

今收到　甲公司	
交来　出借包装物押金	
人民币（大写）贰佰元整	¥200.00

第二联交对方

收款单位（盖章）：　审核：　经手人：　出纳：

表 4—2 收 料 单

供货单位：甲公司　　凭证编号：01

发票号码：01234　　20××年 10 月 15 日　　收料仓库：01

材料编号	材料规格及名称	计量单位	数量		价格	
			应收	实收	单价	金额
×××	甲材料	千克	50	50	600	30 000
备注					合计	30 000

第一联

仓库负责人：　记账：　仓库保管：　收料：

表 4—3 领 料 单

领料部门：一车间　　编号：01

用　途：生产甲产品　　20××年 10 月 17 日　　发料仓库：01

材料编号	材料规格及名称	计量单位	数量		价格	
			请领	实领	单价	金额
×××	甲材料	千克	10	10	600	6 000
备注					合计	6 000

第一联

仓库负责人：　发料：　仓管：　经手：

表 4—4

产品入库单

编号：01

交货单位：一车间　　20××年 10 月 31 日　　仓库：03

产品编号	产品名称	规格	单位	交付数量	检验结果		实收数量	单价	金额
					合格	不合格			
××	A 产品	××	台	50	√		50	300	15 000
备　注									

第二联

记账：　　检验：　　仓库：　　经手：

表 4—5

借　款　单

20××年 8 月 10 日

部门	采购部	姓名	张三
借款事由	出差差旅费		
借款金额	（大写）贰仟伍佰元整		
预计还款报销日期	20××年 8 月 20 日		¥2 500.00
审批意见	同意　李四 20××年 8 月 10 日	借款人签收	张三

会计主管：　　出纳：　　记账：

（2）累计凭证。

累计凭证是指在一定时期内在一张凭证中，连续登记不断重复发生的若干同类经济业务的原始凭证。一般累计凭证把期末累计数作为记账依据。累计凭证是随着经济业务的发生而分次登记使用的，其优点是可以简化核算手续，减少凭证数量，便于控制管理。如工业企业使用的限额领料单，就是比较典型的累计凭证。限额领料单又称“定额领料单”，是指当月或一定期间在规定限额内可以多次使用登记，并据以领发材料的一种累计领料凭证。限额领料单通常适用于有消耗定额或领用限额、领料次数较多的材料。其格式如表 4—6 所示。

表 4—6

限额领料单

领料部门：一车间　　凭证编号：×××

用　　途：生产 A 产品　　20××年 8 月份　　发料仓库：×××

材料类别	材料编号	材料名称及规格	计量单位	领用限额	实际领用	单价	金额	备注
××	××	B 材料	千克	1 000	950	10	9 500	
供应部门负责人：				生产计划部门负责人：				

日期	数量		领料人签章	发料人签章	扣除代用数量	退　料			限额结余
	请领	实发				数　量	收料人	发料人	
01	100	100	张三	李四					900
03	50	50	张三	李四					850

续前表

材料类别	材料编号	材料名称及规格			计量单位	领用限额	实际领用		单价	金额	备注
××	××	B材料			千克	1 000	950		10	9 500	
供应部门负责人：						生产计划部门负责人：					
日期	数量		领料人签章	发料人签章	扣除代用数量	退料			限额结余		
	请领	实发				数量	收料人	发料人			
08	150	150	张三	李四					700		
13	200	200	张三	李四					500		
18	50	50	张三	李四					450		
22	150	150	张三	李四					300		
25	250	250	张三	李四					50		
29	950	950	合计						50		

（3）汇总原始凭证。

汇总原始凭证是将一定时期内若干张反映同类经济业务的原始凭证汇总填制在一张凭证上的原始凭证。如收料凭证汇总表、发料凭证汇总表（其格式如表4—7所示）、工资分配汇总表等。

表4—7 **发料凭证汇总表**

20××年10月31日

部门及用途	甲材料			乙材料			合计
	数量	单价	金额	数量	单价	金额	
生产车间：A产品生产	3 500	10	35 000	1 200	5	6 000	41 000
B产品生产	1 500	10	15 000				15 000
车间一般耗用	400	10	4 000	100	5	500	4 500
销售部门	100	10	1 000				1 000
管理部门	20	10	200				200
材料销售	100	10	1 000				1 000
合计	5 620	10	56 200	1 300	5	6 500	62 700

会计主管： 记账： 复核： 制表：

2. 外来原始凭证

外来原始凭证是指在经济业务发生或完成时，从对方单位或个人取得的原始凭证。例如，供货单位开具的增值税专用发票（其格式如表4—8所示），银行的收款或付款通知，上缴税金的税收缴款书等。

表 4—8

××市增值税专用发票

No. ×××

发　票　联　　开票日期：××××年×月×日

购货单位	名　称	甲　公　司	密码区	略		
	纳税人识别号	×××				
	地址、电话	×××				
	开户银行及账号	×××				

货物或应税劳务名称	计量单位	数量	单价	金　额	税率（%）	税　额
A材料	千克	1 000	100	100 000	17%	17 000
合　计				100 000		17 000
价税合计（大写）	人民币壹拾壹万柒仟元整			（小写）￥117 000.00		

销货单位	名　称	乙公司	备注	
	纳税人识别号	×××		
	地址、电话	×××		
	开户银行及账号	×××		

第二联：发票联

收款人：　　　　复核：　　　　开票人：　　　　销货单位（章）：

注：增值税专用发票，只限于增值税的一般纳税人领购使用，增值税的小规模纳税人和非增值税纳税人不得领购使用。专用发票规定为四联，分别为存根联、发票联、税款抵扣联和记账联。

（二）原始凭证按照按用途分类

可分为通知凭证、执行凭证、计算凭证。

1. 通知凭证

通知凭证是要求、指示或命令企业进行某项经济业务的原始凭证。如罚款通知单、银行进账单（其格式如表 4—9 所示）等。

表 4—9

××银行进账单（回单或收款通知）

1

第　　号

收款人	全　称	甲公司	付款人	全　称	乙公司										
	账　号	×××		账　号	×××										
	开户银行	×××		开户银行	×××										
人民币（大写）	壹万捌仟陆佰叁拾贰元整				万	千	百	十	万	千	百	十	元	角	分
								￥	1	8	6	3	2	0	0
票据种类	转账支票														
票据张数	壹张														
单位主管　会计 复核　记账			收款人开户银行盖章												

此联是收款人开户行交给收款人的回单或收账通知

2. **执行凭证**

执行凭证是证明某项经济业务已经发生或已执行完毕的原始凭证，如销货发票（格式如表4—10所示）、商品物资验收单等。

表4—10 **普 通 发 票**

购货单位：甲公司 20××年9月23日 No. ×××

货号及品名	规　格	数　量	单　位	单　价	金　额
圆珠笔		100	盒	6	600
金额（大写）人民币陆佰元整			（小写）￥600.00		

第二联

收款人 开票人 收款单位（盖章）

注：普通发票是相对于增值税专用发票而言的，是指在销售商品、提供或接受劳务以及从事其他经营活动时，所开具和收取的除增值税专用发票之外的其他发票。

3. **计算凭证**

计算凭证是对已在进行或完成的经济业务进行计算的原始凭证，一般计算凭证要根据其他原始凭证和有关会计核算资料（如账簿记录等）来编制。如产品成本计算表、工资结算表、制造费用分配表等。

产品成本计算表：月末确定已销商品成本，根据库存商品的账簿记录所编制的成本计算表，其格式如表4—11所示。

工资结算表：企业为了同职工办理工资结算手续而编制的原始凭证，一般可按车间、部门编制“工资结算单”，计算对每一位职工的应付工资、代扣款项和实发工资。

制造费用分配表：月末企业为了计算产品生产成本，对制造费用明细账账簿记录进行汇总，进而对归集的制造费用进行分配而编制的分配表。

表4—11 **产品成本计算表**

20××年10月

产品品种	数量	计量单位	单位成本	总成本
合计				

（三）原始凭证按其填制手段不同

原始凭证按其填制手段不同可分为手工凭证和机制凭证两种。

传统的原始凭证都是由业务人员或会计人员手工填制的。随着科学技术的日新月异、经济的不断发展和计算机在经济领域的普及，越来越多的单位采用计算机制作原始凭证。例如车船飞机票、医疗费收据等。虽然现在手工凭证数量仍然占有一定的比例，但机制凭证终将越来越多的代替手工凭证。

二、原始凭证的基本内容

原始凭证由于所反映的经济业务不尽相同，从而各个原始凭证的名称、格式和内容也是多种多样的。但是，所有原始凭证都必须能够载明经济业务发生情况，明确经办人员责任，所以原始凭证都应具备一些共同的基本内容，通常将这些基本内容又称为凭证要素，主要包括：

（1）原始凭证的名称。

（2）填制凭证的日期和凭证编号。

（3）填制单位和接受单位名称。

（4）经济业务内容（如数量、计量单位、金额等）。

（5）经办人员签章、单位公章等。

（6）原始凭证附件及联次。

三、原始凭证的填制要求

原始凭证是具有法律效力的证明文件，是进行会计核算的依据。为了正确、完整、及时记录各项经济业务，反映各项经济业务的真实情况，必须规范填制。因此有必要对原始凭证的填制确定明确要求。概括起来有以下几点要求：

（一）记录真实

填制原始凭证时要实事求是地填写经济业务，原始凭证填制日期、业务内容、数量、金额等必须与实际情况相一致，确保凭证所记录的内容真实可靠，不弄虚作假。

（二）内容完整

原始凭证上各项内容要逐项填制齐全，不可缺漏。

（三）填制及时

各种原始凭证的填制应及时完成，要在经济业务发生、执行或完成时即予以填制，不能提前或拖延时日，也不可事后再进行追记。

（四）书写清楚

填写原始凭证要字迹清晰，易于辨认，发生差错要按规定方法更正。

（五）大小写金额的填写要符合规范

（1）汉字大写的数字金额一律用零、壹、贰、叁、肆、伍、陆、柒、捌、玖、拾、佰、仟、万、亿等，用正楷或者行书体书写，不得随意使用简化字或非上述大写写法。

（2）阿拉伯数字应该一个一个地填写，不得连笔写。

（3）阿拉伯数字前应该书写货币币种符号或名称，如人民币符号为“¥”，港币符号为“HKD”，美元符号为“USD”或“$”。货币符号与阿拉伯金额数字之间不得留有空白。凡阿拉伯数字前写有货币符号的，数字后面不再写货币单位。

(4) 所有以元为单位的阿拉伯数字，除表示单价等情况外，一律填写到角分，无角分的应写“00”，有角无分，分位应写“0”，不得用符号“—”代替。

(5) 大写金额数字满拾元而不足贰拾元的，应在“拾”字前加写“壹”字；大写金额数字到元为止的，在“元”字之后应写“整”字；大写金额数字到角为止的，在“角”字之后可写“整”(或“正”)字，也可不写“整”(或“正”)字；大写金额数字到“分”为止的，不应加“整”(或“正”)字。

(6) 阿拉伯金额数字中间有“0”时，中文大写金额要写“零”字。阿拉伯数字中间连续有几个“0”时，中文大写金额中间可以只写一个“零”字。阿拉伯金额数字万位或元位是“0”，中文大写金额中可以写一个零字，也可以不写“零”字。阿拉伯金额数字角位是“0”，而分位不是“0”时，中文大写金额“元”后面应写“零”字。阿拉伯数字以壹拾亿、壹拾万、或壹拾开头时，中文大写前面的“壹”不能省略。

(7) 凡是涉及大写和小写金额的原始凭证，大小写金额应该相互吻合，大小写必须符合规范。

（六）连续编号，以便查证

如果原始凭证已经预先印定编号，在作废时，应该加盖“作废”戳记，并妥善保管，不得撕毁。

如涉及现金、银行存款收付的原始凭证（发票、收据、支票等），都有连续编号，应按编号连续使用，这类凭证如有填写错误，应予作废重填，并在填错的凭证上加盖“作废”戳记，与存根一起保存，不得任意销毁，以便于日后查证。

（七）正确更正原始凭证

《会计法》规定：原始凭证记载的各项内容均不得涂改，原始凭证有错误的，应由出具单位重开或更正，更正处应当加盖出具单位印章。原始凭证金额有错误的，也应当由出具单位重开，不得在原始凭证上更正。

四、原始凭证的审核

原始凭证的审核是保证账簿记录真实准确的重要环节，是明确经济责任的原始证据。原始凭证审核是一项细致且严肃的工作，审核不严就可能使会计信息丧失客观性和真实性，会计人员应按如下要求审核原始凭证：

（一）审核原始凭证的真实性

真实性审核内容主要包括：

(1) 经济业务的双方当事单位和当事人是真实的。

(2) 经济业务发生的时间、地点和填制凭证的日期必须是真实的。

(3) 经济业务的内容（数量、金额等）必须是真实的。

如购货业务，要标明所购货物的数量、单价、金额，经质检人员检验合格出具证明，由保管员验收在入库单上签字，方能证明数量真实。

（二）审核原始凭证的完整性

完整性审核包括原始凭证应具备的基本要素完整和手续齐全。

1. 基本要素完整

即原始凭证应具备的基本要素不可缺少。如发票上应有税务专用章、各联的用途、发票编号等。

2. 手续齐全

包括业务双方经办人是否签名或签章。如自制原始凭证必须有经办单位负责人或指定人员的签名或盖章，对外开出的原始凭证必须加盖单位公章或发票专用章、财务专用章等。需经领导签名批准的原始凭证应有领导人的亲笔签名。对手续不全的原始凭证应退回补办手续。

（三）审核原始凭证的合法性

合法性审核包括审查原始凭证所反映的经济业务是否合法，有无如违纪收支、贪污腐败、弄虚作假、伪造凭证等违法行为。

（四）审核原始凭证的合理性

合理性审核包括审核经济业务的内容是否符合法规、制度、政策、计划和合同的规定，支出是否符合财务制度、费用的开支是否合理、有无超过预算的情况等。

经审核的原始凭证应根据不同的情况分别进行处理。

（1）对于完全符合要求的原始凭证，应及时据以编制记账凭证。

（2）对于真实、合法、合理但内容不够完整、填写有错误的原始凭证，应退回给有关经办人员，由其负责将有关凭证补充完整、更正错误或重开后，再办理正式会计手续；

（3）对于不真实、不合法的原始凭证，会计机构和会计人员有权不予接受，并向单位负责人报告。

第三节　记账凭证

记账凭证是会计人员根据审核无误的原始凭证或汇总原始凭证，用来确定经济业务应借、应贷的会计科目和金额而填制的，作为登记账簿直接依据的会计凭证。

一、记账凭证的分类

记账凭证按照反映的经济业务内容不同，分为专用记账凭证和通用记账凭证，其中专用记账凭证又分为收款凭证、付款凭证和转账凭证。为了简化登记总分类账的手续，可以把反映同类经济业务或多类经济业务的记账凭证汇总编制成科目汇总表或汇总记账凭证。

以下分别予以介绍。

（一）收款凭证

收款凭证是根据货币资金收入业务的原始凭证编制的记账凭证，用来记录库存现金、银行存款增加的经济业务。收款凭证的借方科目分别为库存现金或银行存款，所以收款凭证又可分为库存现金收款凭证和银行存款收款凭证。

【例4—1】 20××年3月13日公司从银行借入临时需用资金80 000元，存入银行，需填制银行存款收款凭证。其格式如表4—12所示。

表4—12 收款凭证

总号01

应借科目：银行存款　　20××年3月13日　　分号01

摘要	贷方科目		金额										记账
	总账科目	明细科目	千	百	十	万	千	百	十	元	角	分	
临时借款	短期借款					8	0	0	0	0	0	0	
	合计金额				¥	8	0	0	0	0	0	0	

附件1张

会计主管：　记账：　出纳：　复核：　制单：王××

（二）付款凭证

付款凭证是根据货币资金付出业务的原始凭证编制的记账凭证，用来记录库存现金、银行存款减少的经济业务。付款凭证的贷方科目分别为库存现金或银行存款，所以付款凭证又可分为库存现金付款凭证和银行存款付款凭证。

【例4—2】 20××年3月14日，公司用库存现金支付公司管理部门电话费800元，需填制库存现金付款凭证。其格式如表4—13所示。

表4—13 付款凭证

总号02

应贷科目：库存现金　　20××年3月14日　　分号01

摘要	借方科目		金额										记账
	总账科目	明细科目	千	百	十	万	千	百	十	元	角	分	
支付电话费	管理费用	电话费						8	0	0	0	0	
	合计金额						¥	8	0	0	0	0	

附件1张

会计主管：　记账：　出纳：　复核：　制单：王××

应注意的是，对于现金和银行存款之间的存取业务，也称划转业务，如将现金存入银行业务，或从银行提取现金业务，为避免重复记账，应统一按减少方填制付款凭证（即均以付款在先），而不填制收款凭证。

例如从银行提取现金 2 000 元的分录为

借：库存现金　　2 000

　贷：银行存款　　2 000

该业务应填制银行存款付款凭证。

又如，将现金 2 000 元存入银行的分录为

借：银行存款　　2 000

　贷：库存现金　　2 000

该业务应填制库存现金付款凭证。

（三）转账凭证

转账凭证是对于不涉及货币资金收支的经济业务根据原始凭证或原始凭证汇总表所编制的记账凭证，凡是不涉及现金收付和银行存款收付的其他业务，均为转账业务。

【例 4—3】　20××年 3 月 15 日，公司一车间领用甲材料 16 500 元用以生产 A 产品，需填制转账凭证。其格式如表 4—14 所示。

表 4—14　　**转 账 凭 证**

总号 03

20××年 3 月 15 日　　分号 01

摘　要	总账科目	明细科目	借方金额										贷方金额										记账
			千	百	十	万	千	百	十	元	角	分	千	百	十	万	千	百	十	元	角	分	
生产领料	生产成本	A 产品				1	6	5	0	0	0	0											
	原材料	甲材料														1	6	5	0	0	0	0	
合计					¥	1	6	5	0	0	0	0			¥	1	6	5	0	0	0	0	

附件 1 张

会计主管：　　记账：　　复核：　　制单：王××

（四）通用记账凭证

通用记账凭证是既可以反映收付款业务，又可以反映转账业务的记账凭证，即以一种格式记录全部经济业务，其格式与转账凭证相同。通用记账凭证适用于中小型、经济业务简单或收付款业务不多的单位。其格式如表 4—15 所示。例子沿用【例 4—2】。

表 4—15

记账凭证

20××年 3 月 14 日　　　　第 1 号

摘　　要	总账科目	明细科目	借方金额										贷方金额										记账
			千	百	十	万	千	百	十	元	角	分	千	百	十	万	千	百	十	元	角	分	
支付电话费	管理费用	电话费						8	0	0	0	0											
	库存现金																	8	0	0	0	0	
合计							¥	8	0	0	0	0					¥	8	0	0	0	0	

附件 1 张

会计主管：　　记账：　　审核：　　出纳：　　制单：王××

（五）科目汇总表

科目汇总表，亦称“记账凭证汇总表”，是指定期对全部记账凭证进行汇总，按各个会计科目列示其借方发生额和贷方发生额的一种汇总凭证。按照借贷记账法的基本原理，科目汇总表中各个会计科目的借方发生额合计与贷方发生额合计应该相等。因此，科目汇总表具有试算平衡的作用。科目汇总表也是在企业用科目汇总表账务处理程序时据以登记总账的依据。具体的内容将在第九章第四节“科目汇总表账务处理程序”中介绍，其格式如表 4—16 所示。

表 4—16

科目汇总表

日期：20××年 6 月 20 日至 20××年 6 月 30 日

凭证起讫号数自 058 号起至 099 号止　　　　编号：03

会计科目	借方金额	记　账	贷方金额	记　账
库存现金	2 000		1 000	
⋮	⋮		⋮	
短期借款	10 000		28 000	
⋮	⋮		⋮	
实收资本			180 000	
⋮	⋮		⋮	
合　　计	850 000		850 000	

会计主管：　　记账：　　审核：　　制单：×××

（六）汇总记账凭证

汇总记账凭证是根据专用记账凭证（收款凭证、付款凭证、转账凭证）定期分类编制汇总收款凭证（其格式如表4—17所示）、汇总付款凭证和汇总转账凭证。汇总记账凭证也是在企业用汇总记账凭证账务处理程序时据以登记总账的依据。具体的内容将在第九章第三节“汇总记账凭证账务处理程序”中介绍。

表4—17 **汇总收款凭证**

借方科目：库存现金或银行存款　　　　年　月　　　　汇收第　号

贷方科目	金　额				总账页数	
	1—10日 收字第　号到 第　号	11—20日 收字第　号到 第　号	21—31日 收字第　号到 第　号	合　计	借方	贷方
合计						

二、记账凭证的基本要素

记账凭证是将经济信息转换为会计信息的重要环节。记账凭证应具备的基本要素包括：

（1）记账凭证的名称。

（2）填制凭证日期。

（3）记账凭证编号。

（4）经济业务内容摘要。

（5）会计科目的名称、借贷方向、金额。

（6）所附原始凭证的张数。

（7）登记账簿提示栏：如专设“记账”栏，打“√”号或签章表示已登记账簿。

（8）制单人员、稽核人员、记账人员、会计主管人员等签章，如果涉及收付款的记账凭证还要有出纳人员的签名或盖章。

第（5）条表明，记账凭证包含了会计分录。

三、记账凭证的填制要求

各种记账凭证必须按规定及时、准确、完整地填制。虽然记账凭证的格式不同，但是基本要素填写要求是一致的。一般要遵循以下要求：

（一）日期的填写要求

（1）库存现金收付款记账凭证的填制日期以办理收付现金的日期填写。

（2）银行存款付款业务的记账凭证，一般按财会部门开出付款单据的日期或承付的日期填写。

（3）银行存款收款业务的记账凭证，一般按银行进账单或银行受理回执的戳记日期填写。

（4）日常不涉及现金和银行存款收付的其他各项经济业务（即转账业务），一般以业务发生日期填写。

（5）月末结转的业务（如计提折旧、计提利息、结转损益类账户等），按当月最后一天的日期填制。

（二）记账凭证的编号要求

会计人员应及时对记账凭证予以编号。如果企业使用通用记账凭证，则将其全部作为一类来编号，如果企业使用专用记账凭证，可以分收款、付款、转账三类来编号，还可以按银行存款收款凭证、银行存款付款凭证、库存现金收款凭证、库存现金付款凭证、转账凭证五类来编号。所有记账凭证均应按月从“1”开始顺序编号，不得跳号、重号。一个会计分录使用两张以上（含两张）记账凭证，应按顺序用分数编号法来编列分号，两张凭证之间不要填写“过次页”、“承前页”。例如，第 4 号经济业务涉及 2 张记账凭证，编号分别为 $4\frac{1}{2}$号、$4\frac{2}{2}$号。

（三）摘要的填写要求

填写摘要的要求，一是要真实准确，其内容与经济业务的内容和所附原始凭证的内容相符；二是要简明扼要，书写清晰明了，以便于后续查阅凭证和登记账簿。

（四）会计科目的填写要求

应填写会计科目的全称或会计科目的名称和编号，不得简写或只填会计科目的编号而不填名称。需填明细科目的，应在“明细科目”栏填写明细科目的名称。

（五）金额的填写要求

记账凭证的金额必须与原始凭证的金额相符。在记账凭证的“合计”行填列合计金额；阿拉伯数字的填写要规范；在合计数字前应填写货币符号，不是合计数字前不应填写货币符号。一笔经济业务因涉及会计科目较多，需填写多张记账凭证的，只在最末一张记账凭证的“合计”行填写合计金额。

（六）记账凭证附件要求

（1）除结转和更正错误的记账凭证外，一般的记账凭证要求附有原始凭证，并注明所附原始凭证的张数。所附原始凭证张数的计算方法一般以所附原始凭证的自然张数为准，即凡与经济业务内容相关的每一张凭证，都作为记账凭证的附件。凡属收付款业务的，原始凭证张数计算均以自然张数为准。但对差旅费、市内交通费、医疗费等报销单据，可贴在一张纸上，作为一张原始凭证（报销清单）附件。

(2) 附件张数应用阿拉伯数字填写。对简单的摊提转账业务，可以在摘要栏注明计算依据，而不经过分摊或计算的属于完全结转性业务的记账凭证可不附原始凭证。

(3) 当一张或几张原始凭证涉及几张记账凭证时，可将原始凭证附在一张主要的记账凭证后面，在摘要栏说明“本凭证附件包括××号记账凭证业务”字样，在其他记账凭证上注明“原始凭证已附于××号记账凭证后面”字样。

(七) 会计分录的填制要求

不同类型的经济业务不得填制在一张记账凭证中，也不得对同类经济业务采取大汇总的办法填制记账凭证。转账凭证和通用记账凭证应按先“借”后“贷”的顺序填列。不得填制“有借无贷”或“有贷无借”的会计分录。

(八) 签名或盖章的要求

记账凭证上规定有关人员的签名或盖章，应全部签章齐全，以明确责任。财会人员较少的单位，在收、付记账凭证上，至少应有两人（会计和出纳）签章。一张记账凭证涉及几个会计记账的，凡记账的会计均应在“记账”签章处签章。会计主管对未审阅过的记账凭证，可以不签章，但仍应对其合法性、准确性负责，收、付款记账凭证还应由出纳人员签章。

(九) 对空行的要求

记账凭证不准跳行或留有余行。填制完毕的记账凭证如有空行的，应在金额栏划一斜线或“S”形线注销。划线应从金额栏最后一笔金额数字下面的空行划到合计数行的上面一行，并注意斜线或“S”形线两端都不能划到有金额数字的行次上。

(十) 其他填写要求

填制记账凭证可用蓝黑墨水或碳素墨水；金额按规定需用红字表示的，数字可用红色墨水书写，但不能以“负数”表示。下列两种情况，金额可用红色墨水填写（即红字记账凭证）：

(1) 记账后发现记账凭证有错误，需采用红字更正法的。

(2) 会计核算制度规定采用红字填制记账凭证的特定会计业务。

四、记账凭证的审核

编制记账凭证的人员自己必须认真审核，同时会计部门应建立相互复核或专人复核记账凭证的制度。审核无误的记账凭证才能据以登记账簿。记账凭证的审核主要包括以下内容：

(1) 审核记账凭证是否附有原始凭证，记账凭证所反映的经济内容是否与所附原始凭证内容相符。

(2) 审核记账凭证中应借、应贷的会计科目（包括明细科目）是否正确，对应关系是否清晰、金额是否正确。

(3) 审核记账凭证的编号是否规范，有无漏号和重号。

(4) 审核记账凭证中的项目是否填制完整，手续是否完备，摘要是否清楚。

(5) 审核相关人员的签章是否齐全。

(6) 如果记账凭证中有错误是否有按规定更正，有关人员是否在更正处签章。

(7) 审核有无违纪违法事项，如有应追查清楚。凭证所记事项应真实、合法、合理。

第四节　会计凭证传递与保管

一、会计凭证传递

会计凭证的传递是指会计凭证从取得或填制到归档过程中（包括取得、填制、审核、办理签章业务手续、整理、记账直至装订、归档保管为止）的传递程序。正确组织凭证的传递，对于提高会计核算资料的及时性，正确组织经济活动，加强经济责任，实行会计监督，具有重要意义。会计凭证传递的组织包括如下内容：

（一）规定会计凭证的传递程序

由于企业生产经营的组织不同，经济业务的内容不同，企业的管理要求也不尽相同。各单位要根据各自业务特点、本单位机构的设置，人员岗位分工情况和经营管理等需要，结合岗位责任制，具体设计会计凭证的联数和传递路线、规定会计凭证的传递程序。传递程序既要严密完备，又要简便易行，防止传递层次过多，延误时间，影响及时登账。

一般企业的会计凭证传递可按照如下程序进行：会计人员对业务部门提交的原始凭证进行审核确认无误后，编制记账凭证，然后交稽核人员审核。审核后，属于转账凭证交记账人员记账；属于收付款凭证，先交出纳人员办理收付款事宜，登记现金日记账和银行存款日记账，然后交记账人员记账；需交会计主管审批的，记账前应履行审批手续。传递程序如图4—1所示。

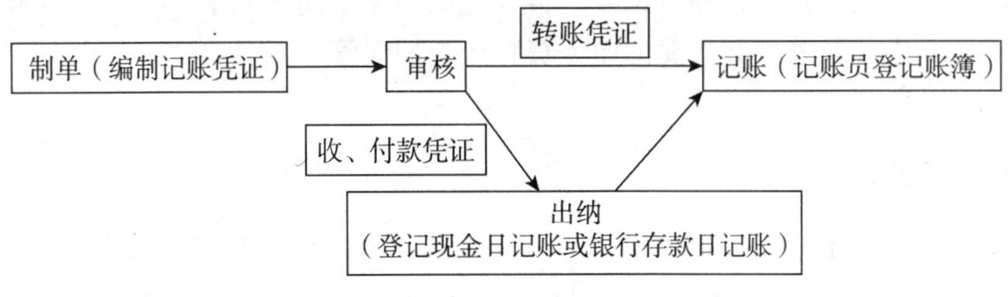

图4—1　会计凭证传递程序图

（二）规定会计凭证传递的时间

各单位要明确规定凭证在各个环节上的停留时间，既要考虑有关部门和人员办理经济业务的各项手续对时间的合理需要，又要防止凭证积压，以免影响会计工作的正常秩序。一般要求凭证的传递和处理在报告期内完成，不能跨期。

（三）规定会计凭证传递过程中的交接签收制度

各单位在凭证传递中的收发、交接等手续必须完备严密，环环衔接。各单位应设立传递凭证登记簿，可登记制证或接办日期，凭证种类和名称、编号、张数、经办人签章、交接时间、接办人签章等。以明确经济责任，保障凭证传递工作有条不紊，迅速有效地进行。

二、会计凭证的保管

会计凭证是重要的经济档案和会计资料，要求制订严密的保管制度，既要保证会计凭证的安全，又要保证日后查找会计凭证的便利。会计凭证的保管有如下一些要求：

（1）每月各种会计凭证登记完毕后，要将本月各种记账凭证加以整理，检查有无缺号和附件是否齐全。

（2）按会计凭证顺序号排列，整理。原始凭证长宽度超过记账凭证的，要折叠成小于记账凭证的长宽度，折叠时要注意装订的位置，防止原始凭证装订后不能翻阅。

（3）会计凭证整理后要加具封面、封底装订成册，装订处两面均要贴封签，并由装订人员和会计主管人员共同加盖骑缝章。在封面上应写明单位名称、年、月份、凭证的起讫日期，记账凭证的种类、起讫号码，以及记账凭证和原始凭证的张数。

（4）为便于查找，在凭证的背脊上或包角处标明年、月、册号、凭证种类、起讫号等。如果在一个月内，凭证数量过多，可分装若干册，在封面上加注“共×册”字样。

（5）如果某些记账凭证所附原始凭证数量过多，也可以单独装订保管。对单独装订保管的原始凭证，封面上应注明记账凭证日期、编号、种类，同时在记账凭证上标明“附件另订”和原始凭证名称及编号。

（6）对于重要的空白原始凭证，如支票、发票、收据等，应指定专人保管，建立收、发（领）、销（销号）制度，并按每种票据设立票据登记簿加以记载，防止丢失、冒领。

（7）会计凭证的保管期限和销毁手续，必须严格执行《会计法》和《会计档案管理办法》的规定，任何人无权自行随意销毁。会计凭证的保管期限如下：原始凭证和记账凭证保管十五年，其中涉及外事和重要的业务资料要长期保管。

思考题

1. 什么是会计凭证？什么是原始凭证？什么是记账凭证？它们之间是什么关系？

2. 原始凭证有什么样的分类？记账凭证有什么样的分类？

3. 对专用记账凭证来说，现金与银行存款的划转业务一般填写什么样的记账凭证？为什么要这样做？

4. 对专用记账凭证来说，如果出现多借多贷的会计业务，应如何拆分，你能举两个例子吗？

5. 记账凭证应具备什么基本内容？

6. 如何审核原始凭证？

7. 如何组织会计凭证的传递？

8. 会计凭证保管都有哪些基本要求？

第五章

账户分类

第一节　账户分类的意义

一、账户分类的目的

每个账户都有自己的经济性质、用途和结构，都是从某个方面反映和监督会计具体对象的增减变化及结存情况，为经济管理提供会计信息。虽然每个账户是在各种经济业务的核算中分别加以使用的，但它们彼此之间并不是孤立的，而是相互联系地组成了一个完整的账户体系。

一个会计主体需要设置哪些账户，首先要根据会计主体的经济业务特点进行。比如，工业制造业企业，需要有关成本类会计账户核算制造成本，可能生产工艺复杂，生产环节较多，这时就要进一步设置“基本生产成本”和“辅助生产成本”两个二级账户。而在基本生产成本之下，还可能设置不同的生产车间以及不同的产品生产成本的成本归集对象，在这样的环境下，相关的制造成本类账户下的各级账户就要相对复杂一些。有必要分清哪些是用于直接归集成本的账户，哪些是用于间接归集成本的账户。其次，要分清账户的用途和体系。在借贷记账法下，虽然各个账户是独立的，但相互之间又是相互联系的，甚至有些账户还允许双重性质，也就是说，这样的账户表面上可能是属于资产类账户，但可以通过期末余额的变化，转变了账户性质，可能成为具有负债类账户的性质了。因此设置账户时，要考虑到双重性质账户的灵活使用，分清每一个账户的用途，以及账户体系结构。最后要注意设置的账户不宜过多，甚至造成边界不清、登记随意的混乱局面，也不宜太少，造成不能全面反映会计主体的经济全貌的尴尬，还要考虑将来经济发展、业务量扩大而需要账户扩充或调整等各种因素。

因此，为了设置账户，更好地掌握和运用每个账户，有必要进一步研究账户的分类。

二、账户分类的意义

账户分类有如下意义：

(1) 有利于从理论上加深对账户全面认识，了解账户体系的设置和运用在会计核算体系中的地位和作用，有助于正确运用设置账户这种会计核算的专门方法，建立起更加完善的会计核算体系。

(2) 有利于了解账户体系中各个账户内容之间的联系和区别，从使用账户的技术方法的角度来研究账户的不同用途和结构，揭示账户在使用中的规律性，不断提高运用账户的技能，从而做到正确、熟练地使用账户。

(3) 有利于正确认识各会计要素的经济内容，揭示分门别类的会计信息，为经济管理提供系统的会计资料。

(4) 有利于设置账簿，揭示全部账户在反映会计对象的具体内容上存在的既分工又协作的关系。

第二节　账户按经济内容分类

账户的经济内容是指账户所反映的会计对象的具体内容。账户之间本质的差别在于其反映的经济内容的不同，因而账户按经济内容的分类是对账户的最基本分类。通过研究账户按经济内容分类，可以确切地了解各种账户反映和监督的内容，同时可以了解企业账户的设置和运用能否适应经济活动的特点，能否满足经营管理的需要。这对于正确区分账户的经济性质，完善建立账户体系是非常必要的。

一个经济组织的会计对象就其具体内容而言，可以归结为资产、负债、所有者权益、收入、费用和利润六个会计要素。但是账户按经济内容分类不等同于账户按六大要素分类。在工业企业资金运动过程中，生产成本是资产的一种特殊形态，反映了生产资金运动状态，因此，在账户按经济内容分类时，就要将与生产成本相关的账户单独作为一类；由于企业在一定期间内实现的利润最终要归属于所有者权益，所以，账户按经济内容分类时，把关于利润的账户归入所有者权益类；由于收入和费用两大要素都属于损益要素，账户按经济内容分类时，把关于收入和费用的账户归为一类，称作损益类账户。所以，账户按经济内容分类，可以分为资产类账户、负债类账户、所有者权益类账户、成本类账户、损益类账户这五类账户。

一、资产类账户

资产类账户是反映企业各项资产增减变动及其结余数额的账户。资产类账户按照反映流动性程度不同可以再分为流动资产类账户和非流动资产类账户。

(1) 流动资产类账户。流动资产类账户主要有:“库存现金”、“银行存款”、“其他货币资金”、“应收票据”、“应收账款”、“交易性金融资产”、“原材料”、“库存商品”、“包装物”、“低值易耗品”等。

(2) 非流动资产类账户。非流动资产类账户主要有:“持有至到期投资”、“长期股权投资”、“固定资产”、“累计折旧”、“无形资产”等。

二、负债类账户

负债类账户是反映企业负债增减变动及其结余数额的账户。按照负债的偿还期长短或流动性强弱程度等特性,负债类账户可分为流动负债类账户和非流动负债类账户。

(1) 流动负债类账户,如“短期借款”、“应付账款”、“预收账款”、“应付职工薪酬”、“应交税费”、“应付股利”、“其他应付款”等账户。

(2) 非流动负债类账户,如“长期借款”、“应付债券”、“长期应付款”等账户。

三、所有者权益类账户

所有者权益类账户是反映企业所有者权益增减变动及其结余数额的账户。按照所有者权益的形成来源和在企业中的稳定程度,可分为投入资本类账户和资本积累类账户。

(1) 投入资本类账户,如“实收资本”、“资本公积”等账户。

(2) 资本积累类账户,如“盈余公积”、“本年利润”、“利润分配”等账户。

四、成本类账户

成本类账户是反映各类成本费用的归集和结转的账户。如“生产成本”、“制造费用”等账户。

五、损益类账户

损益类账户是反映企业有关收入、费用、利得和损失发生情况的账户。按照损益发生的不同性质,又可分为反映营业损益的账户、反映投资损益的账户和反映营业外收支的账户。

(1) 营业损益类账户,如“主营业务收入”、“主营业务成本”、“其他业务收入”、“其他业务成本”、“营业税金及附加”、“销售费用”、“管理费用”、“财务费用”、“资产减值损失”等账户。

(2) 投资损益类账户,如“投资收益”等账户。

(3) 营业外收支类账户,如“营业外收入”、“营业外支出”等账户。

账户按经济内容的分类,如图 5—1 所示。

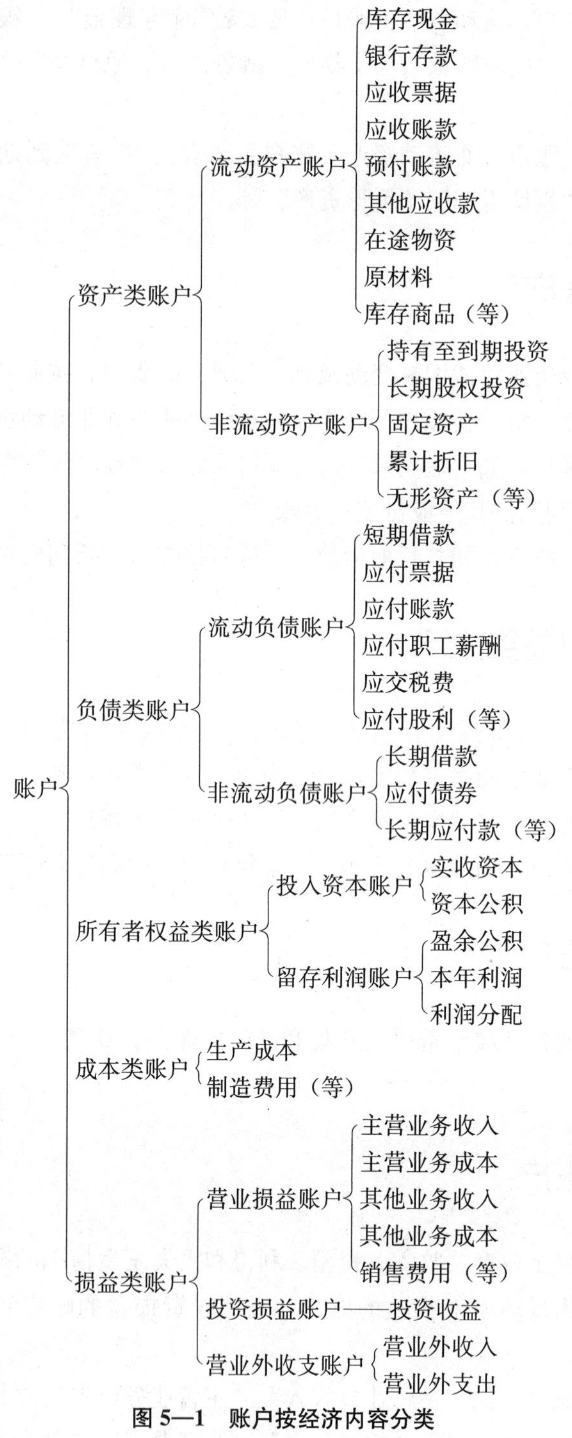

图 5—1　账户按经济内容分类

第三节　账户按用途或结构分类

账户的用途是指通过账户的记录能够提供哪些核算指标，也就是开设和运用账户的目的和作用。账户的结构是指在账户中如何记录经济业务，才能取得各种必要的核算资料，具体地说就是账户的借方、贷方登记的内容，余额的方向及其表示的意义。

虽然按经济内容分类是账户的基本分类，但只考虑经济内容，不考虑账户结构或用途，就不能对账户有深入了解，不能灵活使用账户。因此，应当在按经济内容分类的基础上，对账户按用途和结构作进一步的分类。账户按用途和结构分类，有助于设置账户，有助于正确使用账户，避免核算上的技术性差错。这对于提高会计核算工作质量具有重要意义。

账户按用途和结构分类，可以分为：盘存账户、资本账户、结算账户、集合分配账户、成本计算账户、收入账户、费用账户、调整账户等。

一、盘存账户

盘存账户是用来核算和监督各种财产物资和货币资金增减变动及其结存情况的各种资产类账户。它是任何企业单位都必须设置的账户。属于盘存账户的有“库存现金”、“银行存款”、“其他货币资金”、“原材料”、“包装物”、“库存商品”、“固定资产”等账户。

盘存账户的结构特点是：

（1）账户借方登记各项财产物资和货币资金的增加数；贷方登记各项财产物资和货币资金减少数；余额通常在借方，表示某个时点上各项财产物资和货币资金的结存数额。

（2）这类账户除“银行存款”和“其他货币资金”外都可以通过实物盘点方式进行财产清查，核对账实是否相符。除货币资金账户外，其实物明细账户均可以提供数量和金额两种指标。

（3）这类账户期末通常有余额。

盘存账户的结构，如图 5—2 所示。

借方　　　　盘存账户	贷方
期初余额：期初财产物资和货币资金结存金额 发生额：本期财产物资和货币资金增加额	发生额：本期财产物资和货币资金减少额
期末余额：期末财产物资和货币资金结存额	

图 5—2　盘存账户的结构

二、资本账户

资本账户也称为所有者投资账户。这是用来反映和监督企业所有者投资的增减变动及其结存情况的账户。资本账户的结构特点是：账户贷方登记各项资本和留存收益的增加数；借方登记其减少数或支用数；这类账户期末通常有贷方余额，表示各项资本和留存收益的实有数额。

资本账户主要有“实收资本”、“资本公积”、“盈余公积”等账户。这类账户的总分类账及其明细分类账只能提供货币指标。

资本账户的结构，如图 5—3 表示。

借方	资本账户　　　　贷方
发生额：本期资本和留存收益减少金额	期初余额：期初资本和留存收益实有数额 发生额：本期资本和留存收益增加金额
	期末余额：期末资本和留存收益实有金额

图 5—3　资本账户的结构

三、结算账户

结算账户是用来核算和监督企业往来款项的账户。就其性质，结算账户又可分为债权结算账户、债务结算账户和债权债务结算账户。

（一）债权结算账户

债权结算账户是专门用于核算和监督企业同各个债务单位或个人之间结算业务的账户。债权结算账户的结构特点是：账户借方登记债权的增加数；贷方登记债权的减少数；余额一般在借方，表示期末尚未收回的债权的实有数。

债权结算账户主要有“应收账款”、“应收票据”、“预付账款”、“其他应收款”等账户。

债权结算账户的结构，如图 5—4 所示。

借方	债权结算账户　　　　贷方
期初余额：期初尚未收回应收款项及尚未结算预付款 发生额：本期应收款项增加额和预付款项增加额	发生额：本期应收款项减少额和预付款项减少额
期末余额：期末尚未收回应收款项及尚未结算预付款	

图 5—4　债权结算账户的结构

（二）债务结算账户

债务结算账户是专门用于核算和监督企业同各个债权单位或个人之间债务结算业务的账户。债务结算账户的结构特点是：账户贷方登记债务的增加数；借方登记债务的减少数；余额一般在贷方，表示期末尚未偿还的债务的实有数。

债务结算账户主要有“短期借款”、“应付账款”、“应付票据”、“预收账款”、“其他应付款”、“应付职工薪酬”、“应交税费”、“长期借款”等账户。

债务结算账户的结构，如图 5—5 所示。

借方	债务结算账户　　　　贷方
发生额：本期应付款项及预收款项的减少额	期初余额：期初应付款或尚未结算预收款结存数 发生额：本期应付款项及预收款项的增加额
	期末余额：期末应付款或未结算预收款结存数

图 5—5　债务结算账户的结构

（三）债权债务结算账户

债权债务结算账户也称为双重性质账户，是用于核算和监督企业与某一单位或个人之间发生的债权或债务往来结算业务的账户。企业的债权人与债务人是相对的，在一段时间里债权人可能变成债务人，同样，债务人也可能成为债权人。比如，企业向同一单位销售产品，如果合同规定购买方先预付货款，企业预收的款项就构成了企业的债务，但企业将来多交付产品时，出现原先预收的款项不足时，出现了应收而未收的债权。为了集中反映企业同某一单位或个人所发生的债权和债务的往来结算情况，可以在同一个账户中，特别是同一个明细账户中同时核算应收和应付款项的增减变动和余额。

当企业不单独设置“预收账款”账户时，可以用“应收账款”账户同时反映销售产品和提供劳务的应收款项和预收款项，“应收账款”账户便成为债权债务结算账户；当企业不单独设置“预付账款”账户时，用“应付账款”账户同时反映企业购进材料的应付款项和预付款项，“应付账款”账户也构成债权债务结算账户；当企业将其他应收款和其他应付款的增减变动和结果都集中设置“其他往来”账户核算时，“其他往来”账户也是一个债权债务结算账户。

债权债务结算总分类账户的借方余额或贷方余额只是表示债权和债务变动后的差额，并不一定表示企业债权债务的实际余额。这是因为企业在某一时点可能同时存在债权和债务。因此，债权债务结算账户必须根据总账账户所属明细账账户余额方向分析判断其账户性质。

债权债务结算账户主要有“其他往来”、不设预收账款的“应收账款”、不设预付账款的“应付账款”账户等。

债权债务结算账户结构的特点是：账户借方登记债权的增加数和债务的减少数；贷方登记债务的增加数和债权的减少数；余额可能在借方，也可能在贷方。如果是明细分类账，借方余额表示期末债权的实有数，贷方余额表示期末债务的实有数；如果是总分类账，借方余额表示期末债权大于债务的差额，贷方余额表示期末债务大于债权的差额。

债权债务账户的结构，如图 5—6 所示。

借方　　　　债权债务结算账户　　　　贷方

借方	贷方
期初余额：期初债权大于债务的差额 发生额：（1）本期债权增加额 （2）本期债务减少额	期初余额：期初债务大于债权的差额 发生额：（1）本期债务增加额 （2）本期债权减少额
期末余额：期末债权大于债务的差额	期末余额：期末债务大于债权的差额

图 5—6　债权债务结算账户的结构

四、集合分配账户

集合分配账户是用来核算和监督企业生产经营过程中间接费用的归集和分配的账户。企业在生产经营过程发生的一些间接费用不能直接计入某种成本计算对象中，而应由各个成本计算对象共同负担，这时就需要先通过集合分配账户进行归集，然后再按照一定分配标准计入各个成本计算对象。集合分配账户结构的特点是：账户借方登记各种需要集合分配的费用发生额；贷方登记按受益对象进行费用的分配数额；期末通常无余额。

集合分配账户主要有“制造费用”等账户。

集合分配账户的结构，如图 5—7 所示。

借方　　　　　　　　集合分配账户	贷方
发生额：归集各种费用的增加额	发生额：分配到各受益对象的费用数

图 5—7　集合分配账户的结构

五、成本计算账户

成本计算账户是用来核算和监督企业生产经营过程中某一阶段发生的全部费用，并据此计算该阶段各个成本计算对象实际成本的账户。成本计算账户结构的特点是：账户借方汇集经营过程中某个阶段发生的、应计入成本的全部费用；贷方登记转出已完成某个阶段的成本计算对象的实际成本；余额通常在借方，表示尚未完成某个阶段成本计算对象的实际成本。

成本计算账户主要有“在途物资”、“生产成本”、“在建工程”等账户。

成本计算账户的结构，如图 5—8 所示。

借方　　　　　　　　成本计算账户	贷方
期初余额：期初尚未完成的成本计算对象实际成本 发生额：归集发生的成本费用增加额	发生额：结转成本计算对象的实际成本
期末余额：期末尚未完成的成本计算对象实际成本	

图 5—8　成本计算账户的结构

六、收入账户

收入账户是用来核算和监督企业在一定期间内所取得的各种收入的账户。收入账户的结构特点是：贷方登记收入的增加额；借方登记收入的减少额和期末转入“本年利润”的收入；由于当期实现的全部收入都要于期末转入“本年利润”账户，所以收入账户期末无余额。

这里的收入是广义的收入，包括主营业务收入、其他业务收入、投资收益和营业外收入等账户。

收入账户的结构，如图 5—9 所示。

借方　　　　　　　　收入账户	贷方
发生额：收入的减少额及期末转入“本年利润”账户的收入金额	发生额：本期收入的增加额

图 5—9　收入账户的结构

七、费用账户

费用账户是用来核算和监督企业在一定期间内所发生的各项费用、成本和支出的账户。费用账户的结构特点是：账户借方登记费用支出的增加额；贷方登记费用支出的减少额和期末转入“本年利润”账户的费用支出数额；由于当期发生的全部费用支出都要于期末转入“本年利润”账户，所以费用账户期末无余额。

这里费用也是一个广义概念，费用账户主要有“主营业务成本”、“营业税金及附加”、“销售费用”、“管理费用”、“财务费用”、“其他业务成本”、“资产减值损失”、“营业外支出”等账户。

费用账户的结构，如图 5—10 所示。

借方	费用账户　　　　　　　　　　　　贷方
发生额：本期费用支出的增加额	发生额：费用支出的减少额及期末转入“本年利润”账户的费用金额

图 5—10　费用账户的结构

八、调整账户

调整账户是用来调整相关账户（被调整账户）的余额，以确定被调整账户的实际余额的账户。调整账户按其调整方式的不同，可分为备抵账户和备抵附加账户。

（一）备抵账户

备抵账户也称为抵减账户，是用来抵减被调整账户的余额，以求得被调整账户的实际价值的账户。其调整方式，可用下列计算公式表示：

被调整账户的实际价值＝被调整账户余额－备抵账户余额

备抵账户的余额与被调整账户的余额方向必定相反。如“固定资产”账户的余额在借方，“累计折旧”账户的余额在贷方，用“固定资产”账户的借方余额减去“累计折旧”账户的贷方余额，其差额就是固定资产的实际价值（净值）。

备抵账户主要有“累计折旧”、“坏账准备”、“固定资产减值准备”、“存货跌价准备”等账户。

备抵账户与被调整账户的结构，如图 5—11 所示。

借方　　　被调整账户	贷方
余额：某项经济活动原始金额	

借方　　　备抵账户	贷方
	余额：该项经济活动的抵减数额

图 5—11　备抵账户与被调整账户的结构

（二）备抵附加账户

备抵附加账户是既用来抵减，又可能用来增加被调整账户的余额，以求得被调整账户的实际价值的账户。这类账户在某一时刻执行的是哪种功能，取决于该账户的余额与被调整账户的余额在方向上是否一致。

备抵附加账户主要有“材料成本差异”账户等。备抵附加账户与被调整账户的结构，如图 5—12 所示。

借方	被调整账户　贷方
某项经济活动 原始金额	某项经济活动 原始金额

借方	备抵附加账户　贷方
该项经济活动 附加金额	该项经济活动 抵减金额

图 5—12　备抵附加账户与被调整账户的结构

本节账户按用途和结构分类，如图 5—13 所示。

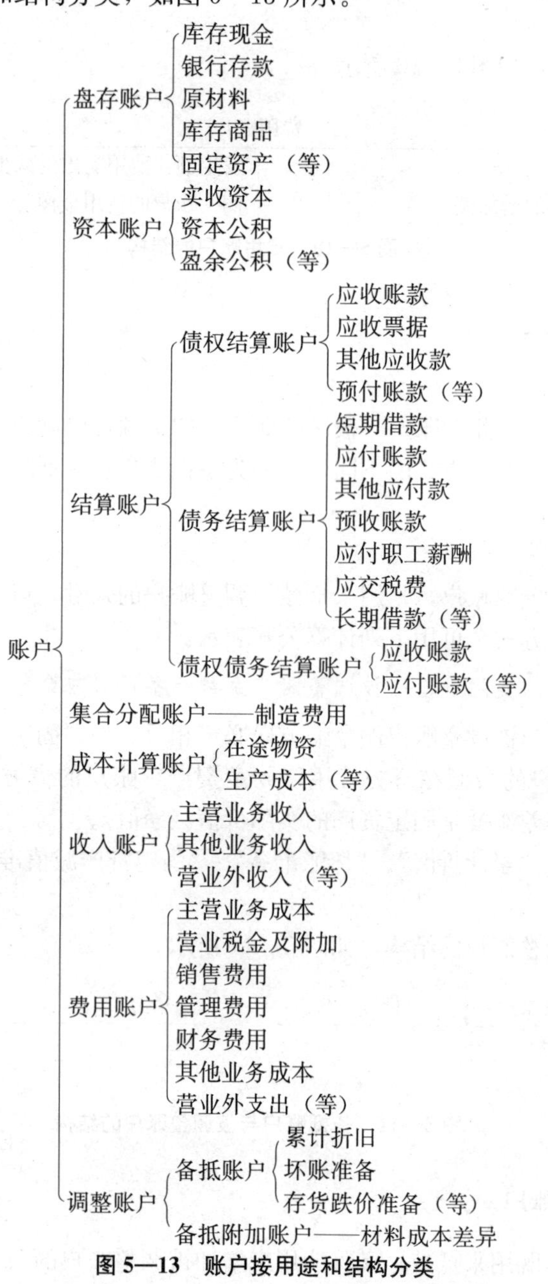

图 5—13　账户按用途和结构分类

思考题

1. 按经济内容分类，账户分为哪些类型？

2. 为什么要进行账户分类？账户分类有哪些意义？

3. 试以“应收账款”、“应付账款”、“预收账款”和“预付账款”四个账户为例说明结算账户的结构。

4. 试以“固定资产”、“累计折旧”账户为例说明调整账户的结构。

5. 试以“原材料”、“固定资产”账户为例说明盘存账户结构。

6. 按用途和结构来分，你认为“在途物资”账户应归属于哪类账户？为什么？

第六章

会计账簿

第一节 会计账簿概述

会计账簿是以会计凭证为依据，连续、系统、全面地记录会计主体所发生的所有经济业务的簿籍。在形式上，会计账簿是由若干个有相同格式和相同层次的会计账户所组成；但在本质上，会计账簿是收集会计信息、处理会计信息和输出会计信息的重要信息处理环节，是会计资料的一项主要载体和重要组成部分。登记账簿是会计核算方法之一。

会计账簿是账户的集中表现形式，两者是形式和内容的关系。账户存在于账簿之中，账簿中的每一账页就是账户的存在形式和信息载体。如果没有账户也就没有所谓的账簿；如果没有账簿，账户也就成为一种抽象零散的纸片、居无定所的“流浪汉”。

一、账簿的作用

会计主体发生的各种经济业务，首先由会计凭证作了最初的反映。原始凭证对经济业务进行了记录和证实，记账凭证则对经济业务的信息作了初步的会计确认和初步的分类记录。但是由于会计凭证数量多，所提供的资料比较分散，不能连续、系统、全面地反映单位在一定时期内的某一类或全部经济业务的变动情况，为了给经济管理提供完整而系统的会计核算资料，就需要把分散在会计凭证中的大量核算资料加以集中归类整理，分门别类地记录在相应的账户上，而这也就记录在账簿上了。因此，每一个会计主体都应按照统一的会计准则和会计业务的特点设置并登记会计账簿。

设置和登记账簿是会计核算工作的重要环节，在经济管理中具有重要意义。

(1) 通过设置和登记账簿，对企业经济管理能够提供系统、完整的会计信息，对加强经济管理具有重要意义。

（2）通过设置和登记账簿，有利于凭证资料的系统总结，有利于账户管理，为分析财务状况、计算财务成果，从而为编制会计报告提供重要依据。根据账簿的记录可以得到企业财务状况和经营成果的会计资料。根据核对无误的账簿资料可以得到编制会计报表的必要数据，账簿资料是会计报告的重要数据来源。

（3）通过设置和登记账簿，可以为开展财务分析、检查、计划、预测和决策提供重要依据。通过账簿资料的检查、分析，可以了解企业贯彻有关方针、政策、制度的执行情况，以及完成各项计划的执行情况。另外，企业对资金使用是否合理，费用支出是否符合标准，经济效益有无提高，利润的形成与分配是否符合规定，企业经营者受托责任履行情况，债权人和投资者的权益保护情况都可以通过账簿记录进行分析、评价，以得到准确判断，在此基础上可以编制相应的财务计划，进行相应的财务预测和财务决策。

（4）设置和登记账簿，方便会计资料保管，对保证会计资料安全有重要意义。

二、账簿的分类

会计账簿的形式多种多样，有着不同的功能和作用，它们各自独立又相互补充。按照不同的分类标准，会计账簿可分为以下三类。

（一）会计账簿按用途分类

会计账簿按其用途不同，可以分为序时账簿、分类账簿和备查账簿。

（1）序时账簿，又称日记账，是按经济业务发生和完成时间的先后顺序进行登记的账簿。按其记录的内容不同，日记账又分为普通日记账和特种日记账。普通日记账是将企业每天发生的所有经济业务，不论其性质如何，按其先后顺序，编成会计凭证序时记入账簿；特种日记账是用来逐笔记录某一类经济业务的序时账簿。在我国，特种日记账主要指库存现金日记账和银行存款日记账。设置特种日记账，应根据业务特点和管理需要而定，特别是那些业务发生繁琐、但需严加监督的项目，应予以设置。

（2）分类账簿，是按经济内容进行分类核算和监督的账簿。包括总分类账簿和明细分类账簿。总分类账簿简称总账，是根据总分类账户进行分类登记的账簿；明细分类账簿简称明细账，是根据明细分类账户进行分类登记的账簿。分类账簿提供的核算信息是编制会计报表的主要依据。

（3）备查账簿，又称为辅助账簿。是指在序时账簿和分类账簿中未能反映和记录的事项进行补充登记的账簿。备查账簿主要用来记录一些供日后考查的有关经济事项，是对账簿记录的一种补充，它与其他账簿之间不存在严密的依存、钩稽关系。这些账簿记录的信息也无须编入会计报表中，所以也称表外记录。备查账簿没有固定格式，可由各单位根据管理的需要自行设置与设计。如应收票据备查簿、租入固定资产登记簿、受托加工来料登记簿等。

（二）会计账簿按外形特征分类

会计账簿按其外形特征不同，可以分为订本式账簿、活页式账簿和卡片式账簿。

(1) 订本式账簿，也称订本账。这是在启用前就进行顺序编号并固定装订成册的账簿。这种账簿可以防止账页散失或任意抽换而造成的错账、漏账和营私舞弊行为，保证账簿的完整性；但是由于账页固定，不能根据需要增加或减少，不便于按需要调整各账户的账页，也不便于分工记账。这种账簿一般适用于总分类账、库存现金日记账和银行存款日记账等。

(2) 活页式账簿，也称活页账，这是指年度内账页不固定，不装订成册，而是将其放置在活页账夹中的账簿，并可根据需要随时加入和取出部分账页的账簿。当账簿登记完毕之后（通常是一个会计年度结束之后），才能将所有账页分类予以装订，加具封面，并给各账页连续编号。这种账簿的优点是能根据经济业务的发展变化，随时增减部分账页，使用灵活，便于分类计算和汇总，有利于核算；多余的空白账页可以取出，防止浪费，也便于分工记账。但是活页式账簿账页容易散失和被随意抽换。活页账在年度终了时，应及时装订成册，妥善保管。各种明细分类账一般可采用活页式账簿。

(3) 卡片式账簿，又称卡片账，是指由许多具有一定格式的卡片组成，按一定顺序码放在卡片箱内，并可根据需要随时加入和抽取的账簿。卡片账的卡片一般装在卡片箱内，不用装订成册，随时可存放，也可跨年度长期使用。这种账簿的优点是便于随时查阅，也便于按不同要求归类整理，不易损坏；其缺点是账页容易散失和随意抽换。因此，在使用时应对账页连续编号，并加盖有关人员签章。卡片箱应有专人保管，更换新账后也应封扎保管，以保证其安全。在我国，一般只对固定资产和低值易耗品等资产明细账采用卡片式账簿形式。

（三）会计账簿按账页的格式分类

会计账簿按账页的格式不同，可以分为三栏式账簿、多栏式账簿、数量金额式账簿。由于每一个账页都是账户的载体，而账户按其结构主要分为三栏式账户，多栏式账户，数量金额式账户等，从而账簿也相应地分为这三种类型的账簿。

(1) 三栏式账簿，是指其账页的格式是为三栏式账户设计的，主要包括借方、贷方和余额三个基本栏目的账簿。这种账簿主要适用于各种日记账、总分类账以及资本、债权债务明细账等。

(2) 多栏式账簿，是指其账页的格式是为多栏式账户设计的，在“借方”或“贷方”栏内再分别设置若干专栏的账簿。当“借方”多栏时，可作为成本费用明细账簿使用，“贷方”多栏时，可作为收入明细账簿使用。“借方”和“贷方”均多栏时，可作为需要在借方和贷方都设置较多栏目进行核算的账户使用。如，增值税明细账簿。

(3) 数量金额式账簿，是指其账页的格式是为数量金额式账户设计的，在“借方”、“贷方”和“余额”三个栏目内都分设数量、单价和金额三个小栏的账簿。这种账簿多适用于除了货币指标外，还需要提供数量指标的经济业务核算。如，原材料、库存商品、产成品等明细账一般采用数量金额式账簿。

三、会计账簿的内容

各单位均应按照会计核算的基本要求和会计规范的有关规定，结合本单位经济业务的特点和经营管理的需要，设置必要的账簿，并认真做好记账工作。尽管账簿的形式和格式多种多样，但均应具备下列基本内容：

(1) 封面。主要用于表明账簿的名称，如库存现金日记账、银行存款日记账、总分类账、应收账款明细账等。

(2) 扉页。主要用于载明经管人员一览表，其应填列的内容主要有：经管人员、移交人和移交日期；接交人、监交人和接管日期等。

(3) 账页。账页是用来记录具体经济业务的载体，其格式因记录经济业务内容的不同而有所不同，但每张账页应包括的主要内容有：账户的名称（即会计科目）；登记账簿的日期栏；记账凭证种类和号数栏；摘要栏（经济业务内容的简要说明）；金额栏（借方、贷方金额及余额）；总页次和分页次栏等。

第二节　会计账簿的设置与登记

一、设置会计账簿的一般原则

新办企业或原有企业在年度开始时，会计人员均应根据会计核算工作的需要设置账簿，即通常所说的“建账”。建账包括确定账簿的种类、设计账页的格式、内容，规定账簿登记的方法等。所有企业应根据经济业务的特点和管理要求，科学、合理地设置账簿。

设置账簿必须遵循以下基本原则：

(1) 依法原则。各单位必须按照《中华人民共和国会计法》及其他有关法规设置会计账簿，包括总账、明细账、日记账和其他辅助性账簿，禁止设置账外账。

(2) 全面系统原则。账簿的设置必须保证能够全面、系统地核算和监督各项经济活动，为经营管理提供必要的考核指标，为编制会计报告提供重要数据。

(3) 组织控制原则。账簿的设置要服从于各单位经济活动和业务工作特点，有利于会计分工和加强岗位责任制。

(4) 科学合理原则。建账应根据不同账簿的作用和特点，做到账簿结构科学严密，有关账簿之间要有统驭关系或平行制约关系，应避免重复记账或遗漏，以便能提供完整、系统的资料。账簿的格式要力求简明实用，既要保证会计记录的系统性和完整性，又要避免过于繁琐，以便日常使用和保存。

二、会计账簿启用

为了保证账簿记录的合法性和会计资料的真实性和完整性，明确经济责任，会计账簿应有专人负责登记。启用会计账簿应遵守以下规则：

（一）认真填写封面及账簿启用和经管人员一览表

启用账簿时应在账簿封面上写明单位名称和账簿名称，认真填写“账簿启用登记表”

（简称启用表），如表 6—1 所示。启用表主要包括下面内容：单位名称、账簿名称、账簿编号、账簿页数、启用日期、记账人员和会计机构负责人、会计主管人员姓名，并加盖名章和单位公章。

启用账簿，还应填写“账户目录表”，如表 6—2 所示。按照会计科目编号和会计科目名称填列，写明各自的起讫页数。存在明细账户的，还应标明明细账户的名称。订本式账簿应当从第一页到最后一页顺序编定页数，不得跳页、缺页。使用活页式账簿，应当按账户顺序编号，并要定期装订成册，装订后再按实际使用的账页顺序编定页码。卡片式账簿在使用前应当登记卡片登记簿。

（二）严格交接手续

记账人员或者会计机构负责人、会计主管人员调动工作时，必须办理账簿交接手续，在账簿启用和经管人员一览表中注明交接日期、交接人员和监交人员姓名，并由双方交接人员签名或者盖章，以明确有关人员的责任，维护会计记录的严肃性。

（三）及时结转旧账

每年年初更换新账时，应根据需要选择或确定会计科目，并在账簿的账页上开设账户，应将旧账的各账户余额过入新账的余额栏，并在摘要栏中注明“上年结转”字样。每个账户都应留有所需的账页数，既不能少，少了不够用；也不要多，多了将造成浪费。

表 6—1 账簿启用及交接表

<table>
<tr><td>单位名称</td><td colspan="9"></td><td colspan="3" rowspan="5">单位盖章</td></tr>
<tr><td>账簿名称</td><td colspan="9"></td></tr>
<tr><td>账簿编号</td><td colspan="9">总　　册第　　册</td></tr>
<tr><td>账簿页数</td><td colspan="9">本册账簿自第 1 页起至第　　页止　共　　页</td></tr>
<tr><td>启用日期</td><td colspan="9">年　　月　　日</td></tr>
<tr><td rowspan="3">经管人员</td><td colspan="4">负责人</td><td colspan="4">主　管</td><td colspan="4">记　账</td></tr>
<tr><td colspan="2">姓　名</td><td colspan="2">盖章</td><td colspan="2">姓　名</td><td colspan="2">盖章</td><td colspan="2">姓名</td><td colspan="2">盖章</td></tr>
<tr><td colspan="2"></td><td colspan="2"></td><td colspan="2"></td><td colspan="2"></td><td colspan="2"></td><td colspan="2"></td></tr>
<tr><td rowspan="6">接交记录</td><td colspan="3">日期</td><td colspan="3">监交</td><td colspan="3">移交</td><td colspan="3">接管</td></tr>
<tr><td>年</td><td>月</td><td>日</td><td>职位</td><td>姓名</td><td>盖章</td><td>职位</td><td>姓名</td><td>盖章</td><td>职位</td><td>姓名</td><td>盖章</td></tr>
<tr><td></td><td></td><td></td><td></td><td></td><td></td><td></td><td></td><td></td><td></td><td></td><td></td></tr>
<tr><td></td><td></td><td></td><td></td><td></td><td></td><td></td><td></td><td></td><td></td><td></td><td></td></tr>
<tr><td></td><td></td><td></td><td></td><td></td><td></td><td></td><td></td><td></td><td></td><td></td><td></td></tr>
<tr><td></td><td></td><td></td><td></td><td></td><td></td><td></td><td></td><td></td><td></td><td></td><td></td></tr>
<tr><td>备注</td><td colspan="12"></td></tr>
</table>

表 6—2 账户目录

编号	科目	起讫页数	编号	科目	起讫页数	编号	科目	起讫页数
		—			—			—
		—			—			—
		—			—			—
		—			—			—
		—			—			—
		—			—			—
		—			—			—
		—			—			—
		—			—			—
		—			—			—

三、会计账簿登记

（一）登记账簿的依据要求

会计账簿登记也常称为过账，即将会计凭证的内容登记到相应的会计账簿（包括日记账）中。过账要求以审核无误的记账凭证为依据，遵守登记会计账簿的各种规则。一般来说，过账要遵循以下要求：

（1）必须根据审核无误的会计凭证登记账簿。审核无误的会计凭证是记账的依据。

（2）总分类账要按照企业设定的会计核算账务处理程序及时登记账簿。

（3）明细分类账要根据原始凭证、原始凭证汇总表和记账凭证每天登记或定期登记。

（4）库存现金日记账和银行存款日记账应当根据审核无误的收款或付款凭证，逐笔序时登记。

（二）登记账簿的规范要求

（1）准确完整。登记账簿时，应当将会计凭证日期、编号、业务内容摘要，金额和其他有关资料逐项记入账内，做到数字准确、摘要清楚、字迹工整、登记及时。

（2）注明记账符号。登记完成后，记账人员要在记账凭证上签名或者盖章，并注明已经登账的符号（如打“√”），防止漏记、重记和错记情况的发生。

（3）书写留空。记账要保持清晰、整洁，记账文字和数字要端正、清楚、书写规范，一般应占账页格距的 1/2，或者最高不超过 2/3，以便留有改错的空间。

（4）逐页逐行，连续登记。各种账簿要按账页顺序连续登记，不得跳行、隔页。如发生跳行、隔页，应将空行、空页划线注销，或注明“此行空白”或“此页空白”字样，并由记账人员签名或盖章。每登记满一张账页结转下页时，应当结出本页借方发生额合计数、贷方发生额合计数、余额，并表明余额方向，写在本页最后一行和下页第一行有关栏内，在本页的摘要栏内注明“转次页”字样，在次页的摘要栏内注明“承前页”字样。这样做的目的是使账簿中每一个账户的全部账页首尾相连，既保持账户记录的正确性和安全性，又减少期末结账的工作量。

(5) 使用蓝黑墨水或者碳素墨水书写。登记账簿时，要用蓝黑墨水或者碳素墨水书写。不得使用圆珠笔（复写除外）或者铅笔书写。下列情况，可以用红色墨水记账：

①按照红字冲账的记账凭证，冲销错误记录；

②在不同时设置借方和贷方栏的多栏式账页中，登记减少数；

③在三栏式账户的余额栏前，如未印明余额方向的，在余额栏内登记负数余额；

④根据统一规定可以使用红字登记的其他会计记录。

(6) 结出余额，无余则平。凡需结出余额的账户，应当定期结出余额，并在“借或贷”栏内写明“借”或“贷”的字样。现金日记账和银行存款日记账必须每天结出余额。没有余额的账户，应在该栏内写“平”字并在余额栏“元”位上用“0”表示。

(7) 规范改错，不得随意。如发生账簿记录错误，不得刮、擦、挖、补或用褪色药水更改字迹，而应采用规定的方法更正。

(8) 定期打印及备份。为了便于审计和加强会计信息的安全性和完整性，对于实行电算化的企业通常有定期打印要求以及其他永久备份要求。

(三) 会计账簿的登记方法

1. 总分类账的格式、建账和登记方法

总分类账也称总账，是按总分类账户（一级科目）设置的，全面、系统、总括地反映和记录经济活动情况，并为编制会计报表提供资料的账簿。

总分类账一般采用订本式账簿，按照会计科目的编码顺序分别开设账户，并为每个账户预留若干账页。由于总分类账只进行货币度量的核算，因此最常用的格式是三栏式，在账页中设置借方、贷方和余额三个基本金额栏。总分类账中的对应科目栏，可以设置也可以不设置。“借或贷”栏是指账户的余额在借方还是在贷方。

总分类账的建账除了要符合建账的一般原则之外，由于总分类账的特殊性，还应遵循如下建账原则：

(1) 总账科目必须与国家统一公布的总账科目名称一致。可以在国家公布的一级科目基础上根据企业自身业务特点和管理要求，选择若干会计科目。

(2) 根据企业需要选择合适的总账格式。企业应依据会计账务处理程序的需要自行选择总账的格式。一般说来，总账账户采用三栏式账户结构，但有些账户，如成本费用类账户，也可以采用多栏式账户，其栏目不宜太多，只能选择管理上有特别要求的栏目，要有机动栏，如“其他”栏，以便将来发生的属于该账户，但又不属于已规定的栏目时填写。

(3) 每一个总账账户都要根据企业业务特点设计好可能的明细账户，但有些总账不设明细账户。如，一般情况下“库存现金”和“银行存款”不设明细账户（除非有经常性的外币业务等情况），“累计折旧”、“累计摊销”、“本年利润”等不设明细账户。

(4) 为确保总账记录的安全完整，总账在外表形式上一般应采用订本式账簿。实行会计电算化的单位，用计算机打印的总账必须连续编号，经审核无误后装订成册，并由相关人员签字或盖章，以防散失。但科目汇总表总账可以是活页式。

(5) 企业应根据所采用的会计账务处理程序确定总账登记的依据。根据不同的会计账

务处理程序，可以选择记账凭证、汇总记账凭证或科目汇总表等作为登记总账的依据。

总分类账的格式及登记示例，如表 6—3 所示。

表 6—3 **总分类账**

科目名称：应收账款 第 页

20×2 年		凭证字号		摘要	借方	贷方	借或贷	余额
月	日							
8	1			月初余额			借	28 000
	2	转	14	销售 A 产品，款未收到	60 000		借	88 000
	10	银	7	收回上个月欠款		20 000	借	68 000
	31			本月合计	60 000	20 000	借	68 000

2. 明细分类账的格式、建账和登记方法

明细分类账是根据明细科目或二级科目开设账户，分类、连续地登记经济业务，以提供明细核算资料的账簿。明细分类账对总分类账起补充说明的作用。设置和运用明细分类账，有利于加强企业经济管理，可为编制会计报表提供必要的资料。因此，各企业在设置总分类账的基础上，还要根据经营管理的需要，按照总账科目设置若干必要的明细账。明细账建账一般原则是：

(1) 要考虑到与其相应的总账账户关系，确保建立的明细账能够起到对总账账户的补充说明作用。

(2) 明细账会计科目主要是由企业自行设置，包括科目名称通常由企业会计自设。要求名称简洁清晰，能反映业务特点，一目了然。

(3) 根据企业财产物资管理的需要选择明细账的格式。账户格式选择要根据业务特点和管理要求进行。如数量金额式明细账适用于需要进行金额记录，也需要进行数量记录的盘存类明细账。但债权债务结算类明细账只需要三栏式即可。

(4) 明细账的外表形式一般采用活页式或卡片式。明细账采用活页式或卡片式账簿，主要是使用方便，便于账页的重新排列和记账人员的分工，但活页式或卡片式的账页容易散失和被随意抽换。因此，使用时应顺序编号并及时装订成册，注意妥善保管。

(5) 明细账户的编号要能体现总账以及与其同类的其他明细账的关系。

(6) 明细账登记依据。不同类型经济业务的明细分类账，可根据管理需要，依据记账凭证、原始凭证或汇总原始凭证逐日逐笔或定期汇总登记。固定资产、债权、债务等明细账应逐日逐笔登记，库存商品、原材料收发明细账以及收入、费用明细账可以逐笔登记，也可定期汇总登记。

3. 登记示例

(1) 三栏式明细分类账。三栏式明细分类账只设借方、贷方和余额三个栏目，适用于只进行金额指标核算的资本、债权、债务等明细账。如应收账款、应付账款、应交税费等往来账户的明细核算。三栏式明细分类账簿多为活页式。

三栏式明细分类账登记示例，如表 6—4 所示。

表 6—4 **应收账款明细分类账**

明细科目：向阳工厂 第 页

20×2 年		凭证		摘要	借方	贷方	借或贷	余额
月	日	字	号					
8	1			月初余额			借	8 000
	5	转	19	销售 B 产品，款未收到	40 000		借	48 000
	10	银	8	收回欠款		20 000	借	28 000
	31			本月合计	40 000	20 000	借	28 000

（2）多栏式明细分类账。多栏式明细分类账又分为借方多栏式、贷方多栏式以及借贷方多栏式三种类型。主要适用于收入、费用、成本、利润和利润分配等明细账户。

①借方多栏式明细账。借方多栏式明细账是在借方设置多栏，贷方可设也可不设的明细账。适用于成本、费用类账户的明细分类核算。如“生产成本”、“制造费用”等明细账。如果未设置贷方栏，则在登记时，用“红字”登记在借方栏及明细项目专栏内，以表示该项目金额为贷方金额，并表示冲销或转出。

借方多栏式（不设贷方）明细账登记示例，如表 6—5 所示。

表 6—5 **生产成本明细账**

产品名称：甲产品

×2 年		凭证		摘要	借方				
月	日	字	号		直接材料	直接燃料	直接人工	制造费用	合计
8	5	转	5	A 材料	200 000				200 000
	17	转	8	燃料		180 000			180 000
	29	转	34	职工薪酬			300 000		300 000
	31	转	54	制造费用分配				58 000	58 000
	31			合计	200 000	180 000	300 000	58 000	738 000
	31	转	55	完工 100 件结转	124 000	110 000	220 000	36 000	490 000
	31			转下月	76 000	70 000	80 000	22 000	248 000

②贷方多栏式明细账。贷方多栏式明细账是在贷方设置多栏，借方可设也可不设的明细账。适用于资本、收入类账户的明细分类核算。如“主营业务收入”、“营业外收入”等明细账。如果未设置借方栏，则在登记时，用“红字”登记在贷方栏及明细项目专栏内，以表示该项目金额为借方金额，并表示冲销或转出。

贷方多栏式（不设借方）明细账登记示例，如表 6—6 所示。

表 6—6　　主营业务收入明细账

×2 年		凭证		摘要	贷方				
月	日	字	号		A 产品	B 产品	C 产品	修理修配	合计
8	5	银	5	销售 A 产品	200 000				200 000
	17	转	8	赊销 B 公司	300 000	180 000			480 000
	29	转	34	赊销 C 公司		20 000	300 000		320 000
	30	现	54	为 D 公司修理				58 000	58 000
	31			合计	500 000	200 000	300 000	58 000	1 058 000
	31	转	65	结转本年利润	500 000	200 000	300 000	58 000	1 058 000

③借方贷方多栏式。

借方贷方多栏式是在账页的借方和贷方都分设若干专栏。适用于“应交税费——应交增值税”等明细账的核算。

借方贷方多栏式明细分类账登记示例，如表 6—7 所示。

表 6—7　　应交税费—应交增值税明细账

年	略	借方			贷方				借或贷	余额
月日		进项税额	…	合计	销项税额	进项税额转出	…	合计		
3		30 000		30 000					借	30 000
20					40 000			40 000	贷	10 000
25						2 000		2 000	贷	12 000
26		4 000		4 000					贷	8 000
28					10 000			10 000	贷	18 000

（3）数量金额式明细账。

数量金额式明细分类账中借方（收入）、贷方（发出）和余额（结存）都分别设有数量、单价和金额三个专栏，以分别登记实物的数量和金额。适用于既要进行金额明细核算，又要进行数量明细核算的财产物资项目或盘存类账户。如“原材料”、“库存商品”等账户的明细核算。它能提供各种财产物资收入、发出、结存等的数量和金额资料，便于企业进行明细核算和加强管理。

数量金额式明细分类账登记示例，如表 6—8 所示。

表 6—8　　原材料明细分类账

材料名称：甲材料　　规格：　　计量单位：元/千克　　第　页

×2 年		凭证		摘要	收入			发出			结存		
月	日	字	号		数量	单价	金额	数量	单价	金额	数量	单价	金额
8	1			期初余额							200	10	2 000
	5	银	8	购入材料	500	10	5 000				700	10	7 000

续前表

×2年		凭证		摘要	收入			发出			结存		
月	日	字	号		数量	单价	金额	数量	单价	金额	数量	单价	金额
	12	转	19	生产领用				600	10	6 000	100	10	1 000
	27	转	31	购入未付	800	10	8 000				900	10	9 000
	31			本月合计	1 300	10	13 000	600	10	6 000	900	10	9 000

四、总分类账户和明细分类账户的平行登记

总分类账户一般要根据国家统一规定的会计科目设置。明细分类账户主要按企业自身经济业务特点自行设置。总分类账户对明细分类账户具有统驭、控制作用，明细分类账户对总分类账户具有补充和具体说明作用，两者相辅相成，只是反映经济业务的详细程度不同。总分类账和明细分类账要采用平行登记方法。

所谓平行登记，是指凡涉及明细账户的同一笔经济业务都要以相同的会计凭证为依据，在总分类账户和所属明细分类账户上同时登记的方法。

平行登记既可以满足管理上对总括会计信息和详细会计信息的需求，又可以检验账户记录的完整性和正确性。平行登记要求做到以下几点：

（一）同依据

对发生的每一笔经济业务，其相关的会计凭证既是登记总分类账户的依据，也是登记其所属明细分类账户的依据。

（二）同方向

将经济业务记入总分类账户和明细分类账户时，记账方向必须相同。即总分类账户记入借方，明细分类账户也应记入借方；总分类账户记入贷方，明细分类账户也应记入贷方。

（三）同期间

每项经济业务在记入总分类账户和明细分类账户的过程中，可以不分先后，但必须在同一个会计期间（如同一个月）全部登记入账。

（四）等金额

记入总分类账户的金额，必须与记入其所属明细分类账户的金额之和相等。

通过平行登记，总分类账户与明细分类账户之间在登记金额上形成了如下关系：

总分类账户期初余额＝所属各明细分类账户期初余额之和

总分类账户借方发生额＝所属各明细分类账户借方发生额之和

总分类账户贷方发生额＝所属各明细分类账户贷方发生额之和

总分类账户期末余额＝所属各明细分类账户期末余额之和

在会计核算工作中，通常利用这种相等关系，编制“总分类账户和明细分类账户发生

额及余额对照表”，检查总分类账户和明细分类账户记录的完整性和正确性。

下面以“原材料”账户和“应付账款”账户为例，说明总分类账户与明细分类账户的平行登记。

【例 6—1】 华闽公司 20×2 年 8 月 1 日“原材料”和“应付账款”两个总分类账户及其所属明细分类账户的有关资料，如表 6—9 所示。

表 6—9　　　　原材料与应付账款账户资料

总分类科目	明细分类科目	数量（千克）	单价（元）	金额	余额方向
原材料		800		59 000	借
	甲材料	500	70	35 000	借
	乙材料	300	80	24 000	借
应付账款				22 000	贷
	A 公司			10 000	贷
	B 公司			12 000	贷

该公司 8 月份发生下列经济业务：

(1) 8 月 2 日，向 A 公司购入甲材料 400 千克，单价 70 元，价款 28 000 元，增值税额 4 760 元；乙材料 500 千克，单价 80 元，价款 40 000 元，增值税额 6 800 元。材料验收入库，货款尚未支付。编制会计分录如下：

借：原材料——甲材料　　28 000
　　　　　——乙材料　　40 000
　　应交税费——应交增值税（进项税额）　　11 560
　贷：应付账款——A 公司　　79 560

(2) 8 月 6 日，车间从材料仓库领用原材料一批，其中甲材料 500 千克，单价 70 元，计 35 000 元；乙材料 400 千克，单价 80 元，计 32 000 元。编制会计分录如下：

借：生产成本　　67 000
　贷：原材料——甲材料　　35 000
　　　　　　——乙材料　　32 000

(3) 8 月 10 日，向 B 公司购入甲、乙材料一批，其中甲材料 300 千克，单价 70 元，价款 21 000 元，增值税额 3 570 元；乙材料 300 千克，单价 80 元，价款 24 000 元，增值税额 4 080。材料已验收入库，货款尚未支付。编制会计分录如下：

借：原材料——甲材料　　21 000
　　　　　——乙材料　　24 000
　　应交税费——应交增值税（进项税额）　　7 650
　贷：应付账款——B 公司　　52 650

(4) 8 月 20 日，以银行存款偿还欠 A 公司的货款 79 560 元，偿还欠 B 公司的货款 52 650 元。编制会计分录如下：

借：应付账款——A 公司　　79 560
　　　　　　——B 公司　　52 650
　贷：银行存款　　132 210

第一，将月初余额分别记入总分类账户及其所属明细分类账户。在总分类账户中只以价值量体现，在存货类明细分类账户中，还需登记数量和单价，即同时以价值量和实物量反映。

第二，按经济业务发生的先后顺序，根据记账凭证和原始凭证在总分类账户和其所属明细分类账户中进行平行登记，并计算出各账户的本期发生额合计和期末余额。如表6—10至表6—17所示。

表6—10 **总分类账**

会计科目：原材料

20×2年		凭证编号		摘要	借方	贷方	借或贷	余额
月	日	字	号					
8	1			期初余额			借	59 000
8	2	记	1	购入材料	68 000		借	127 000
8	6	记	2	领用材料		67 000	借	60 000
8	10	记	3	购入材料	45 000		借	105 000
8	31			本月合计	113 000	67 000	借	105 000

表6—11 **原材料明细分类账**

原材料名称：甲材料　　计量单位：元/千克　　第　页

20×2　年		记账凭证		摘　要	收　入			发　出			结　余		
月	日	字	号		数量	单价	金额	数量	单价	金额	数量	单价	金额
8	1			月初余额							500	70	35 000
	2	记	1	购入材料	400	70	28 000				900	70	63 000
	6	记	2	领用材料				500	70	35 000	400	70	28 000
	10	记	3	购入材料	300	70	21 000				700	70	49 000
8	31			本月合计	700	70	49 000	500	70	35 000	700	70	49 000

表6—12 **原材料明细分类账**

原材料名称：乙材料　　计量单位：元/千克　　第　页

20×2　年		记账凭证		摘　要	收　入			发　出			结　余		
月	日	字	号		数量	单价	金额	数量	单价	金额	数量	单价	金额
8	1			月初余额							300	80	24 000
	2	记	1	购入材料	500	80	40 000				800	80	64 000
	6	记	2	领用材料				400	80	32 000	400	80	32 000
	10	记	3	购入材料	300	80	24 000				700	80	56 000
	31			本月合计	800	80	64 000	400	80	32 000	700	80	56 000

表 6—13 **总分类账**

会计科目：应付账款

20×2 年		凭证编号		摘要	借方	贷方	借或贷	余额
月	日	字	号					
8	1			期初余额			贷	22 000
8	2	记	1	购入材料		79 560	贷	101 560
8	10	记	3	购入材料		52 650	贷	154 210
8	20	记	4	偿还欠款	132 210		贷	22 000
8	31			本月合计	132 210	132 210	贷	22 000

表 6—14 **应付账款明细分类账**

明细科目：A公司

20×2 年		凭证编号		摘要	借方	贷方	借或贷	余额
月	日	字	号					
8	1			期初余额			贷	10 000
	2	记	1	购入材料		79 560	贷	89 560
	20	记	4	偿还欠款	79 560		贷	10 000
	31			本月合计	79 560	79 560	贷	10 000

表 6—15 **应付账款明细分类账**

明细科目：B公司

20×2 年		凭证编号		摘要	借方	贷方	借或贷	余额
月	日	字	号					
8	1			期初余额			贷	12 000
	10	记	3	购入材料		52 650	贷	64 650
	20	记	4	偿还欠款	52 650		贷	12 000
	31			本月合计	52 650	52 650	贷	12 000

根据平行登记的特点，在会计期末，可以通过编制“总分类账户和明细分类账户发生额及余额对照表”，对总分类账户及其所属明细账户进行核对和检查，以便发现和纠正错误。如表 6—16 和表 6—17 所示。

表 6—16 **原材料总分类账户和明细分类账户发生额及余额对照表**

会计账簿		期初余额		本期发生额		期末余额	
		借方	贷方	借方	贷方	借方	贷方
原材料明细账	甲材料	35 000		49 000	35 000	49 000	
	乙材料	24 000		64 000	32 000	56 000	
合计		59 000		113 000	67 000	105 000	
原材料总账		59 000		113 000	67 000	105 000	

表 6—17　　应付账款总分类账户和明细分类账户发生额及余额对照表

会计账簿		期初余额		本期发生额		期末余额	
		借方	贷方	借方	贷方	借方	贷方
应付账款明细账	A公司		10 000	79 560	79 560		10 000
	B公司		12 000	52 650	52 650		12 000
合计			22 000	132 210	132 210		22 000
应付账款总账			22 000	132 210	132 210		22 000

应该注意平行登记和试算平衡的区别。试算平衡是将某一会计期间内的所有账户金额都填入试算平衡表进行试算检验，强调的是所有账户借方合计数等于贷方合计数。而平行登记只是将部分总账及其所属的明细账进行试算，强调的是总账金额等于所属明细账合计金额。

五、日记账的设置与登记

日记账按其核算和监督的经济业务范围分为普通日记账和特种日记账两类。

普通日记账是两栏式日记账，对规模较小、业务量较少且简单的企业，可以使用普通日记账，但对规模较大、业务量较多且复杂的企业，不适宜使用普通日记账。

特种日记账常见的有库存现金日记账、银行存款日记账和转账日记账。这里只介绍库存现金日记账与银行存款日记账的设置和登记方法。设置库存现金日记账和银行存款日记账，有利于加强货币资金的日常核算和监督，有利于维护货币资金的安全性和流通性，有利于贯彻执行企业货币资金管理制度。

（一）库存现金日记账

库存现金日记账是用来核算和监督库存现金每日收入、支出和结存情况的账簿。它是由出纳人员根据现金收款凭证、现金付款凭证和银行存款付款凭证，按经济业务发生的时间先后顺序，逐日逐笔登记的序时账簿，并根据“上日余额＋本日收入－本日支出＝本日余额”的公式，逐日结出现金余额。

库存现金日记账的结构一般采用“收入”、“支出”、“结余”三栏式。库存现金日记账中的“年、月、日”、“凭证字号”、“摘要”和“对方科目”等栏，都根据有关记账凭证登记；“收入”栏根据现金收款凭证和引起现金增加的银行存款付款凭证登记；“支出”栏根据现金付款凭证登记。每日终了时，应计算全日的现金收入、支出合计数，逐日结出现金余额，并与库存现金实存数核对，以检查每日现金收付是否有误。每月期末，应结出当期“收入”栏和“支出”栏的发生额合计和期末余额，同时将余额与出纳员的库存现金核对。如账款不符应查明原因，并记录备案。

现金日记账的格式及登记示例，如表 6—18 所示。

表 6—18　　库存现金日记账

20×2年		凭证		对方科目	摘要	借方（收入）	贷方（支出）	借或贷	余额（结余）
月	日	种类	号码						
8	1				月初余额			借	800
8	1	现付	1	管理费用	购买办公用品		500	借	300
8	2	银付	1	银行存款	提现	2 000		借	2 300
8	2	现付	2	其他应收款	预支差旅费		1 800	借	500
8	31				本月合计	9 800	8 700	借	1 900

（二）银行存款日记账

银行存款日记账是用来核算和监督银行存款每日收入、支出和结存情况的账簿。它是由出纳人员根据银行存款收款凭证、银行存款付款凭证和现金付款凭证按经济业务发生时间的先后顺序，逐日逐笔进行登记的序时账簿。银行存款日记账应根据企业在银行开立的账户和币种分别设置，每个银行账户设置一本银行存款日记账。

银行存款日记账的结构一般也采用“收入”、“支出”和“结余”三栏式，由出纳人员根据银行存款的收、付款凭证以及涉及银行存款收款的现金付款凭证，逐日逐笔按顺序登记。“收入”栏根据银行存款收款凭证和引起银行存款增加的库存现金付款凭证登记；“支出”栏根据银行存款付款凭证登记。另外，为便于和银行对账，银行存款日记账还设有“结算凭证种类和号数”栏，单独列出每项存款收付所依据的结算凭证种类和号数。银行存款日记账和现金日记账一样，每日终了时要结出余额，做到日清，以便检查监督各项收支款项，避免出现透支现象，同时也便于同银行对账单进行核对。

银行存款日记账的格式及登记方法同库存现金日记账。库存现金日记账和银行存款日记账都必须使用订本式账簿。

第三节　对账与错账更正

一、对账

对账，即核对账目，是指为了保证账簿记录的完整和正确，在记账之后和结账之前所进行的有关账项的核对工作。在会计实务中，由于各种原因，难免会发生记账、计算等差错或者出现账实不符的现象。为了保证各类账簿记录的正确性，为编制会计报表提供真实可靠的资料，各单位都必须做好对账工作。对账工作至少每年进行一次。对账主要包括账证核对、账账核对、账实核对以及账表核对等会计工作。

（一）账证核对

账证核对是指将会计账簿记录与会计凭证有关内容进行核对，保证账证相符。会计账簿是根据会计凭证登记的，两者之间存在着勾稽关系，因此，通过账证核对，可以检查和验证会计账簿记录与会计凭证的内容是否一致，以保证账证相符。各单位应当定期将会计账簿记录与其相应的会计凭证记录（包括时间、编号、内容、金额、记录方向等）逐项核对，检查是否一致。如有不符之处，应当及时查明原因，予以更正。账证相符是会计核算的基本要求之一，也是账账相符、账实相符和账表相符的基础。

（二）账账核对

账账核对是指利用各个会计账簿之间的钩稽关系，进行相互核对以便发现记账工作是否有误。账簿之间的核对包括以下内容：

（1）总分类账簿核对。总分类账簿各账户借方余额合计数应与贷方余额合计数相符。一般可通过编制“总分类账试算平衡表”进行核对。

（2）总分类账簿与所属明细分类账簿核对。总分类账各账户的期末余额应与其所属的各明细分类账的期末余额之和相符。一般可通过编制“总分类账户和明细分类账户发生额及余额对照表”。

（3）总分类账簿与序时账簿核对。库存现金日记账和银行存款日记账的余额应分别与总分类账中“库存现金”和“银行存款”账户余额核对相符。

（4）明细分类账簿之间的核对。会计部门有关财产物资的明细分类账余额应与财产物资保管或使用部门登记的明细账核对相符。

账账核对可用图6—1表示。

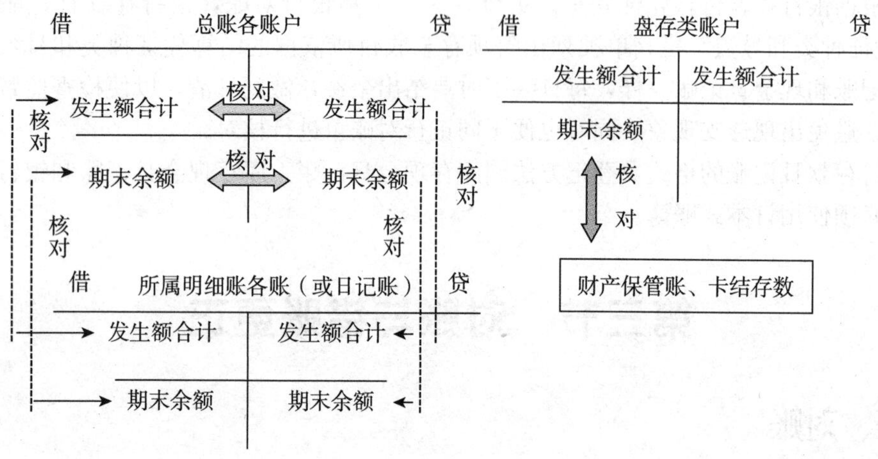

图6—1　账账核对图

（三）账实核对

账实核对是指在账账核对的基础上，将各项财产物资账面余额与实存数额进行核对。由于实物的增减变化、款项的收付都要在相关账簿中如实反映，因此，通过会计账簿记录与实物、款项的实存数进行核对，可以检查、验证款项和实物在会计账簿记录中的正确性，以便及时发现财产物资和货币资金管理中存在的问题，保证账实相符。账实核对的内容主要包括：

(1) 库存现金日记账账面余额与库存现金实际库存数核对。

(2) 银行存款日记账账面余额与开户银行对账单核对。

(3) 各项财产物资明细账余额与财产物资保管、使用部门的有关明细账余额核对。

(4) 各种债权债务明细账账面余额与有关债权、债务单位或个人的账面记录函证核对等。

实际工作中，账实核对一般要结合财产清查进行。有关财产清查的内容和方法将在以后的章节介绍。

(四) 账表核对

账表核对是指在账证核对、账账核对和账实核对的基础上，将会计报表和会计账簿记录进行核对，保证账表相符。由于会计报表是根据会计账簿编制的，因此通过账表核对可以检查和验证报表数据的正确性，保证为会计报表使用者提供真实可靠的会计信息。

二、错账更正

(一) 错账查找方法

在记账过程中，可能发生各种各样的差错，产生差错的原因可能是重记、漏记、数字颠倒、数字错位、数字记错、科目记错、借贷方向记反等。从而影响会计信息的准确性，此时应及时找出差错，并予以更正。错账查找的方法主要有以下几种：

1. 差数法

差数法是按照错账的差数直接查找错账的方法。一种情况是因记账疏忽而漏记或重记一笔账，只要直接查找到差数的地方就能找到错账了。这类错账最容易发生在本期内同样数字记录发生了若干笔，这就容易发生漏记或重记。另外一种情况是发生了串户，比如应收账款记成应付账款了。

【例 6—2】 假设会计凭证上有如下记录：

借：原材料——甲材料　　5 500
　　　　　——乙材料　　2 100
　　应交税费——应交增值税（进项税）　　1 292
　贷：银行存款　　8 892

若会计人员在记账时漏记了明细账乙材料 2 100 元，那么在进行原材料总账和明细账核对时，就会出现总账借方余额比明细账借方余额多 2100 元的现象。对于类似差错，应由会计人员通过回忆相关金额的记账凭证进行查找。

2. 尾数法

对于发生的角、分的差错可以只查找小数部分，以提高查错的效率。如只差 0.08 元，只需看一下尾数有“0.08”的金额，看是否已将其登记入账。

3. 除 2 法

当账账、账证或账实不符，且差数为偶数时，应首先检查记账方向是否发生错误。在记账时，有时由于会计人员疏忽，发生借贷方记反或红蓝字记反，简称为“反向”。这必然会出现一方合计数增多，而另一方合计数减少的情况，其差额恰是记错方向数字的2倍，该差数是偶数。对于这种错误的检查，只要将差数除以2，所得商就是错账数，然后再到账目中去寻找差错的数字就有了一定的目标。所以称这种查账方法为除二法，这是一种最常见而简便的查错账方法。例如，某月试算平衡表借贷两方合计数不平衡，其错账差数是2 876.46元，这个差数是偶数，它就存在“反向”的可能，那么除2得2 876.46/2＝1 438.23元，这样只要去查找1 438.23元这笔账是否记账反向就是了。

如错误差数是奇数，那就没有记账反向的可能，就不适合用“除二法”来查。

4. 除9法

除9法常用于前后两个数字颠倒、三个数字前后颠倒和数字移位等。它们共同特点是错账差数一定是九的倍数和差数每个数字之和也是九的倍数。下面分两种情况介绍：

（1）数字错位。在查找错误时，如果差错的数额较大，就应该检查一下是否在记账时发生了数字错位。在登记账目时，会计人员有时会把位数看错，把十位数看成百位数，百位数看成了千位数，把小数看大了；也可能把百位看成十位，千位看成百位数，把大数看小了。这种情况下，差错数额一般比较大，可以用除9法进行检查。如将40元看成了400元并登记入账，此时在对账时就会出现余额差400－40＝360（元），用360元除以9，商为40元，40元就是应该记录的正确的数额。

（2）相邻数字颠倒错误的查找。在记账时，有时易将相邻的两位数或三位数的数字登记颠倒了，如将47记成74，287记成了782，它们的差值分别是27和495，都可以被9整除，这样知道错误问题之后，进一步判断错在哪一笔业务上就可以了。

如果对账结果确实不符，且用上述方法检查均未发现错误，还可以采用顺查、逆查、抽查等方法检查是否有漏记和重记等现象。顺查是指按账务处理的顺序，从凭证开始到账簿记录止从头到尾进行普遍核对。逆查法是指与账务处理顺序相反，从尾到头的检查方法。抽查法是指抽取账簿中某些局部记录进行检查的方法。

（二）错账更正方法

登记会计账簿是一项很细致的工作，在记账工作中由于各种原因，都可能发生错账，继而影响会计信息的准确性。对于账簿记录错误，不准涂改、挖补、刮擦或者用药水消除字迹，不准重新抄写，而必须根据错误的具体情况和性质，采用规范的会计更正方法予以更正。错账更正的方法主要有划线更正法、红字更正法、补充登记法三种。

1. 划线更正法

划线更正法是指记账凭证填制正确，只是在记账时因笔误造成账簿的账面数字或文字出现错误的情况下采用的一种更正方法。账簿记录发生这种错误后，记账人员应先在错误的文字或数字上划一条红线表示注销，然后在数字上方写上正确的数字或文字，并由记账人员在更正处盖章，以明确责任。

划线更正法应注意划线时必须使原有字迹仍可辨认；对于文字的错误，可以只划去错误的部分，并更正错误的部分；对于错误的数字，应当全部划红线更正，不能只更正其中的个别错误数字。例如，在记账凭证上是1 200，而登账时误写成2 100，这时需要通过划线更正法，将错误数字“2 100”全部用红线注销后“~~2100~~”，再在该数字上方写上正确的数字“1 200”，而不是只删改一个“~~21~~00”。如记账凭证中的文字或数字发生错误，在尚未过账前，也可用划线更正法更正。

2. 红字更正法

红字更正法是指在记账以后，如果发现记账凭证中应借、应贷科目有误，或者记账凭证中应借、应贷科目无误，只是所记金额大于应记金额而造成错账的情况下所采用的一种更正方法。

该更正方法适用于两种情况：

（1）记账后，发现记账凭证中会计科目错误或者借贷方向错误。

更正方法：先用红字金额，填写一张与错误记账凭证内容完全相同的记账凭证，且在摘要栏注明"冲销某年某月某日某字号凭证"，并据以用红字金额登记有关账簿，冲销原来的错误记录；然后再用蓝字编制一张正确的记账凭证，在摘要栏注明"订正某年某月某日第×号凭证"，并据以登记有关账簿。这样，原来的错误记录便得以更正。

在更正错账时注意，日期应为更正错账的日期，凭证编号应对记账凭证进行连续编号。错账更正不需要附原始凭证。

【例 6—3】 20×2 年 8 月 24 日，华闽公司通过银行存款支付生产车间水电费 1 500 元。填制记账凭证时，误将借方科目写成"管理费用"，并于当日已登记入账。原错误记账凭证，如表 6—19 所示。

表 6—19 记账凭证

20×2 年 8 月 24 日 第 36 号

摘要	会计科目		借方金额	贷方金额
	一级科目	明细科目		
支付水电费	管理费用	水电费	1 500	
	银行存款			1 500
合计			1 500	1 500

附件 2 张

会计主管：××× 记账：××× 出纳：××× 审核：××× 制单：×××

并已登记账簿如下：

借方	管理费用	贷方
1 500		

借方	银行存款	贷方
		1 500

假如 8 月 31 日对账时发现了错误，应该用红字更正法更正错账。

①用红字填制一张与原错误记账凭证内容完全相同的记账凭证。如表 6—20 所示，这里用带方框的数字表示红字。

表 6—20

记账凭证

20×2 年 8 月 31 日　　　　第 51 号

摘要	会计科目		借方金额	贷方金额
	一级科目	明细科目		
冲销 8 月 24 日第 36 号记账凭证	管理费用		$\boxed{1\ 500}$	
	银行存款			$\boxed{1\ 500}$
合计			$\boxed{1\ 500}$	$\boxed{1\ 500}$

附件　张

会计主管：×××　　记账：×××　　出纳：×××　　审核：×××　　制单：×××

根据更正的记账凭证登入相关账簿：

借方	管理费用	贷方
1 500		
$\boxed{1\ 500}$		

借方	银行存款	贷方
		1 500
		$\boxed{1\ 500}$

②用蓝字填制一张正确的记账凭证，如表 6—21 所示。

表 6—21

记账凭证

20×2 年 8 月 31 日　　　　第 52 号

摘要	会计科目		借方金额	贷方金额
	一级科目	明细科目		
更正 8 月 24 日第 36 号记账凭证	制造费用	水电费	1 500	
	银行存款			1 500
合计			1 500	1 500

附件　张

会计主管：×××　　记账：×××　　出纳：×××　　审核：×××　　制单：×××

根据更正的记账凭证登入相关账簿：

借方	制造费用	贷方
1 500		

借方	银行存款	贷方
		1 500
		$\boxed{1\ 500}$
		1 500

(2) 若记账凭证中应借、应贷科目无误，只是所记金额大于应记金额。

更正方法：将多记的金额用红字填制一张与原错误记账凭证会计科目相同的记账凭证，并在摘要栏注明“冲销某月某日第×号凭证”，并据以登记入账，以冲销多记的金额。

【例 6—4】 仍以例 6—3 为例，假设在编制记账凭证时应借、应贷账户没有错误，只是金额由 1 500 元写成了 15 000 元，并且已登记入账。如表 6—22 所示。

表 6—22

记账凭证

20×2 年 8 月 24 日　　　　第 36 号

摘要	会计科目		借方金额	贷方金额
	一级科目	明细科目		
支付水电费	制造费用	水电费	15 000	
	银行存款			15 000
合计			15 000	15 000

附件 2 张

会计主管：××× 　记账：××× 　出纳：××× 　审核：××× 　制单：×××

并已登记账簿：

借方	制造费用	贷方
15 000		

借方	银行存款	贷方
		15 000

该笔业务只需用红字更正法编制一张记账凭证，将多记的金额 13 500（=15 000－1 500）元用红字冲销即可。编制的记账凭证为，如表 6—23 所示。

表 6—23

记账凭证

20×2 年 8 月 31 日　　　　第 51 号

摘要	会计科目		借方金额	贷方金额
	一级科目	明细科目		
冲销 8 月 24 日第 36 号记账凭证	制造费用		13 500	
	银行存款			13 500
合计			13 500	13 500

附件　张

会计主管：××× 　记账：××× 　出纳：××× 　审核：××× 　制单：×××

根据更正的记账凭证登入相关账簿：

借方	制造费用	贷方
15 000		
13 500		

借方	银行存款	贷方
		15 000
		13 500

3. 补充登记法

补充登记法是指在记账之后，如果发现记账凭证中应借、应贷的账户没有错误，但所记金额小于应记金额，而造成错账的情况下所采用的一种更正方法。

更正的方法是：将少记金额用蓝笔填制一张与原错误记账凭证会计科目相同的记账凭证，并在摘要栏内注明“补记某月某日第×号凭证”并予以登记入账，补充少记金额。

【例 6—5】 仍以例 6—2 为例，假设在编制记账凭证时应借、应贷账户没有错误，只是金额由 1 500 元写成了 150 元，并且已登记入账。如表 6—24 所示。

表 6—24

记账凭证

20×2 年 8 月 24 日　　　　第 36 号

摘要	会计科目		借方金额	贷方金额
	一级科目	明细科目		
支付水电费	制造费用	水电费	150	
	银行存款			150
合计			150	150

附件 2 张

会计主管：×××　记账：×××　出纳：×××　审核：×××　制单：×××

这张错误的记账凭证登记了账簿，从而构成了如下的错账：

借方	制造费用	贷方
150		

借方	银行存款	贷方
		150

该笔业务只需用补充登记法编制一张记账凭证，将少记的金额 1 350 元补足即可。其记账凭证如表 6—25 所示。

表 6—25

记账凭证

20×2 年 8 月 31 日　　　　第 51 号

摘要	会计科目		借方金额	贷方金额
	一级科目	明细科目		
补记 8 月 24 日第 36 号记账凭证	制造费用		1 350	
	银行存款			1 350
合计			1 350	1 350

附件　张

会计主管：×××　记账：×××　出纳：×××　审核：×××　制单：×××

根据更正的记账凭证登入相关账簿：

借方	制造费用	贷方
150		
1 350		

借方	银行存款	贷方
		150
		1 350

错账更正的三种方法中红字更正法和补充登记法都是用来更正因记账凭证错误而产生的记账错误，如果非因记账凭证的差错而产生的记账错误，只能用划线更正法更正。

以上三种方法是针对当年内发现填写记账凭证或者登记账簿错误而采用的更正方法。如果发现以前年度记账凭证中会计科目和金额有错误，并导致账簿登记出现差错，应当用蓝字填制一张更正的记账凭证。因为错误的账簿记录已经在以前会计年度终了进行结账或决算，不能将已经决算的数字进行红字冲销，只能用蓝字凭证对除文字外的一切错误进行更正，并在更正凭证上特别注明“更正××年度错账”的字样。

第四节　结账

结账，是指把一定会计期间内所发生的全部经济业务登记入账的基础上，经过对账、错账更正，达到账簿记录完整、正确之后，于会计期末结出各账户本期发生额和期末余额，并将其余额结转下期的记账行为。结账是一项将账簿记录定期结算清楚的会计工作。一般在会计期末进行结账。为了编制会计报表，必须进行结账。此外，企业因撤销、合并、重组等原因，也要结账。

一、结账的基本程序

结账前，必须将属于本期内发生的各项经济业务和应由本期受益的收入、负担的各项费用全部登记入账。在此基础上，才能进行结账。不得把将要发生的经济业务提前入账，也不得把已经在本期发生的经济业务延至下期（甚至以后期间）入账。结账时间不得提前也不能延后。结账的基本程序为：

（1）将本期发生的经济业务事项全部登记入账，并保证其正确性。

（2）根据权责发生制的要求，调整有关账项，合理确定本期应计的收入和应计的费用。

（3）将损益类账户转入“本年利润”账户，结平所有损益类账户。

（4）结算出资产、负债和所有者权益账户的本期发生额和余额，并结转下期。

二、结账的基本方法

在实际工作中，结账一般是在月末、季末和年末进行，所以结账有月结、季结和年结之分。通常采用划线结账法，即首先在最后一笔经济业务下面划一条通栏红单线，并结出余额，表示开始结账，然后根据账簿的需要，再进行相应的月结、季结和年结。

月结：每月底结账时，应在各账户本月最后一笔记录下面划一条通栏单红线表示本月结束；然后，在红线下面结出本月发生额和月末余额，如果没有余额，在余额栏内写上“平”或“0”，在摘要栏内注明“本月合计”，在下面再划一条通栏单红线，表示完成月结工作。

季结：季结的结账方法与月结基本相同，但在摘要栏内注明“本季合计”。

年结：年结时，先结算出 12 月份的当月合计，下面划一条通栏单红线，再将全年 1—12 月份累计发生额和年末余额填列在“本月合计”下面，如果没有余额，在余额栏内写上“平”或“0”，并在摘要栏内注明“本年合计”，在该行下面再划一条通栏双红线，即表示封账。最后在年结线下摘要栏内注明“结转下年”，完成了年结工作。

划线时，月结、季结用单线，年结划双线。划线应划红线并应划通栏线，不能只在账页中的金额部分划线。

结账时应根据不同的账户记录，分别采用不同的结账方法：

(1) 总分类账账户的结账方法。每月结账时，要在每月的最后一笔经济业务下面通栏划单红线，结出本月发生额和月末余额写在红线下面，并在摘要栏内注明“本月合计”字样，再在下面通栏划单红线。

年终结账时，为了反映全年各会计要素增减变动的全貌，便于核对账目，要将所有总账账户结计全年发生额和年末余额，在摘要栏内注明“本年合计”字样，并在“本年合计”行下划双红线。

(2) 明细分类账的结账方法。明细分类账的月结、年结、结转下年的结账方法与总账基本相同，但由于明细分类账因账户格式、账户用途不同，结账方法也略有不同：

第一，对于借方多栏式或贷方多栏式账页，一般是在登记最后一笔结转业务之前，先进行合计，然后再登记最后一笔业务，在最后一笔业务下面直接划结账线。

第二，对于重要的财产物资、债权债务明细账，应逐日逐笔登记，每登记一笔立即结出余额，月末只需在本月最后一笔记录下面画一条通栏红线，表示“本期记录到此结束”。

第三，对于本月没有发生额的账户，不必进行月结（也不划结账红线)。但如果该账户需要进行本年累计的，仍然需要进行本年累计。

第四，对于每月只有一笔发生额的账户，不需要进行本月合计，但如果该账户需要进行本年累计的，仍然需要进行本年累计。

第五，对于没有余额的账户，只要在最后一笔业务行的下面画一条通栏单红线即可。

第六，实际工作中，年底封账时如果账户有余额，结账人员还应该在余额后面加盖私章，以示负责。

(3) 现金日记账、银行存款日记账和需要按月结计发生额的收入、费用等明细账的结账方法。

现金日记账、银行存款日记账和需要按月结计发生额的各种明细结账的方法与总账的结账方法基本相同。

年度终了结账时，有余额的账户，要将其余额结转到下一会计年度，并在摘要栏内注明“结转下年”字样；在下一会计年度新建有关会计账簿的第一行余额栏内填写上年结转的余额，并在摘要栏内注明“上年结转”字样。结转下年时，既不需要编制记账凭证，也不必将余额再记入本年账户的借方或贷方，使本年有余额的账户的余额变为零，而是使有余额的账户的余额如实反映在账户中，以免混淆有余额账户和无余额账户的区别。

第五节　会计账簿的更换和保管

一、会计账簿的更换

会计账簿是记录和反映经济业务的重要历史资料和证据。为了使每个会计年度的账簿资料明晰和便于保管，会计账簿通常要在新会计年度建账更换，并将各账户的年末余额结转到新的年度。一般来说，总账、日记账和多数明细账要每年更换一次。但有些财产物资明细账和债权、债务明细账，由于财产物资的品种、规格繁多，债权、债务单位也较多，如果更换新账，重抄一遍的工作量相当大，因此，可以跨年度使用，不必每年更换一次。卡片式账簿，如固定资产卡片，以及各种备查账簿，也都不必每年更换。

二、会计账簿的保管

会计账簿同会计凭证和会计报表一样，都属于会计档案，各单位必须按规定妥善保管，确保其安全与完整，并充分加以利用。

（一）会计账簿的装订整理

在年度终了更换新账簿后，应将使用过的各种账簿（跨年度使用的账簿除外）按时装订整理立卷。

（1）装订前，首先要按账簿启用和经管人员一览表的使用页数核对各个账户是否相符，账页数是否齐全，序号排列是否连续；然后按会计账簿封面、账簿启用表、账户目录、该账簿按页数顺序排列的账页、装订封底的顺序装订。

（2）对活页账簿，要保留已使用过的账页，将账页数填写齐全，除去空白页并撤掉账夹，用质地好的牛皮纸等做封面和封底，装订成册。多栏式、三栏式、数量金额式等活页账不得混装，应按同类业务、同类账页装订在一起。装订好后，应在封面上填明账目的种类，编写卷号，并由会计主管人员和装订人员签章。

（3）装订后会计账簿的封口要严密，封口处要加盖有关印章。封面要齐全、平整，并注明所属年度、账簿名称和编号。不得有折角、缺角、错页、掉页、加空白纸的现象。会计账簿要按保管期限分别编制卷号。

（二）按期移交档案部门进行保管

年度结账后，更换下来的账簿，可暂由本单位财务会计部门保管一年，期满后原则上应由财务会计部门移交本单位档案部门保管。移交时需要编制移交清册，填写交接清单，交接人员按移交清册和交接清单项目核查无误后签章，并在账簿使用日期栏内填写移交日期。

已归档的会计账簿作为会计档案为本单位提供利用，原件不得借出，如有特殊需要，须经上级主管单位或本单位领导、会计主管人员批准，在不拆散原卷册的前提下，可以提供查阅或者复制，并要办理登记手续。

会计账簿是重要的会计档案之一，必须严格按有关规定的保管年限妥善保管，不得丢失和任意销毁。通常总账、日记账和明细账保管期限为15年；但现金和银行存款日记账保管期限为25年；固定资产卡片账在固定资产报废清理后保管5年；辅助账簿保管期限为15年。实际工作中，各单位可以根据实际利用的经验、规律和特点，适当延长有关会计档案的保管期限，但必须有较为充分的理由。

思考题

1. 什么是会计账簿？会计账簿的主要作用有哪些？
2. 会计账簿按用途分为哪几种？各自有什么特点？
3. 会计账簿按外表形式分为哪几种？各自有什么优缺点？
4. 会计账簿的基本内容是什么？
5. 什么是特种日记账？它有哪些作用？该如何登记？
6. 什么是分类账簿？分类账簿主要有哪几种？
7. 什么是总分类账？它常用的账页格式有哪几种？如何登记总分类账？
8. 什么是明细分类账？它常用的账页格式有哪几种？如何登记明细分类账？
9. 总分类账和明细分类账有什么联系和区别？
10. 什么是平行登记？平行登记的要点有哪些？
11. 会计账簿的启用规则有哪些？
12. 会计账簿的登记要求有哪些？
13. 错账更正的方法有哪些？各自适用的情况是什么？
14. 什么是对账？对账包括哪些内容？
15. 什么是结账？如何进行结账？
16. 账簿保管有哪些基本要求？

第七章

财产清查

第一节　财产清查概述

一、财产清查的意义

财产清查，就是根据账簿记录，对企业的各项财产（如货币资金、实物资产和往来款项）进行实地盘点和核对账目，以查明各项财产的实存数，确定实存数与账存数是否相符，并据以调整会计账簿，保证账实相符的一种专门方法。这也是会计核算方法之一。

在实际工作中，由于种种原因，账簿记录和财产的实际结存数会发生不符的现象。概括起来主要有以下两方面原因：

（一）客观的原因

（1）在财产物资的保管过程中，财产本身发生的自然损耗（如挥发，磨损等）。

（2）在结算过程中，由于未达账项等原因而造成的单位之间的账目不符。

（3）在财产物资的保管过程中，遭遇自然灾害。

（二）主观的原因

（1）在收发各项财产物资时，由于计量不准确，导致其数量上出现差错。

（2）在管理和核算方面，由于手续不健全或制度不严密，发生了计算上或登记上的错误。

（3）由于管理不善或工作人员失职而造成了财产物资的毁损和短缺。

（4）由于不法分子的贪污盗窃等行为而发生了财产物资的损失。

加强财产清查工作，对于加强企业管理、充分发挥会计的监督作用具有重要意义：

(1) 可以保证账实相符，使会计资料真实可靠。

(2) 可以健全财产物资保管制度，保护财产物资安全。

(3) 可以挖掘财产潜力，加速资金周转。

(4) 可以促进企业遵守财经纪律和结算制度。

二、财产清查的分类

(一) 按财产清查的范围分类

按财产清查的范围分为全面清查和局部清查。

1. 全面清查

全面清查是指对全部的财产物资及往来款项进行全面彻底地盘点、核对。清查内容涉及：

(1) 货币资金：库存现金、银行存款、其他货币资金。

(2) 所有的固定资产。

(3) 存货：库存材料、库存商品、在途物资等。

(4) 各种有价证券。

(5) 应收、应付、预收、预付款项等。

(6) 委托其他单位加工、代管的各项财产物资，接受委托代为加工、代管的各项财产物资。

由于全面清查内容多、范围广、工作量大，通常在以下几种情况下，才进行全面清查：

(1) 年终决算之前，为保证年度会计报表的真实性，如实反映财务状况和经营成果，需要进行全面清查。

(2) 企业撤销、合并、改变隶属关系，需要进行全面清查。

(3) 企业在清产核资时，需要进行全面清查。

(4) 企业宣告破产，进行破产清算，需要进行全面清查。

(5) 企业主要负责人调离工作，需要进行全面清查。

2. 局部清查

局部清查是根据企业的实际需要，对一部分财产物资（如银行存款和各项债权、债务）进行盘点和核对。通常在以下几种情况下，会进行局部清查：

(1) 对流动性较大的财产物资，如原材料、库存商品等，除年度进行全面清查外，年度内至少要重点抽查或轮流盘点一次。

(2) 对贵重物资，每月都要清查盘点一次。

(3) 库存现金，每日终了前都应由出纳员盘点清楚。

(4) 银行存款和银行借款，至少每月同银行核对一次。

(5) 各项债权、债务等往来款项应经常与债务人、债权人核对清楚，在一个会计年度内至少核对一至二次，并及时清理。

(二) 按财产清查的时间分类

按财产清查的时间分为定期清查和不定期清查。

1. 定期清查

定期清查是按照预先计划安排的时间对财产物资所进行的清查。一般是在年末、季末或月末结账前进行。

2. 不定期清查

不定期清查，也称作临时清查，指事前并不规定清查的时间，而是根据实际需要所进行的临时性清查。不定期清查的对象和范围，可以是对所有财产物资的清查，也可以是对局部财产物资的清查，它按实际需要来确定。比如更换仓库保管员时，应对其所保管的财产物资进行清查；更换出纳员时，应对现金、银行存款进行清查；发生非常损失时，应对受损失的财产进行清查等。

总之，全面清查可以是定期的（如每年年终决算前），也可以是不定期的（如企业关、停、并、转或改变隶属关系时；开展清产核资时；单位主要负责人调离工作时）；局部清查可以是定期的（如对库存现金每日盘点一次；对银行存款应每月同银行核对一次；对贵重的财产物资，应每月清查盘点一次），也可以是不定期的（如更换仓库保管员时，应对其所保管的财产物资进行清查；更换出纳员时，应对现金、银行存款进行清查；发生非常损失时，应对受损失的财产进行清查等）；当然，反过来说，定期清查和不定期清查既可以是全部清查也可以是局部清查。

三、财产清查的一般程序

（1）成立财产清查领导小组，明确工作人员的分工和职责。

（2）制定清查计划并确定清查范围、对象和方法。

（3）相关部门进行清查的业务准备：

①会计部门和会计人员在财产清查前，进行对账，以使账簿记录无误。

②财产物资保管部门和保管人员，应对所保管的各种财产物资，归类整理，排列清楚。

③在清查地点，应准备好各种必要的度量衡器具及其他有关工具，并保证计量工具准确可靠。

④准备好有关清查的登记表册。

⑤银行存款和结算款项的清查，还应取得对账单。

（4）进行财产清查。

（5）填制盘存单和账存实存对比表，报告清查结果。

第二节　财产清查方法

一、货币资金的清查方法

（一）库存现金的清查

库存现金的清查是通过实地盘点的方法来确定企业的库存现金实存数，然后与现金日记账的账面结存数相核对，以便查明账实是否相符。

对现金清查时需要注意的几方面问题：

(1) 因为出纳人员是库存现金的保管者，所以在对现金清查时出纳员要保证到场，以明确经济责任。

(2) 在现金清查过程中，应注意是否遵守现金管理制度规定，是否有违反现金管理条例的收支，有无不具有法律效力的借条、收据、白条抵充现金，是否有超限额库存等情况。

(3) 现金盘点以后，应根据盘点的结果，填写“库存现金盘点报告表”。

“库存现金盘点报告表”是重要的原始凭证，它既起着“盘存单”的作用，又起着“实存账存对比表”的作用。此表必须由盘点人员和出纳员共同签章才能生效。库存现金盘点报告表的一般格式，如表 7—1 所示。

表 7—1 **库存现金是盘点报告表**

单位名称： 年 月 日

实存金额	账存金额	对比结果		备注
		盘盈	盘亏	

盘点人（签章）： 出纳员（签章）：

（二）银行存款的清查

为了防止企业银行存款账目发生差错，确保其账目正确无误，准确掌握银行存款的实际余额，企业应定期对银行存款进行清查。

银行存款的清查与实物和库存现金的清查方法不同，它是采用与银行核对账目的方法来进行的。在实际工作中，企业的开户银行会定期（通常在每月月末）给企业寄来一份银行对账单，上面详细记载了本期企业在该行的银行存款增减变动和结余情况。所以企业可以将本单位的银行存款日记账与开户银行对账单进行逐笔核对，以查明账实是否相符。在进行银行存款清查时，企业应先检查本企业银行存款日记账的记录情况，是否完整正确，即逐一核对银行存款的收款凭证和付款凭证是否全部记入日记账，保证其记录的正确和完整。然后在收到银行对账单后，应将银行存款日记账上的每笔业务与银行对账单逐笔勾对。当发现双方账面余额不一致时，如果是双方账簿记录发生错记漏记，应及时查清更正；当双方的记账错误都已更正，而企业的银行存款日记账余额与银行对账单余额仍不相符时，一般都是未达账项造成的。

所谓未达账项是指银行和企业之间由于双方凭证传递时间上的差异，导致二者入账时间不一致而造成的一方已经入账，但另一方尚未入账的款项。企业与银行之间发生的未达账项，一般有以下四种情况：

(1) 企业存入银行的款项，已经作为本单位银行存款的增加登记入账，而银行尚未登记入账，简称“企业已收，银行未收”。

(2) 企业开出支票从银行存款中支付款项，企业已经作为本单位银行存款的减少登记入账，而银行尚未付款记账，简称“企业已付，银行未付”。

（3）银行代企业收取的款项，银行已经作为企业银行存款的增加登记入账，而企业因未接到有关凭证，尚未登记入账，简称“银行已收，企业未收”。

（4）银行代企业支付的款项，银行已经作为企业银行存款的减少登记入账，而企业因未接到有关凭证，尚未登记入账，简称“银行已付，企业未付”。

为了消除未达账项的影响，通常要编制“银行存款余额调节表”进行进一步清查。经调节后的存款余额是企业可以动用的银行存款实有数额。“银行存款余额调节表”只是为了核对账目，不能作为调整银行存款日记账以及银行存款总账账面余额的记账依据。例如，对于银行已经入账，存款单位尚未入账的未达账项，应该在收到有关凭证后，再进行相关的账务处理，而不能根据银行存款余额调节表直接进行账务处理。

【例 7—1】 ××公司 20×3 年 8 月份的银行存款日记账与对账单的资料，如表 7—2 和表 7—3 所示。

表 7—2 **银行存款日记账**

日期	凭证号	摘要	对方科目	借方	贷方	余额	标记
8.23		承前页				200 000	
8.23	银收 01	销售 A 产品款转账 301		33 000		233 000	√
8.24	银收 02	销售 A 产品款转账 302		25 000		258 000	√
8.25	银收 03	销售 A 产品款存入		18 000		276 000	√
8.26	银付 01	付材料款转账 303			76 000	200 000	√
8.28	银付 02	付水电费			3 000	197 000	√
8.29	银付 03	付报刊订阅费现支 101			1 300	195 700	
8.30	银收 04	销售 A 产品转账 304		50 000		245 700	
8.31		本月合计		126 000	8 0300		

表 7—3 **银行对账单**

账号：**** 户名：××公司 上页余额：200 000 元

20×3 年	交易类型	对方户名	摘要	借方	贷方	余额	标记
8.24	转存 301		收货款		33 000	233 000	√
8.25	转存 302		收货款		25 000	258 000	√
8.26			收货款		18 000	276 000	√
8.27	转付 303		付材料款	76 000		200 000	√
8.29			付水电费	3 000		197 000	√
8.31			利息收入		300	197 300	
8.31	转付 305		付工程款	80 000		117 300	

公司根据银行存款日记账和银行对账单的勾对情况编制银行存款余额调节表，如表 7—4 所示。

表 7—4　　**银行存款余额调节表**

开户银行：　　账号：　　20×3 年 8 月 31 日止

摘要	金额	摘要	金额
银行存款日记账余额	245 700	银行对账单余额	117 300
加：银行已收、企业未收款		加：企业已收、银行未收款	
1. 利息收入	300	1. 银收 04	50 000
2.		2.	
减：银行已付、企业未付款		减：企业已付、银行未付款	
1. 转付 305	80 000	1. 银付 03	1 300
2.		2.	
调节后余额	166 000	调节后余额	166 000

会计主管：　　制单：

二、实物的清查方法

（一）财产物资的盘存制度

财产物资的盘存制度是指在财产清查中确定财产物资的实存数量，进而计算出财产物资结存成本的方法，亦即确定财产物资账面结存数的方法。虽然财产物资包括存货、固定资产、工程物资等，但由于企业存货的流动性大，现专门就存货来说明盘存制度，其他财产物资类似进行。

1. 永续盘存制

（1）永续盘存制概述。

永续盘存制也称账面盘存制，它是指在日常会计核算中，专门设置存货明细账，对存货的增加和减少，都要根据原始凭证或记账凭证，逐日逐笔连续登记，并随时结算出结存数及其成本的一种盘存方法。通过会计账簿资料，可以完整地反映存货的收入、发出以及结存情况。在没有发生丢失和被盗等情况下，存货数量余额应当与实际库存相符。也就是：

期末存货数量＝期初存货数量＋本期增加的存货数量－本期耗用或销售的存货数量

因此只要乘上适当的存货单位成本，就能计算出期末存货成本。如果从期初到本期的每一次存货单位成本都一样，那么期末存货成本和本期耗用或销售存货成本都只要将存货数量乘以存货单位成本就能计算出相应的存货成本了。但如果每一次进货的单位成本不尽相同，那么就得用适当方法确定存货的单位成本。这就带来计算存货成本上的“先进先出法”、“加权平均法”以及“个别计价法”等方法。这些内容将在后续课程中学习。

采用永续盘存制，并不排除对财产物资的实物盘点。每年至少应对财产物资进行一次全面盘点，具体盘点次数视企业内部控制要求而定。永续盘存制下的盘点目的是为了账实一致，为了财产物资的安全和加强财产物资管理。

（2）永续盘存制的优缺点及运用范围。

①优点：一是在各种财产物资明细账的记录中，可以随时反映每一财产物资收入、发出和结存情况，有利于加强财产物资的管理，有利于实施会计监督。二是通过账簿记录还可以随时反映出财产物资是否过多或不足，特别是生产使用的材料存货和等待销售的商品存货，有利于合理组织货源，加速资金周转。

②缺点：财产物资明细分类核算工作量较大，需要较多的人力和费用。对于财产物资品种和规格繁多，以及存货购销业务频繁的企业更是如此。

③适用范围：由于永续盘存制有利于掌握财产物资动态，有利于财产管理和会计监督，因而大多数的单位在财产物资的盘存制度中采用永续盘存制。

2. 实地盘存制

（1）实地盘存制概述。

实地盘存制也称定期盘存制，它是指平时只在账簿中登记各项存货的增加数，不登记减少数，期末，通过实际盘点确定的存货实存数作为账面结存数，然后倒推出当期耗用或销货成本的一种方法。

实地盘存制下的盘点目的是为了确定期末存货的实存数，从而计算出当期耗用或销货成本。因此实地盘存制的盘点目的与永续盘存制下的盘点目的不同。

实地盘存制下计算本期耗用或销售存货数的基本公式如下：

本期耗用或销售的存货数量＝期初存货数量＋本期进货数量－期末存货数

类似于永续盘存制方法，只要乘上适当的存货单位成本，就能计算出本期耗用或销售存货成本以及期末存货成本。但当各期存货单位成本不尽相同时，也得选择适当方法计算存货单位成本，这里仍然涉及先进先出法，加权平均法等方法。

公式中，期初存货数量与本期进货数量之和是本期所有可动用的存货总量，这个总量无论是哪一种盘存制度，都是可以从账面上取得的。两种盘存制度只是对这个存货总量在本期减少量与期末存量之间如何进行分配问题。永续盘存制是先确定本期减少量，然后再确定期末量，而实地盘存制是先确定期末盘存量，然后再确定本期减少量。

【例 7—2】 ××公司某种材料月初余额 4 000 千克，单价 2 元。本月购入两次共计 2 500 千克，单价 2 元，月末，经盘点确认结存数量为 1 500 千克。

本月领用材料成本＝月初材料数量×单价＋本月增加数量×单价－月末数量×单价

＝4 000×2＋2 500×2－1 500×2

＝10 000（元）

（2）实地盘存制的优缺点及适用范围。

①优点：平时核算工作简单，登记账簿工作量较小。

②缺点：一是不能随时反映财产物资发出和结存的动态，不便于管理人员掌握情况；二是财产的减少数缺乏严密手续，容易掩盖财产物资管理中存在的自然和人为的损失，倒轧出的各项财产的减少数中可能存在一些非正常因素，将非正常销售或耗用的财产物资损失、差错，甚至偷盗等原因所引起的短缺，全部挤入正常耗用或销货成本之内，掩盖了仓库管理上存在的问题，削弱了对财产物资的控制，不便于会计监督。

③适用范围：由于实地盘存制不利于掌握存货实际情况和进行会计监督，所以只有那

些品种多、价值低、收发交易比较频繁，数量不稳定、损耗大且难以控制的财产物资，才采用这种方法，如鲜活商品的核算。

（二）永续盘存制与实地盘存制举例

【例 7—3】 ××公司甲材料单位成本为 10 元，20×3 年 11 月 1 日实际库存为 1 000 千克，本月甲材料的购入及发出情况如下：

11 月 5 日，购入 5 000 千克；

11 月 7 日，生产领用 2 000 千克；

11 月 10 日，生产领用 650 千克；

11 月 22 日，购入 6 000 千克；

11 月 28 日，生产领用 800 千克。

永续盘存制下的账面记录，如表 7—5 所示。

表 7—5 原材料进销存

总第　页

分第 1 页

部类＿＿＿＿　产地＿＿＿＿　单位＿千克＿　规格＿＿＿＿　品名＿甲材料＿

20×3 年		凭证		摘要	借方（收入）			贷方（发出）			余额（结存）		
月	日	字	号		数量	单价	金额	数量	单价	金额	数量	单价	金额
11	1			月初余额							1 000	10	10 000
	5			购入	5000	10	50000				6 000	10	60 000
	7			生产领用				2000	10	20000	4 000	10	40 000
	10			生产领用				650	10	6 500	3 350	10	33 500
	22			购入	6 000	10	60 000				9 350	10	93 500
	28			生产领用				800	10	8 000	8 550	10	85 500

如果，企业于期末进行盘点，发现甲材料实存 8 500 千克，那么应查明缺少 50 千克的原因，报有关领导批准后按规定进行处理。

实地盘存制下的平时账面记录，如表 7—6 所示。

表 7—6 原材料进销存

总第　页

分第 1 页

部类＿＿＿＿　产地＿＿＿＿　单位＿千克＿　规格＿＿＿＿　品名＿甲材料＿

20×3 年		凭证		摘要	借方（收入）			贷方（发出）			余额（结存）		
月	日	字	号		数量	单价	金额	数量	单价	金额	数量	单价	金额
11	1			月初余额							1 000	10	10 000
	5			购入	5 000	10	50 000						
	22			购入	6 000	10	60 000						

如果，企业于期末进行盘点，发现甲材料实存 8 500 千克，那么通过倒挤计算得出本月领用 1 000+5 000+6 000−8 500=3 500（千克）。实际由表 7—5 知道，本月生产领用只有 3 450 千克。所以缺少 50 千克也隐含在生产领用中。由此可见，该公司如果用实地盘存制，有可能会掩盖了存货管理上存在的问题，削弱了对存货的控制，不便于会计监督。

（三）实物清查的具体方法

（1）实地盘点法，是指对财产物资按其存放地点逐一清点，或用计量器具（如镑称、米尺等）进行实地测量，以确定其实有数量的一种方法。大多数财产物资清查均采用这种方法。

（2）抽样盘存法：这种方法适用于单位价值较低，已经包装好的材料和产成品等。

（3）技术推算法，是指利用技术方法推算财产物资实存数的方法。对于那些大堆、笨重，但存放有一定规则的财产物资，如露天堆放的原煤，不便于测量，可以在抽样盘点的基础上，进行技术推算。如原煤，可以用单位体积重量乘以体积求得全部结存数量。

不同的财产物资适用的清查方法不尽相同，为了明确经济责任，在进行盘点时，实物保管人员必须在场，但保管人员不宜单独担任清查的任务，这样做有利于清查工作的客观、公正。对清查盘点的结果，应将实物的数量和质量如实登记在“盘存单”上，并由盘点人员和实物保管人员共同签章。“盘存单”的一般格式，如表 7—7 所示。

表 7—7 **盘　存　单**

单位名称：　　　　　　　　　　　　　　　　　　编号：

盘点时间：　　　　　　　财产类别：　　　　　　存放地点：

编　号	名　称	计量单位	数　量	单　价	金　额	备　注

盘点人签章：　　　　　　　　　　实物保管人签章：

为了进一步核实盘点的结果与企业的账面结存数是否相同，分析产生差异的原因，以明确经济责任，盘点时还应根据盘存单和有关账簿记录编制“实存账存对比表”，并据以调整账簿记录。实存账存对比表的一般格式，如表 7—8 所示。

表 7—8 **实存账存对比表**

单位名称：　　　　　　　　　　　　　　　　　　年　　月　　日

编号	类别及名称	计量单位	单价	实　存		账　存		对比结果				备注
								盘　盈		盘　亏		
				数量	金额	数量	金额	数量	金额	数量	金额	

续前表

编号	类别及名称	计量单位	单价	实存		账存		对比结果				备注
								盘盈		盘亏		
				数量	金额	数量	金额	数量	金额	数量	金额	

主管人员： 会计： 制表：

三、往来款项的清查

往来款项的清查一般采用发函询证的方法进行，即各种结算往来款项的清查，采用与对方核对账目的方法清查时，首先应检查本企业各项结算往来款项是否都已登记入账，是否正确完整，然后根据有关明细分类账的记录，按单位编制往来结算款项对账单，并寄发或派送至对方单位进行核对。往来结算款项对账单的格式，如表 7—9 所示。函证信如下所示：

函 证 信

××公司：

本公司与贵单位的业务往来款项有下列各项目，为了清对账目，特函请查证，是否相符，请在回执联中注明后盖章寄回。

此致

敬礼！

×××公司（盖章）

年 月 日

表 7—9 往来结算款项对账单

单位： 地址： 编号：

会计科目名称	截 止 日 期	经济事项摘要	账面余额

××公司（公章） 年 月 日

待对方回复业务往来款项情况后，应填写“往来账项清查表”，如表 7—10 所示。

表 7—10　　　　　　　　　　　　**往来账项清查表**

总分类账户名称：　　　　　　　　　年　　月　　日

明细分类账户		清　查　结　果		核对不符原因分析			备注
名称	账面余额	核对相符金额	核对不符金额	未达账项金额	有争议款项金额	其他	

第三节　财产清查结果账务处理

一、财产清查的结果处理步骤

财产清查结果有账实相符及账实不相符两种情况，而账实不相符又有两种情况：一是账面数小于实存数，称之为“盘盈”；二是账面数大于实存数，称之为“盘亏”。另外一个在财产清查时可能发现财产物资的毁损情况。虽然这种情况下的盘存“实物”存在，但已形同“无物”。所以会计上也常将此视为“盘亏”处理。造成盘盈和盘亏的原因有很多，首先要查明各种差异的性质和原因，从而确定相应的处理方法。然后根据差异的数额一方面调增或调减相应的财产物资的账面数，使得账实相符，另一方面将差异数和差异的原因上报有关主管部门或领导。等到有关部门或领导批准差异的处理办法后，再予以核销此差异。因此，财产清查的结果是按以下步骤进行处理的：

（1）核准数字，查明原因，确定处理方法。

（2）及时调整账簿记录做到账实相符。

（3）分析产生差异的原因和性质，提出处理建议。

（4）报经批准后入账核销。

二、财产清查结果的账务处理

因为对账面数和实存数之间差异的处理方法要等待上报批准后才能确定，所以在调整账面记录的时候不能直接把差异数记入相关损益账户，需要设置一个账户以反映和监督各单位在财产清查过程中查明的各种财产的盘盈、盘亏、毁损及其转销情况。这个账户就是“待处理财产损溢”账户。该账户应设置“待处理流动资产损溢”和“待处理非流动资产损溢”两个明细分类账户，进行明细分类核算。该账户是资产类账户，其结构如图 7—1 所示。

借方　　　　待处理财产损溢	贷方
批准前待处理财产物资的盘亏及毁损数 批准后转销的待处理财产物资的盘盈数	批准前待处理财产物资的盘盈数 批准后转销的财产物资的盘亏及毁损数

图 7—1　“待处理财产损益”账户结构

借方余额：本期末止尚未批准处理的财产物资的盘亏及毁损数
贷方余额：本期末止尚未批准处理的财产物资的盘盈数

（一）库存现金清查结果账务处理

1. 现金短缺（也称短款）

（1）发现现金短缺时：
借：待处理财产损溢——待处理流动资产损溢
　贷：库存现金
（2）查明原因，批准处理时：
借：其他应收款（属于应由责任人赔偿或保险公司赔偿的部分）
　　管理费用（属于无法查明原因的部分）
　贷：待处理财产损溢——待处理流动资产损溢

2. 现金溢余（也称长款）

（1）发现现金溢余时：
借：库存现金
　贷：待处理财产损溢——待处理流动资产损溢
（2）查明原因，批准处理时：
借：待处理财产损溢——待处理流动资产损溢
　贷：其他应付款（属于应支付给有关人员或单位的部分）
　　　营业外收入（属于无法查明原因的部分）

【例 7—4】 ××公司 20××年 1 月 31 日，在对现金进行清查时，发现短缺 120 元。
借：待处理财产损溢——待处理流动资产损溢　120
　贷：库存现金　120
上述现金短缺，无法查明原因，经过批准，作如下会计处理：
借：管理费用　120
　贷：待处理财产损溢——待处理流动资产损溢　120

【例 7—5】 ××公司 20××年 3 月 31 日，在对现金进行清查时，发现溢余 90 元。
借：库存现金　90
　贷：待处理财产损溢——待处理流动资产损溢　90
上述现金溢余，无法查明原因，经过批准，作如下会计处理：
借：待处理财产损溢——待处理流动资产损溢　90
　贷：营业外收入　90

（二）存货清查结果的账务处理

1. 存货盘盈

盘盈存货，一般是由于存货收发计量或核算误差引起的，经批准后，冲减“管理费用”账户。

【例 7—6】 ××公司期末存货盘点时发现原材料盘盈 300 元，为计量不准确造成的；
（1）批准处理前，根据盘存表调整原材料的账面记录：

借：原材料——原料及主要材料　300
　贷：待处理财产损溢——待处理流动资产损溢　300

（2）经批准，结转盘盈原材料：

借：待处理财产损溢——待处理流动资产损溢　300
　贷：管理费用　300

2. 存货盘亏

引起存货盘亏的原因有多种，经批准后需要根据不同情况进行处理。

（1）属于自然损耗产生的定额内合理损失，计入“管理费用”账户。

（2）属于管理不善原因造成的盘亏或毁损，能确定过失的，应由过失人赔偿，计入“其他应收款”账户。

（3）属于保险公司责任的，应由保险公司赔偿，也应计入“其他应收款”账户。

（4）属于自然灾害或意外事故造成的存货非常损失，扣除保险公司赔偿以及残料利用之外的净损失，计入“营业外支出”账户。

【例 7—7】　××公司在财产清查中发现 10 件甲材料盘亏，价值 2 000 元，假设不考虑进项税额转出问题。

借：待处理财产损溢——待处理流动资产损溢　2 000
　贷：原材料——甲材料　2 000

经批准，上述材料盘亏中的 1 200 元应由保险公司给予赔偿，其余作为营业外支出。

借：其他应收款——保险公司　1 200
　　营业外支出　800
　贷：待处理财产损溢——待处理流动资产损溢　2 000

（三）固定资产清查结果的账务处理

1. 固定资产盘亏

企业在财产清查中盘亏的固定资产，应及时查明原因，并编制固定资产盘亏报告表，作为调整固定资产账簿的依据。按盘亏固定资产的账面价值，借记“待处理财产损溢——待处理非流动资产损溢”科目，按已计提的累计折旧，借记“累计折旧”科目，按固定资产的原价，贷记“固定资产”科目。按管理权限报经批准后处理时，按可收回的保险赔偿或过失人赔偿，借记“其他应收款”科目，按应计入营业外支出的金额，借记“营业外支出”科目，贷记“待处理财产损溢——待处理非流动资产损溢”科目。

【例 7—8】　××公司在财产清查中发现一项固定资产丢失，其原值 200 万元，已累计折旧 120 万元，该企业发现固定资产丢失时的会计处理：

借：待处理财产损溢——待处理非流动资产损溢　800 000
　　累计折旧　1 200 000
　贷：固定资产　2 000 000

清查之后，保险公司同意赔偿 35 万，有关保管员要承担 0.2 万元的损失，其他部分则记入“营业外支出”账户。

借：其他应收款——保险公司赔款　350 000
　　　　　　——保管员赔款　2 000

营业外支出　　448 000

贷：待处理财产损溢——待处理非流动资产损溢　　800 000

2. 固定资产盘盈

在固定资产清查过程中发现的盘盈固定资产，经查明确属企业所有，应确定固定资产重置价值，并为其开立固定资产卡片。固定资产盘盈一般是以前年度发生的会计差错，在按管理权限报经批准处理前应先通过“以前年度损益调整”科目核算。应根据重置价值借记“固定资产”科目，贷记“以前年度损益调整”科目。等到批复意见下来以后再转出到相关科目。固定资产盘盈的具体核算将在后续课程中做介绍。

思考题

1. 财产清查有哪些分类？每一类都适用于什么情况？
2. 银行存款是如何清查的？银行对账单为什么不能作为原始凭证？
3. 什么是财产物资的盘存制度？每一个盘存制有什么区别以及有什么优缺点？
4. 如何理解“待处理财产损溢”账户？该账户有什么样的账户结构？
5. 库存现金盘盈，存货盘盈以及固定资产盘盈的会计处理上有什么相同点和不同点？
6. 库存现金盘亏，存货盘亏以及固定资产盘亏的会计处理上有什么相同点和不同点？

第八章

会计报表

第一节　会计报表概述

一、编制会计报表的意义

在日常的会计核算中，企业通过填制和审核会计凭证，登记会计账簿，把各项经济业务完整、连续、系统地登记在会计账簿中。虽然比会计凭证反映的信息更加条理化、系统化，但就某一会计期间的经济活动的整体而言，会计账簿所能提供的仍然是分散的、部分的信息，不能通过其内在联系，集中揭示和反映该会计期间经营活动和财务收支的全貌。此外，会计账簿不便于直接对外公开，因此，每个会计期末，必须根据账簿上记录的资料，按照规定的格式、内容和编制方法，作进一步的归集、加工和汇总，编制成相应的会计报告，以便全面综合地反映企业的财务状况、经营成果和现金流量，为有关各方提供完整的会计信息。

会计报告包括会计报表、财务情况说明书等。会计报表是主要的会计报告，是提供会计信息的主要手段。本章只介绍会计报表。

会计报表，是指企业对外提供的反映其某一特定日期财务状况和某一会计期间经营成果、现金流量等会计信息的表格式文件。它是企业根据日常的会计核算资料归集、加工和汇总后形成的，是企业会计信息最集中的反映。

编制会计报表是会计工作的一项重要内容，其所提供的指标比凭证、账簿等会计资料更综合，能够更加直观地了解企业的财务状况。因此编制会计报表对于企业本身以及其他利益相关者都具有十分重要的意义：

（1）会计报表所反映的信息，是企业投资者或潜在投资者了解企业经营状况和经营成果的重要信息来源，也是企业投资者了解企业经营者受托责任履行情况的主要信息来源。投资者通过会计报表确认资本保全、增值情况，是进一步投资决策的主要参考依据。

（2）会计报表所提供的信息，是企业的债权人迫切关心与需要了解的信息。会计报表主要反映企业的财务状况、经营成果和现金流量。会计报表上的信息为债权人判断企业偿债能力提供重要依据，债权人可据以决定是否给予公司资金融通或及时收回债权。

（3）会计报表所反映的信息，是企业经营者了解经营情况、实施经营管理和进行经营决策必不可少的经济信息之一。企业的管理人员通过对会计报表进行分析，可以加强和改善经营管理，争取更大的经济效益。

（4）会计报表所反映的信息，是财政、税务、统计和审计等部门对企业进行检查和监督的资料来源。这些部门通过企业会计报表可以了解企业贯彻财经纪律、法令、政策的情况，为国家宏观经济管理提供决策依据。

二、会计报表的种类

对企业而言，其所编制的会计报表按不同的标志划分为不同的类别。

（一）按照会计报表所反映的经济内容分类

按会计报表反映的经济内容分为四种类型：

（1）反映一定日期企业资产、负债及所有者权益等财务状况的报表，如资产负债表。

（2）反映一定时期企业经营成果的会计报表，如利润表。

（3）反映一定时期企业所有者权益的各个组成部分增减变动情况的报表，如所有者权益变动表。

（4）反映一定时期内企业现金流量及其变动情况的会计报表，如现金流量表。

以上四类报表可以划分为静态报表和动态报表，静态报表包括资产负债表，动态报表包括利润表、所有者权益变动表和现金流量表。

（二）按照会计报表报送对象分类

财务报表按其服务的对象可分为两大类：

（1）对外报送的会计报表，包括资产负债表、利润表、所有者权益变动表和现金流量表等。这些报表可用于企业内部管理，但更偏向于现在和潜在投资者、贷款人、供应商和其他债权人、顾客、政府机构、社会公众等外部使用者的信息要求。这类报表一般有统一格式和编制要求。

（2）对内报送的财务报表。这类报表是根据企业内部管理需要编制的，主要用于企业内部成本控制、定价决策、投资或筹资方案的选择等，这类报表无规定的格式、种类。

（三）按照会计报表编报主体分类

按会计报表编报主体不同，可将其分为个别会计报表和合并会计报表两类。

个别会计报表是指只反映企业本身的财务状况和经营成果的会计报表，包括对外和对内会计报表。合并会计报表是指一个企业在能够控制另一个企业的情况下，将被控制企业与本企业视为一个会计主体，将其有关经济指标与本企业的数字恰当合并而编制的会计报表。合并会计报表所反映的是企业与被控制企业作为一个共同的会计主体的财务状况与经营成果的会计报表。

（四）按照会计报表编制的时间分类

（1）月度会计报表。在每月终了时编制，应于月份终了后 6 日内报出。

（2）季度会计报表。在每季终了时编制，应于季度终了后 15 日内报出。

（3）半年度会计报表。在每半年终了时编制。应于年度中期结束后 60 日内报出。

（4）年度会计报表。在每年度终了时编制，应于年度终了后 4 个月内报出。

会计实务上，年度结账日为公历年度每年的 12 月 31 日；半年度、季度、月度结账日分别为公历年度每半年、每季、每月的最后一天。

三、编制会计报表的基本要求

为了充分发挥会计报表的作用，对外会计报表的种类、格式、内容和编制方法，都由财政部统一制定，企业应严格按照统一规定填制和报送。为了充分发挥会计报表的作用，保证会计报表的质量，编制会计报表应做到真实可靠、相关可比、全面完整、编报及时、便于理解，符合企业会计准则的有关规定。其基本要求如下：

（一）真实可靠

企业会计准则规定，会计核算应当以实际发生的交易或事项为依据，如实反映企业的财务状况、经营成果和现金流量。因此，会计报表各项目的数据必须建立在真实可靠的账簿记录及其相关资料之上，使企业会计报表能够如实地反映企业的财务状况、经营成果和现金流量情况。如果会计报表所提供的资料不真实或者可靠性很差，则不仅不能发挥会计报表的应有作用，而且还会由于错误的信息，导致会计报表使用者对企业的财务状况、经营成果和现金流量情况做出错误的评价与判断，致使报表使用者可能做出错误的决策。

（二）全面完整

企业会计报表应当全面地披露企业的财务状况、经营成果和现金流量情况，完整地反映企业财务活动的过程和结果，以满足各有关方面对会计信息资料的需要。为了保证会计报表的全面完整，企业在编制会计报表时，应当按照企业会计准则规定的格式和内容填报。特别是对某些重要事项，除了要在会计报表中反映，需要的话，还应在会计报表附注中作进一步说明，不得漏编漏报。

（三）编报及时

企业会计报表所提供的信息资料，具有很强的时效性。只有及时编制和报送会计报表，才能为使用者提供决策所需的信息资料。否则，即使会计报表的编制非常真实可靠、全面完整且具有可比性，但由于编报不及时，也可能失去其应有的价值，成为相关性较低甚至不相关的信息。随着市场经济和信息技术的飞速发展，会计报表的及时性要求将变得日益重要。

（四）便于理解

可理解性是指会计报表提供的信息可以为使用者所理解。企业对外提供的会计报表是为广大会计报表使用者提供企业过去、现在或未来的有关会计资料；为企业目前或潜在的投资者和债权人提供决策所需的会计信息。因此，编制的会计报表应当清晰明了，便于理解和利用。如果提供的会计报表晦涩难懂，不可理解，使用者就不能据以作出准确的判断，所提供的会计报表的作用也会大为减弱。当然，会计报表的这一要求是建立在会计报表使用者具有一定的会计报表阅读能力的基础之上的。

第二节　资产负债表

一、资产负债表概述

（一）资产负债表的概念

资产负债表是反映企业在某一特定日期（月末、季末或年末）财务状况的会计报表。它是根据“资产＝负债＋所有者权益”这一会计等式，依照一定的分类标准和顺序，将企业在一定日期的全部资产、负债和所有者权益项目进行适当分类、汇总、排列后编制而成的。资产负债表是企业基本会计报表之一，是所有独立核算的企业单位必须对外报送的会计报表。

（1）资产。资产负债表中的资产是反映由过去的交易或事项形成的并由企业在某一特定日期所拥有或控制的、预期会给企业带来经济利益的资源。资产一般按照流动资产、非流动资产分类。

流动资产是指可以在一年或者超过一年的一个营业周期内变现或耗用的资产。通常包括：货币资金、交易性金融资产、应收票据、应收账款、应收利息、预付款项、应收股利、其他应收款、存货、一年内到期的非流动资产等。

非流动资产项目通常包括：可供出售金融资产、持有至到期投资、长期应收款、长期股权投资、投资性房地产、固定资产、在建工程、工程物资、固定资产清理、生产性生物资产、无形资产、开发支出、商誉、长期待摊费用、递延所得税资产及其他非流动资产等。

（2）负债。资产负债表中的负债反映企业在某一特定日期所承担的、预期会导致经济利益流出企业的现时义务。负债一般分为流动负债和长期负债。

流动负债是指将在一年（含一年）或者超过一年的一个营业周期内偿还的债务。流动负债项目包括：短期借款、交易性金融负债、应付票据、应付账款、预收款项、应付职工薪酬、应交税费、应付利息、应付股利、其他应付款、一年内到期的非流动负债和其他流动负债等。

长期负债是指偿还期在一年以上或者超过一年的一个营业周期以上的负债。长期负债项目包括：长期借款、应付债券、长期应付款、专项应付款、预计负债、递延所得税负债和其他非流动负债等。

(3) 所有者权益。在股份有限公司，所有者权益也称为股东权益。资产负债表中的所有者权益反映企业在某一特定日期股东（投资者）拥有的净资产的总额，它一般包括实收资本（或股本）、资本公积、盈余公积和未分配利润等。

（二）资产负债表的结构

资产负债表由表头、表身和表尾等部分组成。表头部分应列明报表名称、编表单位名称、编制日期和金额计量单位；表身部分反映资产、负债和所有者权益的内容；表尾部分为补充说明。其中，表身部分是资产负债表的主体和核心。

资产负债表的格式主要有账户式和报告式两种。我国企业资产负债表采用账户式结构。

账户式资产负债表分为左右两方，左方为资产项目，大体按资产的流动性大小排列，流动性大的资产如“货币资金”、“交易性金融资产”、“应收票据”、“应收账款”等排在前面，流动性小的资产如“长期应收款”、“固定资产”、“无形资产”等排在后面。右方为负债及所有者权益项目，一般按清偿时间的先后顺序排列，如“短期借款”、“应付票据”、“应付账款”、“预收款项”等需要在一年以内或者长于一年的一个营业周期内偿还的流动负债排在前面，“长期借款”、“应付债券”等偿还期在一年以上的非流动负债排在中间。在企业清算之前不需要偿还的所有者权益项目排在后面。

账户式资产负债表中的资产各项目的合计等于负债和所有者权益各项目的合计，即资产负债表左方和右方平衡。因此，通过账户式资产负债表，可以反映资产、负债、所有者权益之间的内在关系，即“资产＝负债＋所有者权益”。我国企业资产负债表格式，如表8—1所示。

表8—1 **资产负债表**

会企01表

编制单位： ____年____月____日 单位：元

资产	年初数	期末数	负债和所有者权益	年初数	期末数
流动资产：			流动负债：		
货币资金			短期借款		
交易性金融资产			交易性金融负债		
应收票据			应付票据		
应收账款			应付账款		
预付款项			预收款项		
应收利息			应付职工薪酬		
应收股利			应交税费		
其他应收款			应付利息		
存货			应付股利		
一年内到期的非流动资产			其他应付款		

续前表

资产	年初数	期末数	负债和所有者权益	年初数	期末数
其他流动资产			一年内到期非流动负债		
流动资产合计			其他流动负债		
非流动资产：			流动负债合计		
可供出售金融资产			非流动负债：		
持有至到期投资			长期借款		
长期应收款			应付债券		
长期股权投资			长期应付款		
投资性房地产			专项应付款		
固定资产			预计负债		
工程物资			递延所得税负债		
在建工程			其他非流动负债		
固定资产清理			非流动负债合计		
生产性生物资产			负债合计		
油气资产			所有者权益：		
无形资产			实收资本		
开发支出			资本公积		
商誉			减：库存股		
递延所得税资产			盈余公积		
其他非流动资产			未分配利润		
非流动资产合计			所有者权益合计		
资产总计			负债和所有者权益总计		

二、资产负债表编制的基本方法

（一）资产负债的资料来源

一般情况下，资产负债表的各项目均需填列“年初数”、“期末数”两栏，其中：

资产负债表的“年初数”栏内各项数字，应根据上年末资产负债表的“期末数”栏内所列数字填列。如果本年度资产负债表规定的各项目的名称和内容与上年不一致，则应对上年末资产负债表各项目的名称和数字按照本年度的规定进行调整，填入本表“年初数”栏内。

资产负债表的“期末数”栏则根据会计报表编报时间，可为月末、季末或年末的数字。“期末数”主要是通过对本会计期间的会计核算记录的数据加以归集、整理而成，其资料来源有以下几个方面：

（1）根据总账账户余额直接填列。资产负债表中的有些项目，可直接根据有关总账账户的期末余额填列，如“应收票据”项目，根据“应收票据”总账账户的期末余额直接填列；“短期借款”项目，根据“短期借款”总账账户的期末余额直接填列。

（2）根据总账账户余额计算填列。资产负债表中的有些项目，需要根据几个总账账户的期末余额计算填列，如“货币资金”项目，根据“库存现金”、“银行存款”、“其他货币资金”三个总账账户的期末余额的合计数填列。

【例8—1】 ××公司20×3年末部分账户的总账余额如下：库存现金1 000元，银行存款300 000元，其他货币资金60 000元，则该公司20×3年12月31日的资产负债表中“货币资金”项目的填列数应为多少？

“货币资金”期末填列数＝1 000＋300 000＋60 000＝361 000（元）

（3）根据明细账账户余额计算填列。资产负债表中的有些项目，不能根据总账账户的期末余额或几个总账账户的期末余额计算填列，需要根据有关账户所属的相关明细账账户的期末余额计算填列。

①“应收账款”报表填列数＝“应收账款”明细账借方余额＋“预收账款”明细账借方余额

②“预付款项”报表填列数＝“预付账款”明细账借方余额＋“应付账款”明细账借方余额

③“应付账款”报表填列数＝“应付账款”明细账贷方余额＋“预付账款”明细账贷方余额

④“预收账款”报表填列数＝“预收账款”明细账贷方余额＋“应收账款”明细账贷方余额

其中，“应收账款”如计提了相关的坏账准备，还应扣除相关的“坏账准备”账户贷方余额。

【例8—2】 ××公司20×3年末部分账户的总账、明细账余额，如表8—2所示。

表8—2 **部分账户余额**

总账科目	明细科目	借方余额	贷方余额	总账科目	明细科目	借方余额	贷方余额
应收账款		100 000		应付账款			520 000
应收账款	A公司	130 000		应付账款	E公司		720 000
应收账款	B公司		30 000	应付账款	F公司	200 000	
预付账款		200 000		预收账款			45 000
预付账款	C公司	170 000		预收账款	G公司		60 000
预付账款	D公司	30 000		预收账款	H公司	15 000	

资产负债表中，“应收账款”、“应付账款”、“预收账款”、“预付账款”的填列数具体计算如下：

“应收账款”的报表填列基数＝130 000＋15 000＝145 000（元）

“应付账款”的报表填列数＝720 000＋0＝720 000（元）

“预收账款”的报表填列数＝60 000＋30 000＝90 000（元）

"预付款项"的报表填列数＝170 000＋30 000＋200 000＝400 000（元）

（4）根据总账账户和明细账户余额分析计算填列。资产负债表的许多项目，不能根据有关总账账户的期末余额直接或计算填列，也不能根据有关账户所属相关明细账户的期末余额计算填列，需要依据总账账户和明细账户两者的余额分析计算填列。如"长期借款"项目，需要根据"长期借款"总账账户余额扣除"长期借款"账户所属的明细账户中将在一年内到期的长期借款部分分析计算填列。

【例 8—3】 ××公司 20×3 年末部分账户的总账、明细账余额如下：

长期借款总账余额 10 000 000 元，其中 6 000 000 元为 20×0 年 3 月 9 日借入的 4 年期的长期借款；4 000 000 元为 20×1 年 5 月 10 日借入的 5 年期的长期借款。则 20×3 年 12 月 31 日的资产负债表中"长期借款"项目的填列数应为多少？

由于 20×0 年 3 月 9 日借入的 4 年期 6 000 000 元长期借款的到期日为 20×4 年 3 月 9 日，则 20×3 年 12 月 31 日企业编制资产负债表时距离该长期借款的还款期小于一年。因此这笔 6 000 000 元的借款此时本质上不再属于长期负债，而应将该笔款项填列在流动负债中的"一年内到期的非流动负债"中。

"长期借款"的报表填列数为：4 000 000 元

"一年内到期的非流动负债"的报表填列数为：6 000 000 元

（5）根据账户余额减去其备抵项目后的净额填列。如"应收账款"、"长期股权投资"项目，应根据"应收账款"、"长期股权投资"等账户的期末余额，分别减去"坏账准备"、"长期股权投资减值准备"等账户的期末余额后以净额填列。"固定资产"项目，应根据"固定资产"账户的期末余额减去"累计折旧"、"固定资产减值准备"账户期末余额后的净额填列；又如，"无形资产"项目，根据"无形资产"账户的期末余额，减去"累计摊销"、"无形资产减值准备"账户期末余额后的净额填列。我国企业会计准则规定，需要计提的资产减值准备包括坏账准备、存货跌价准备、长期股权投资减值准备、固定资产减值准备、无形资产减值准备、在建工程减值准备、投资性房地产减值准备、商誉减值准备、生产性生物资产减值准备等。

【例 8—4】 ××公司 20×3 年末部分账户的余额如下："固定资产"总账期末借方余额为 900 000 元，"累计折旧"贷方余额为 300 000 元，"固定资产减值准备"贷方余额为 70 000 元，则资产负债表中"固定资产"的项目填列数应为多少？

"固定资产"的报表填列数为：900 000－300 000－70 000＝530 000（元）

（6）综合运用上述方法分析填列。如"存货"项目，需要根据"材料采购"、"在途物资"、"原材料"、"生产成本"、"库存商品"、"委托加工物资"、"周转材料"、"发出商品"、"材料成本差异"等总账账户期末余额分析汇总数，再减去"存货跌价准备"账户余额后的净额填列。

【例 8—5】 ××公司 20×3 年末部分账户的余额如下：在途物资 10 000 元，原材料 230 000 元，生产成本 120 000 元，库存商品 620 000 元，周转材料 21 000 元，存货跌价准备 30 000 元，则资产负债表中"存货"的项目填列数应为多少？

"存货"的报表填列数为：

10 000＋230 000＋120 000＋620 000＋21 000－30 000＝971 000（元）

（7）资产负债表附注的内容，根据实际需要和有关备查簿等记录分析填列。

（二）资产负债各项目的填列方法

根据企业会计准则，资产负债表中主要项目的填列方法如下：

1. 资产项目的填列方法

（1）“货币资金”项目，反映企业库存现金、银行结算户存款、外埠存款、银行汇票存款、银行本票存款、信用卡存款、信用证保证金存款等的合计数。本项目应根据“库存现金”、“银行存款”、“其他货币资金”账户期末余额的合计数填列。

（2）“交易性金融资产”项目，反映企业持有的以公允价值计量且其变动计入当期损益的为交易目的所持有的债券投资、股票投资、基金投资、权证投资等金融资产。本项目应当根据“交易性金融资产”账户的期末余额填列。

（3）“应收票据”项目，反映企业因销售商品、提供劳务等而收到的商业汇票，包括银行承兑汇票和商业承兑汇票。本项目应根据“应收票据”账户的期末余额的金额填列。

（4）“应收账款”项目，反映企业因销售商品、提供劳务等经营活动应收取的款项。本项目应根据“应收账款”和“预收账款”账户所属各明细账户的期末借方余额合计减去“坏账准备”账户中有关应收账款计提的坏账准备期末余额后的金额填列。如“应收账款”账户所属明细账户期末有贷方余额的，应在本表“预收款项”项目内填列。

（5）“预付款项”项目，反映企业按照购货合同规定预付给供应单位的款项等。本项目应根据“预付账款”和“应付账款”账户所属各明细账户的期末借方余额合计数金额填列。如“预付账款”账户所属各明细账户期末有贷方余额的，应在资产负债表“应付账款”项目内填列。

（6）“应收利息”项目，反映企业应收取的债券投资等的利息。本项目应根据“应收利息”账户的期末余额填列。

（7）“应收股利”项目，反映企业应收取的股利和应收取其他单位分配的利润。本项目应根据“应收股利”账户的期末余额填列。

（8）“其他应收款”项目，反映企业除应收票据、应收账款、预付账款、应收股利、应收利息等经营活动以外的其他各种应收、暂付的款项。本项目应根据“其他应收款”账户的期末余额，减去“坏账准备”账户中有关其他应收款计提的坏账准备期末余额后的金额填列。

（9）“存货”项目，反映企业期末在库、在途和在加工中的各种存货的净值。本项目应根据“材料采购”、“原材料”、“库存商品”、“周转材料”、“委托加工物资”、“委托代销商品”、“生产成本”等账户的期末余额合计，减去“代销商品款”、“存货跌价准备”账户期末余额后的金额填列。材料采用计划成本核算，以及库存商品采用计划成本核算或售价核算的企业，还应按加或减材料成本差异、商品进销差价后的金额填列。

（10）“一年内到期的非流动资产”项目，反映企业将于一年内到期的非流动资产项目金额。本项目应根据有关账户的期末余额分析填列。

（11）“长期股权投资”项目，反映企业持有的对子公司、联营企业和合营企业的长期股权投资。本项目应根据“长期股权投资”账户的期末余额，减去“长期股权投资减值准备”账户的期末余额后的金额填列。

(12)“固定资产”项目，反映企业各种固定资产原价减去累计折旧和累计减值准备后的净额。本项目应根据“固定资产”账户的期末余额，减去“累计折旧”和“固定资产减值准备”账户期末余额后的金额填列。

(13)“在建工程”项目，反映企业期末各项未完工程的实际支出，包括交付安装的设备价值、未完工的安装工程已经耗用的材料、工资和费用支出、预付出包工程的价款等净额。本项目应根据“在建工程”账户的期末余额，减去“在建工程减值准备”账户期末余额后的金额填列。

(14)“工程物资”项目，反映企业尚未使用的各项工程物资的实际成本。本项目应根据“工程物资”账户的期末余额填列。

(15)“固定资产清理”项目，反映企业因出售、毁损、报废等原因转入清理但尚未清理完毕的固定资产的净值，以及固定资产清理过程中所发生的清理费用和变价收入等各项金额的差额。本项目应根据“固定资产清理”账户的期末借方余额填列，如“固定资产清理”账户期末为贷方余额，以“—”号填列。

(16)“无形资产”项目，反映企业持有的无形资产，包括专利权、非专利技术、商标权、著作权、土地使用权等。本项目应根据“无形资产”账户的期末余额，减去“累计摊销”和“无形资产减值准备”账户期末余额后的金额填列。

(17)“开发支出”项目，反映企业开发无形资产过程中能够资本化形成无形资产成本的支出部分。本项目应当根据“研发支出”账户中所属的“资本化支出”明细账户期末余额填列。

(18)“长期待摊费用”项目，反映企业已经发生但应由本期和以后各期负担的分摊期限在1年以上的各项费用。长期待摊费用中在一年内（含一年）摊销的部分，在资产负债表“一年内到期的非流动资产”项目填列。本项目应根据“长期待摊费用”账户的期末余额减去将于一年内（含一年）摊销的数额后的金额填列。

(19)“其他非流动资产”项目，反映企业除长期股权投资、固定资产、在建工程、工程物资、无形资产等以外的其他非流动资产。本项目应根据有关账户的期末余额填列。

2. 负债项目的填列方法

(1)“短期借款”项目，反映企业向银行或其他金融机构等借入的期限在一年以下（含一年）的各种借款。本项目应根据“短期借款”账户的期末余额填列。

(2)“应付票据”项目，反映企业购买材料、商品和接受劳务供应等而开出、承兑的商业汇票，包括银行承兑汇票和商业承兑汇票。本项目应根据“应付票据”账户的期末余额填列。

(3)“应付账款”项目，反映企业因购买材料、商品和接受劳务供应等经营活动应支付的款项。本项目应根据“应付账款”和“预付账款”账户所属各明细账户的期末贷方余额合计数填列；如“应付账款”账户所属明细账户期末有借方余额的，应在资产负债表“预付款项”项目内填列。

(4)“预收款项”项目，反映企业按照购货合同规定预付给供应单位的款项。本项目应根据“预收账款”和“应收账款”账户所属各明细账户的期末贷方余额合计数填列。如“预收账款”账户所属各明细账户期末有借方余额，应在资产负债表“应收账款”项目内填列。

(5)“应付职工薪酬”项目，反映企业根据有关规定应付给职工的工资、职工福利、社会保险费、住房公积金、工会经费、职工教育经费、非货币性福利等各种薪酬。

(6)“应交税费”项目，反映企业按照税法规定计算应交纳的各种税费，包括增值税、消费税、营业税、所得税、资源税、土地增值税、城市维护建设税、房产税、土地使用税、车船税、教育费附加、矿产资源补偿费等。企业代扣代交的个人所得税，也通过本项目列示。企业所交纳的税金不需要预计应交数的，如印花税、耕地占用税等，不在本项目列示。本项目应根据“应交税费”账户的期末贷方余额填列；如“应交税费”账户期末为借方余额，应以“—”号填列。

(7)“应付利息”项目，反映企业按照规定应当支付的利息，包括分期付息到期还本的长期借款应支付的利息、企业发行的企业债券应支付的利息等。本项目应当根据“应付利息”账户的期末余额填列。

(8)“应付股利”项目，反映企业已宣告发放但尚未实际发放的股利或利润。本项目应根据“应付股利”账户的期末余额填列。

(9)“其他应付款”项目，反映企业除应付票据、应付账款、预收款项、应付职工薪酬、应付股利、应付利息、应交税费等经营活动以外的其他各项应付、暂收的款项。本项目应根据“其他应付款”账户的期末余额填列。

(10)“一年内到期的非流动负债”项目，反映企业非流动负债中将于资产负债表日后一年内到期部分的金额，如将于一年内偿还的长期借款。

(11)“长期借款”项目，反映企业向银行或其他金融机构借入的期限在一年以上（不含一年）的各项借款。本项目应根据“长期借款”账户的期末余额分析填列。即“长期借款”账户期末余额扣除将在一年内偿还的长期借款后的余额填列。

(12)“应付债券”项目，反映企业为筹集长期资金而发行的债券本金和利息。本项目应根据“应付债券”账户的期末余额分析填列。即“应付债券”账户期末余额扣除将在一年内偿还的应付债券后的余额填列。

(13)“其他非流动负债”项目，反映企业除长期借款、应付债券等项目以外的其他非流动负债。本项目应根据有关账户的期末余额填列。其他非流动负债项目应根据有关账户期末余额减去将于一年内（含一年）到期偿还数后的余额填列。非流动负债各项目中将于一年内（含一年）到期的非流动负债，应在“一年内到期的非流动负债”项目内单独反映。

3. 所有者权益项目的填列方法

(1)“实收资本（或股本）”项目，反映企业各投资者实际投入的资本（或股本）总额。本项目应根据“实收资本”（或“股本”）账户的期末余额填列。

(2)“资本公积”项目，反映企业资本公积的期末余额。本项目应根据“资本公积”账户的期末余额填列。

(3)“盈余公积”项目，反映企业盈余公积的期末余额。本项目应根据“盈余公积”账户的期末余额填列。

(4)“未分配利润”项目，反映企业尚未分配的利润。本项目应根据“本年利润”账户和“利润分配”账户的余额计算填列。未弥补的亏损在本项目内以“—”号填列。

三、资产负债表的编制举例

【例 8—6】 ××公司 20×3 年末有关账户的余额，如表 8—3 所示。

表 8—3　　××公司 2013 年 12 月 31 日有关账户余额表

账户名称	借方余额	贷方余额	账户名称	借方余额	贷方余额
库存现金	1 200		短期借款		90 000
银行存款	260 000		应付票据		20 500
其他货币资金	30 000		应付账款		120 000
交易性金融资产	30 000		应付账款—E 公司		123 000
应收票据	13 000		应付账款—F 公司	3 000	
应收利息	3 000		预收账款		52 000
应收账款	36 400		预收账款—G 公司		60 000
应收账款—A 公司		13 600	预收账款—H 公司	8 000	
应收账款—B 公司	50 000		应付职工薪酬		135 324
坏账准备		500	应付股利		126 436
预付账款	79 000		应交税费		42 353
预付账款—C 公司	120 000		其他应付款		2 000
预付账款—D 公司		41 000	长期借款		160 000
其他应收款	1 230		实收资本		1 000 000
原材料	30 000		资本公积		10 000
库存商品	56 700		盈余公积		30 000
生产成本	21 500		利润分配		132 017
可供出售金融资产	63 200				
长期股权投资	300 000				
长期股权投资减值准备		20 000			
固定资产	964 000				
累计折旧		97 000			
在建工程	120 000				
无形资产	30 100				
累计摊销		1 200			

其中，长期借款中有 100 000 元于 20×4 年 9 月 10 日到期。

根据上述 20×3 年有关资料，编制 20×3 年资产负债表，如表 8—4 所示。

表 8—4　　　　　　　　　　　　**资产负债表**

会企 01 表

编制单位：××公司　　　　　　20×3 年12 月31 日　　　　　　单位：元

资产	年初数	期末数	负债和所有者权益总计	年初数	期末数
流动资产：			流动负债：		
货币资金		291 200	短期借款		90 000
交易性金融资产		30 000	交易性金融负债		
应收票据		13 000	应付票据		20 500
应收账款		57 500	应付账款		164 000
预付款项		123 000	预收款项		73 600
应收利息		3 000	应付职工薪酬		135 324
应收股利			应交税费		42 353
其他应收款		1 230	应付利息		
存货		108 200	应付股利		126 436
一年内到期的非流动资产			其他应付款		2 000
其他流动资产			一年内到期非流动负债		100 000
流动资产合计		627 130	其他流动负债		
非流动资产：			流动负债合计：		754 213
可供出售金融资产		63 200	非流动负债：		
持有至到期投资			长期借款		60 000
长期应收款			应付债券		
长期股权投资		280 000	长期应付款		
投资性房地产			专项应付款		
固定资产		867 000	预计负债		
工程物资			递延所得税负债		
在建工程		120 000	其他非流动负债		
固定资产清理			非流动负债合计		60 000
生产性生物资产			负债合计		814 213
油气资产			所有者权益：		
无形资产		28 900	实收资本		1 000 000
开发支出			资本公积		10 000
商誉			减：库存股		
递延所得税资产			盈余公积		30 000
其他非流动资产			未分配利润		132 017
非流动资产合计		1 359 100	所有者权益合计		1 172 017
资产总计		1 986 230	负债和所有者权益总计		1 986 230

第三节　利润表

一、利润表概述

（一）利润表的概念

利润表又称损益表或收益表，是反映企业在一定会计期间经营成果的报表。所以利润表是一张动态报表。

（二）利润表的结构

利润表一般由表首、正表、表尾等组成。其中，表首部分应列明报表名称、编制单位名称、编制期间、报表编号、计量单位；正表部分反映利润的构成内容；表尾部分为补充说明。正表部分为利润表的主体和核心。

利润表的格式主要有多步式利润表和单步式利润表两种。按照我国企业会计准则的规定，我国企业的利润表采用多步式。企业可以分如下三个步骤编制利润表：

第一步，以营业收入为基础，减去营业成本、营业税金及附加、销售费用、管理费用、财务费用、资产减值损失，加上公允价值变动收益（减去公允价值变动损失）和投资收益（减去投资损失），计算出营业利润；

第二步，以营业利润为基础，加上营业外收入，减去营业外支出，计算出利润总额（或亏损总额）

第三步，以利润总额为基础，减去所得税费用，计算出净利润。

也可以用公式表示如下：

营业利润＝营业收入－营业成本－营业税费－销售费用－管理费用－财务费用－资产减值损失±公允价值变动收益(减损失)±投资收益(减损失)

利润总额＝营业利润＋营业外收入－营业外支出

净利润＝利润总额－所得税费用

因此，多步式利润表反映构成营业利润、利润总额、净利润的各项要素的情况，有助于会计信息使用者从不同利润类别中了解企业经营成果。利润表的格式，如表8—5所示。

表8—5　　　**利润表**

会企02表

编报单位：　　　　年　　　　单位：元

项目	本年金额	上年金额
一、营业收入		
减：营业成本		
营业税金及附加		

续前表

项目	本年金额	上年金额
销售费用		
管理费用		
财务费用		
资产减值损失		
加：公允价值变动收益（损失以“—”号填列）		
投资收益（损失以“—”号填列）		
其中：对联营企业和合并企业的投资收益		
二、营业利润（亏损以“—”号填列）		
加：营业外收入		
减：营业外支出		
其中：非流动资产处置损失		
三、利润总额（净亏损以“—”号填列）		
减：所得税费用		
四、净利润		
五、每股收益：		
（一）基本每股收益		
（二）稀释每股收益		

二、利润表编制的基本方法

（一）利润表各项目的填列方法

利润表各项目的数字来源主要是根据各损益类账户的发生额分析填列。

1. 上期数栏的列报方法

利润表“上年金额”栏内各项数字，应根据上年利润表“本年金额”栏内所列数字填列。如果上年利润表规定的项目名称和内容同本年不一致，应对上年利润表的项目名称和金额按本年规定进行调整，填入利润表“上年金额”栏内。

2. 本年金额栏的列报方法

利润表“本年金额”栏内各项数字一般应该根据损益类账户的发生额分析填列。具体包括：

（1）“营业收入”项目，反映企业经营主要业务和其他业务所确认的收入总额。本项目应根据“主营业务收入”和“其他业务收入”账户的发生额合计填列。如果该账户借方记录有销售退回等，应抵减本期的销售收入，按营业收入净额填列本项目。

(2)“营业成本”项目，反映企业经营主要业务和其他业务所发生的成本总额。本项目应根据“主营业务成本”和“其他业务成本”账户的发生额合计填列。如果该账户贷方发生额登记销售退回等事项，应抵减相应借方发生额后的成本填列本项目。

(3)“营业税金及附加”项目，反映企业经营业务应负担的消费税、营业税、城市维护建设税、资源税、土地增值税和教育费附加等。本项目应根据“营业税金及附加”账户的发生额填列。

(4)“销售费用”项目，反映企业在销售商品过程中发生的包装费、广告费等费用和为销售本企业商品而专设的销售机构的职工薪酬、业务费等经营费用。本项目应根据“销售费用”账户的发生额填列。

(5)“管理费用”项目，反映企业为组织和管理生产经营发生的管理费用。本项目应根据“管理费用”账户的发生额填列。

(6)“财务费用”项目，反映企业筹集生产经营资金等而发生的筹资费用。本项目应根据“财务费用”账户的发生额填列。

(7)“资产减值损失”项目，反映企业各项资产发生的减值损失。本项目应根据“资产减值损失”账户的发生额填列。

(8)“公允价值变动收益”项目，反映企业应当计入当期损益的资产或负债公允价值变动收益。本项目应根据“公允价值变动损益”账户的发生额填列，如为损失，本项目以“—”号填列。

(9)“投资收益”项目，反映企业以各种方式对外投资所取得的收益。本项目应根据“投资收益”账户的发生额填列。如为投资损失，本项目以“—”号填列。

(10)“营业利润”项目，反映企业实现的营业利润。如为损失，本项目以“—”号填列。

(11)“营业外收入”项目，反映企业发生的与日常经营业务无直接关系的各项经济利益流入。本项目应根据“营业外收入”账户的发生额填列。

(12)“营业外支出”项目，反映企业发生的与日常经营业务无直接关系的各项经济利益流出。本项目应根据“营业外支出”账户的发生额填列。

(13)“利润总额”项目，反映企业实现的利润。如为损失，本项目以“—”号填列。

(14)“所得税费用”项目，反映企业应从利润总额中扣除的当期所得税费用和递延所得税费用。本项目应根据“所得税费用”账户的发生额填列。

(15)“净利润”项目，反映企业实现的净利润。如为投资损失，本项目以“—”号填列。

(二)月份利润表“本年累计数”栏各项目的填列方法

月份利润表的格式与年度利润表的格式稍有不同，年度利润表的“本年金额”改为“本月数”，反映本月损益实际发生数；年度利润表的“上年金额”改为“本年累计数”，反映各项目自年初起至本月末止的累计实际发生数，根据上月利润表的“本年累计数”栏的数字，加上本月利润表的“本月数”栏的数字，可以得出各项目的本月利润表的“本年累计数”，然后填入相应的项目内。具体如表8—6所示。

表 8—6 **利 润 表**

会企 02 表

编报单位： 年 月 单位：元

项目	本月数	本年累计数
一、营业收入		
减：营业成本		
营业税金及附加		
销售费用		
管理费用		
财务费用		
资产减值损失		
加：公允价值变动收益（损失以“—”号填列）		
投资收益（损失以“—”号填列）		
其中：对联营企业和合并企业的投资收益		
二、营业利润（亏损以“—”号填列）		
加：营业外收入		
减：营业外支出		
其中：非流动资产处置损失		
三、利润总额（净亏损以“—”号填列）		
减：所得税费用		
四、净利润		
五、每股收益：		
（一）基本每股收益		
（二）稀释每股收益		

12 月份利润表的“本年累计数”，就是年度利润表的“本年金额”，可直接转抄。由于年终结账时，全年的收入和支出已全部转入“本年利润”账户，并且通过收支对比结出本年净利润的数额。因此，应将年报中的“净利润”数字，与“本年利润”账户结转到“利润分配——未分配利润”账户的数字相核对，检查报表编制和账簿记录的正确性。

三、利润表的编制举例

下面例子说明一般企业利润表的编制方法。

【例 8—7】 ××公司 20×3 年度利润表有关账户的累计发生额，如表 8—7 所示。

表 8—7　　利润表有关账户累计发生额　　单位：元

账户名称	借方发生额	贷方发生额
主营业务收入	200 000	7 650 000
其他业务收入		245 000
投资收益	80 000	
营业外收入		50 000
主营业务成本	6 328 000	560 000
营业税金及附加	167 000	
其他业务成本	175 000	
销售费用	84 000	
管理费用	79 300	
财务费用	33 000	
资产减值损失	5 200	
营业外支出	1 200	
所得税费用	94 000	

根据以上账户记录，编制××公司 20×3 年年度利润表，如表 8—8 所示。

表 8—8　　利 润 表

会企 02 表

编报单位：××公司　　20×3 年度　　单位：元

项目	本年金额	上年金额
一、营业收入	7 695 000	
减：营业成本	5 943 000	
营业税金及附加	167 000	
销售费用	84 000	
管理费用	79 300	
财务费用	33 000	
资产减值损失	5 200	
加：公允价值变动收益（损失以“—”号填列）	0	
投资收益（损失以“—”号填列）	—80 000	
其中：对联营企业和合并企业的投资收益		
二、营业利润（亏损以“—”号填列）	1 303 500	
加：营业外收入	50 000	
减：营业外支出	1 200	
其中：非流动资产处置损失		

续前表

项目	本年金额	上年金额
三、利润总额（净亏损以“—”号填列）	1 352 300	
减：所得税费用	94 000	
四、净利润	1 258 300	
五、每股收益：		
（一）基本每股收益		
（二）稀释每股收益		

第四节　其他报表概述

一、现金流量表

（一）现金及现金流量表的定义

现金流量表是反映企业在一定会计期间经营活动、投资活动和筹资活动对现金及现金等价物流量产生影响的会计报表，属于动态报表。编制现金流量表的主要目的是为会计报表使用者提供企业一定会计期间内现金和现金等价物流入和流出的信息，以便于会计报表使用者了解和评价企业获取现金和现金等价物的能力，据以揭示企业的偿债能力和变现能力，以及预测企业未来现金流量。为了更好地了解现金流量表，必须对相关概念有所了解。

（1）现金。这是指企业库存现金及可随时用于支付的各种存款。值得注意的是，银行存款和其他货币资金中有些不能随时用于支付的存款不应作为现金。例如不能随时支取的定期存款等，不应作为现金，而应列作投资；提前通知金融企业便可支取的定期存款，则应包括在现金范围内。

（2）现金等价物。这是指企业持有的期限短、流动性强、易于转化为已知金额现金、价值变动风险很小的投资。一项投资被确认为现金等价物必须同时具备期限短、流动性强、易于转化为已知金额现金、价值变动风险很小等四个条件。其中，期限短一般是指从购买日起三个月内到期，例如在证券市场上流通的三个月到期的债券投资等；易于转化为已知金额的现金强调可转化的金额是可知的，企业作为交易性金融资产而购入的可流通的股票，尽管期限短，变现的能力也很强，但由于其变现的金额并不确定，其价值变动的风险较大，因而不属于现金等价物。

（3）现金流量。这是指企业现金和现金等价物的流入和流出。企业现金形式的转换不会产生现金的流入和流出，如企业从银行提取现金，是企业现金存放形式的转换，并未流出企业，不构成现金流量；现金和现金等价物之间的转换也不属于现金流量，比如，企业用现金购买将于三个月到期的国库券。

（二）现金流量表的结构

现金流量表分为两部分，第一部分为表首，第二部分为正表。

表首包括报表名称、编制单位、报表所属年度、报表编号、货币名称、计量单位等。

正表反映现金流量表的各项目内容。具体分为五部分：第一部分为经营活动产生的现金流量；第二部分为投资活动产生的现金流量；第三部分为筹资活动产生的现金流量；第四部分为汇率变动对现金的影响；第五部分是现金及现金等价物净增加额。

一般企业现金流量表的基本格式，如表 8—9 所示。

表 8—9 现金流量表

会企 03 表

编制单位： 年度 单位：元

项目	本期金额	上期金额
一、经营活动产生的现金流量：		
销售商品、提供劳务收到的现金		
收到的税费返还		
收到的其他与经营活动有关的现金		
现金流入小计		
购买商品、接受劳务支付的现金		
支付给职工以及为职工支付的现金		
支付的各项税费		
支付的其他与经营活动有关的现金		
现金流出小计		
经营活动产生的现金流量净额		
二、投资活动产生的现金流量：		
收回投资所收到的现金		
取得投资收益所收到的现金		
处置固定资产、无形资产和其他长期资产所收回的现金净额		
处置子公司及其他营业单位收到的现金净额		
收到的其他与投资活动有关的现金		
现金流入小计		
购建固定资产、无形资产和其他长期资产所支付的现金		
投资所支付的现金		
取得子公司及其他营业单位支付的现金净额		
支付的其他与投资活动有关的现金		
现金流出小计		

续前表

项目	本期金额	上期金额
投资活动产生的现金流量净额		
三、筹资活动产生的现金流量：		
吸收投资所收到的现金		
借款所收到的现金		
收到的其他与筹资活动有关的现金		
现金流入小计		
偿还债务所支付的现金		
分配股利、利润或偿付利息所支付的现金		
支付的其他与筹资活动有关的现金		
现金流出小计		
筹资活动产生的现金流量净额		
四、汇率变动对现金及现金等价物的影响		
五、现金及现金等价物净增加额		
加：期初现金及现金等价物余额		
六、期末现金及现金等价物余额		

二、所有者权益变动表

所有者权益变动表是一张反映企业在一个会计年度内所有者权益增减变动情况的报表。通过该表，可以了解企业某一会计年度所有者权益的各个项目（包括实收资本、资本公积、盈余公积、未分配利润等）的增加、减少及其余额的情况，分析其变动原因及预测未来的变动趋势。

所有者权益变动表至少应该单独列示反映下列信息：(1) 净利润；(2) 直接计入所有者权益的利得和损失项目及其总额；(3) 会计政策变更和差错更正的累积影响金额；(4) 所有者投入资本和向所有者分配利润等；(5) 按照规定提取的盈余公积；(6) 实收资本、资本公积、盈余公积、未分配利润的期初和期末余额及其调节情况。

思考题

1. 为什么需要编制会计报表？会计报表都有哪些类型？
2. 什么是资产负债表？什么是利润表？
3. 资产负债表有哪些格式？利润表有哪些格式？对这两张报表格式我国是如何规定的？
4. 我国目前的资产负债表各栏目是按什么原则编排的？利润表又是如何编排的？
5. 资产负债表中各栏目是如何填列的？利润表又是如何填列的？

第九章

账务处理程序

第一节 账务处理程序概述

一、会计循环与账务处理程序

会计循环是指会计主体中，从经济业务发生，取得或填制原始凭证开始，到会计专业人员编制记账凭证，登记账簿，编制会计报表止的一系列账务处理工作。在这样的一个循环中，处处体现会计核算方法：设置账户，复式记账，填制和审核凭证，登记账簿，成本计算，财产清查和编制报表。会计的日常性工作是填制和审核凭证，登记账簿，编制报表。如何合理安排好会计循环，使得会计工作环环相扣，有序有效，最关键的是要合理地安排好会计日常性工作，或者说将填制和审核凭证，登记账簿，编制报表这三项最基础的工作进行合理安排。这是会计主管事先要设计好、规划好的一项最重要的会计工作。

账务处理程序，也称会计核算组织程序，是指在会计循环中，会计主体采用会计凭证、会计账簿和会计报表的种类、格式以及记账流程的组织步骤和方法。记账流程也称记账程序，是记账凭证的制单、审核、传递、过账的程序和步骤。因此，安排好会计循环工作也就是要选择好的账务处理程序，使选择的账务处理程序适合于企业业务特点，适合于企业会计组织，有助于会计循环合理有效。这对提高会计核算质量、充分发挥会计反映和监督职能作用，提高会计工作效率都具有重要意义。

二、账务处理程序的种类

由于不同企业，其规模大小、业务性质和经济环境的不同，使得企业需要选择不同的账务处理程序。一般来说，目前，我国企业的账务处理程序主要有以下六种：

(1) 记账凭证账务处理程序。

(2) 汇总记账凭证账务处理程序。

(3) 科目汇总表账务处理程序。

(4) 日记总账账务处理程序。

(5) 多栏式日记账账务处理程序。

(6) 通用日记账账务处理程序。

这些账务处理程序既有相同地方，又有各自的特点。其中，记账凭证账务处理程序是基础，其他账务处理程序都是由此发展、演变而来的。应当指出，会计核算组织形式有多种多样，目前还在不断地发展和完善之中，特别是电算化成功地引入账务处理之中，使得账务处理程序发生了较大的变化。本书只介绍几种常见的核算形式。

三、账务处理程序的要求

科学、合理地组织账务处理程序是做好会计工作的重要前提之一。确定账务处理程序一般应符合以下几点要求：

第一，要与会计主体的经济性质、经营特点、规模大小及业务的繁简程度相适应，有利于建立岗位责任制和分工协作。

第二，对会计主体所有的经济业务，要能够及时、准确地进行账务处理，并提供真实可靠的会计信息，以满足各会计信息使用者的需求。

第三，要在保证会计核算资料及时、准确、完整的前提下，尽可能地提高会计工作效率，节约核算成本。

第二节　记账凭证账务处理程序

一、记账凭证账务处理程序的设计要求

记账凭证账务处理程序是指对发生的经济业务事项，都要根据原始凭证或汇总原始凭证编制记账凭证，然后直接根据记账凭证逐笔登记总分类账的一种账务处理程序。它是基本的账务处理程序。

在记账凭证账务处理程序下，应当设置库存现金日记账、银行存款日记账、各种明细分类账和总分类账。日记账和总分类账可采用三栏式账页；明细分类账可根据需要采用三栏式、数量金额式和多栏式；记账凭证一般使用收款凭证、付款凭证和转账凭证三种格式，也可采用通用记账凭证。

二、记账凭证账务处理程序的基本步骤

记账凭证账务处理程序的基本步骤，如图9—1所示：

（1）根据原始凭证或原始凭证汇总表填制记账凭证。

（2）根据收款凭证和付款凭证逐笔登记现金日记账和银行存款日记账。

（3）根据原始凭证、原始凭证汇总表或记账凭证登记各种明细分类账。

（4）根据记账凭证逐笔登记总分类账。

（5）期末，将现金日记账、银行存款日记账的余额，以及各种明细分类账的余额合计数，分别与总分类账中相关账户的余额核对，确认是否相符。

（6）期末，根据核对无误的总分类账和明细分类账的相关资料，编制会计报表。

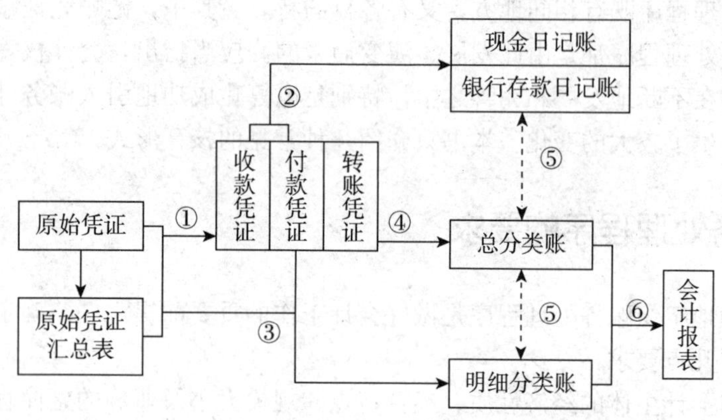

图 9—1　科目汇总表账务处理程序

三、记账凭证账务处理程序的优缺点及适用范围

这种账务处理程序的主要优点是简单明了，方便易学，总分类账能详细反映经济业务状况，方便会计核对与查账；其缺点是登记总分类账的工作量较大，不利于会计分工。因此，这种账务处理程序一般适用于规模较小、经济业务较简单的企业。

第三节　汇总记账凭证账务处理程序

一、汇总记账凭证账务处理程序的设计要求

汇总记账凭证账务处理程序是根据原始凭证或汇总原始凭证编制记账凭证，定期根据记账凭证分类编制汇总收款凭证、汇总付款凭证和汇总转账凭证，再根据汇总记账凭证登记总分类账的一种账务处理程序。汇总记账凭证账务处理程序区别于其他账务处理程序的主要特点是：定期将记账凭证分类编制汇总记账凭证，然后根据汇总记账凭证登记总分类账。

采用汇总记账凭证账务处理程序时，其账簿设置、各种账簿的格式以及记账凭证的种类和格式基本上与记账凭证账务处理程序相同。但应增设汇总记账凭证、汇总收款凭证和汇总转账凭证，以作为登记总分类账的直接依据。另外，总分类账的账页格式必须增设“对应账户”栏。

二、汇总记账凭证编制方法

汇总记账凭证是根据专用记账凭证汇总而来，因此汇总记账凭证分为汇总收款凭证、汇总付款凭证和汇总转账凭证三种，其格式如表 9—1、表 9—2、表 9—3 所示。汇总记账凭证定期汇总编制，一般 5 天或 10 天汇总填制一次，每月编制一张。

（一）汇总收款凭证

汇总收款凭证是根据“库存现金”和“银行存款”收款凭证编制的，它汇总了一定时期内现金、银行存款的付款业务。其方法是：应分别按“库存现金”、“银行存款”的借方设置汇总收款凭证，按对应贷方科目进行归类汇总，计算出每一个贷方科目发生额合计数，填入汇总收款凭证中。月末，根据计算出的汇总收款凭证合计数，分别记入“库存现金”、“银行存款”总分类账的借方以及其各对应账户总分类账的贷方。汇总收款凭证汇总时间一般为 5 天或按旬进行，每月编制一次。

表 9—1 汇总收款凭证

借方科目：库存现金或银行存款　　年　月　　汇收第　号

贷方科目	金额				总账页数	
	1—10 日 收字第　号到 第　号	11—20 日 收字第　号到 第　号	21—31 日 收字第　号到 第　号	合　计	借方	贷方
					略	略
合计						

这里的数据，登记相关总账的贷方

这里的数据，登记到“库存现金”或“银行存款”总账的借方。

（二）汇总付款凭证

汇总付款凭证是根据“库存现金”和“银行存款”付款凭证编制的，它汇总了一定时期内现金、银行存款的付款业务。其方法是：应分别按“库存现金”、“银行存款”的贷方设置汇总付款凭证，按对应借方科目进行归类汇总，计算出每一个借方科目发生额合计数，填入汇总付款凭证中。月末，根据计算出的汇总付款凭证合计数，分别记入“库存现金”、“银行存款”总分类账的贷方以及其各对应账户总分类账的借方。汇总付款凭证的汇总时间一般为 5 天或按旬进行，每月编制一次。

表 9—2

汇总付款凭证

贷方科目：库存现金或银行存款　　　　年　月　　　　汇付第　号

借方科目	金　额				总账页数	
	1—10 日 付字第　号到 第　号	11—20 日 付字第　号到 第　号	21—31 日 付字第　号到 第　号	合　计	借方	贷方
					略	略
合计						

这里的数据，登记相关总账的借方。

这里的数据，登记到“库存现金”或“银行存款”总账的贷方。

注意，在填制时，若有库存现金和银行存款之间的相互划转业务，则应按付款凭证进行汇总，以免重复。如将库存现金存入银行的业务，只须根据库存现金付款凭证汇总，银行存款收款凭证就不再汇总。

（三）汇总转账凭证

汇总转账凭证是按转账凭证中每一贷方科目分别设置的，它汇总了一定时期内的转账业务。其方法是：首先将需要汇总的转账凭证，按与该贷方科目相对应的借方科目归类汇总，计算出每一个借方科目发生额合计数，填入汇总转账凭证中。月末，根据汇总转账凭证的合计数，分别记入该汇总转账凭证所开设的应贷账户总分类账的贷方，以及其各对应账户总分类账的借方。汇总转账凭证的汇总时间一般为 5 天或按旬进行，每月编制一次。

表 9—3

汇总转账凭证

贷方科目：　　　　年　月　　　　汇转第　号

贷方科目	金　额				总账页数	
	1—10 日 转字第　号到 第　号	11—20 日 转字第　号到 第　号	21—31 日 转字第　号到 第　号	合　计	借方	贷方
					略	略
合计						

这里的数据，登记在对应账户总账的借方。

这里的数据登记贷方科目总账的贷方

由于汇总转账凭证上的科目对应关系是一个贷方科目与一个借方或几个借方科目相对应，所以，在汇总记账凭证核算程序下，为了便于编制汇总转账凭证，平时编制转账凭证时应尽可能的保持“一贷一借”或“一贷多借”的账户对应关系。不宜填制一借多贷的转账凭证。这也是汇总记账凭证核算程序的一个缺点，有时把一笔完整的会计分录拆成几笔会计分录，人为地肢解了经济业务的完整性，反而反映不出经济业务的全貌。

【例 9—1】 根据华闽公司 20×2 年 11 月份的经济业务，编制表 9—4 至表 9—8 所示记账凭证（简化形式）。

表 9—4 **华闽公司 20×2 年 11 月份的经济业务**

×2 年		凭证		摘　　要	会计科目	借方金额	贷方金额
月	日	字	号				
11	01	银收	01	向银行借款	银行存款 短期借款	50 000	 50 000
11	01	银付	01	向兴源工厂购入甲材料	在途物资——甲材料 应交税费——应交增值税（进项税额） 银行存款	30 000 5 100	 35 100
11	02	银收	02	销售 A 产品，款已收	银行存款 主营业务收入——A 产品 应交税费——应交增值税（销项税额）	210 600	 180 000 30 600
11	03	银付	02	吴敏预借差旅费	其他应收款——吴敏 银行存款	2 000	 2 000
11	05	银收	03	收回五星公司所欠货款	银行存款 应收账款——五星公司	48 800	 48 800
11	07	转	01	向东吴公司销售 B 产品，款未收	应收账款——东吴公司 主营业务收入——B 产品 应交税费—应交增值税（销项税额）	58 500	 50 000 8 500
11	08	转	02	从向阳工厂采购乙材料，款未付	在途物资——乙材料 应交税费—应交增值税（进项税额） 应付账款——向阳工厂	12 500 2 125	 14 625
11	09	转	03	领料生产产品	生产成本——A 产品 ——B 产品 原材料——甲材料 ——乙材料	62 900 45 600	 67 500 41 000
11	09	银付	03	支付广告费	销售费用 银行存款	4 700	 4 700
11	10	转	04	甲、乙材料验收入库	原材料——甲材料 ——乙材料 在途物资——甲材料 ——乙材料	30 000 12 500	 30 000 12 500

续前表

×2年		凭证		摘　要	会计科目	借方金额	贷方金额
月	日	字	号				
11	13	转	05	吴敏报销差旅费	管理费用 库存现金 其他应收款——吴敏	1 800 200	 2 000
11	14	转	06	领用原材料	制造费用 管理费用 原材料——甲材料 ——乙材料	13 800 2 200	 10 000 6 000
11	14	银付	04	支付电费	制造费用 管理费用 银行存款	1 870 1 230	 3 100
11	19	银付	05	提取现金	库存现金 银行存款	800	 800
11	21	银付	06	支付业务招待费	管理费用 银行存款	12 000	 12 000
11	24	银付	07	购入办公用品	制造费用 管理费用 银行存款	130 150	 280
11	30	转	07	计提本月固定资产折旧	制造费用 管理费用 累计折旧	5 500 2 750	 8 250
11	30	转	08	分配本月职工工资	生产成本——A产品 ——B产品 制造费用 管理费用 应付职工薪酬——工资	35 000 25 000 4 000 6 000	 70 000
11	30	转	09	计提职工福利费	生产成本——A产品 ——B产品 制造费用 管理费用 应付职工薪酬——福利费	4 900 3 500 560 840	 9 800
11	30	转	10	分配结转本月的制造费用	生产成本——A产品 ——B产品 制造费用	17 240 8 620	 25 860

续前表

×2年		凭证		摘　要	会计科目	借方金额	贷方金额
月	日	字	号				
11	30	转	11	结转本月完工产品成本	库存商品——A产品 　　　　——B产品 生产成本——A产品 　　　　——B产品	64 000 37 000	 64 000 37 000
11	30	转	12	结转本月销售产品的成本	主营业务成本 库存商品——A产品 　　　　——B产品	135 000	 108 000 27 000
11	30	转	13	计缴本月销售税金	营业税金及附加 应交税费	2 360	 2 360
11	30	转	14	结转本期收入	主营业务收入 本年利润	230 000	 230 000
11	30	转	15	结转本期成本、费用	本年利润 主营业务成本 营业税金及附加 销售费用 管理费用	169 030	 135 000 2 360 4 700 26 970

要求：根据以上资料，编制银行存款汇总收款凭证、汇总付款凭证和原材料汇总转账凭证。

表 9—5　　　　**汇总收款凭证**

借方科目：银行存款　　　　20×2年11月　　　　银汇收第1号

贷方科目	金　额				总账页数	
	1—10日 收字第1号到 第3号	11—20日 收字第　号到 第　号	21—31日 收字第　号到 第　号	合　计	借方	贷方
应收账款	48 800			48 800	略	略
短期借款	50 000			50 000		
应交税费	30 600			30 600		
主营业务收入	180 000			180 000		
合　计	309 400			309 400		

表 9—6

汇总付款凭证

贷方科目：银行存款　　20×2 年 11 月　　银汇付第 1 号

借方科目	金额				总账页数	
	1—10 日 银付字第 1 号到第 3 号	11—20 日 银付字第 4 号到第 5 号	21—31 日 银付字第 6 号到第 7 号	合计	借方	贷方
库存现金		800		800	略	略
其他应收款	2 000			2 000		
在途物资	30 000			30 000		
应交税费	5 100			5 100		
制造费用		1 870	130	2 000		
销售费用	4 700			4 700		
管理费用		1 230	12 150	13 380		
合 计	41 800	3 900	12 280	57 980		

表 9—7

汇总转账凭证

贷方科目：原材料　　20×2 年 11 月　　汇转第 1 号

借方科目	金额				总账页数	
	1—10 日 转字第 3 号到第 3 号	11—20 日 转字第 6 号到第 6 号	21—31 日 转字第　号到第　号	合计	借方	贷方
生产成本	108 500			108 500	略	略
制造费用		13 800		13 800		
管理费用		2 200		2 200		
合 计	108 500	16 000		124 500		

表 9—8

总分类账

会计科目：银行存款　　第××号

20×2 年		凭证号数	摘　要	对方账户	借　方	贷　方	借或贷	余　额
月	日							
11	1		期初余额				借	150 000
	30	汇收 1			309 400		借	459 400
	30	汇付 1				57 980	借	401 420
	30		本月发生额及余额		309 400	57 980	借	401 420

三、汇总记账凭证账务处理程序的基本内容

汇总记账凭证账务处理程序的基本内容，如图 9—2 所示。

(1) 根据原始凭证或原始凭证汇总表填制记账凭证。

(2) 根据收款凭证和付款凭证逐笔登记现金日记账和银行存款日记账。

(3) 根据原始凭证、原始凭证汇总表或记账凭证登记各种明细分类账。

(4) 根据记账凭证定期编制各种汇总记账凭证。

(5) 月末，根据编制的汇总记账凭证登记总分类账。

(6) 月末，将现金日记账、银行存款日记账的余额，以及各种明细分类账的余额合计数，分别与总分类账中相关账户的余额核对，确认是否相符。

(7) 月末，根据核对无误的总分类账和明细分类账的相关资料，编制会计报表。

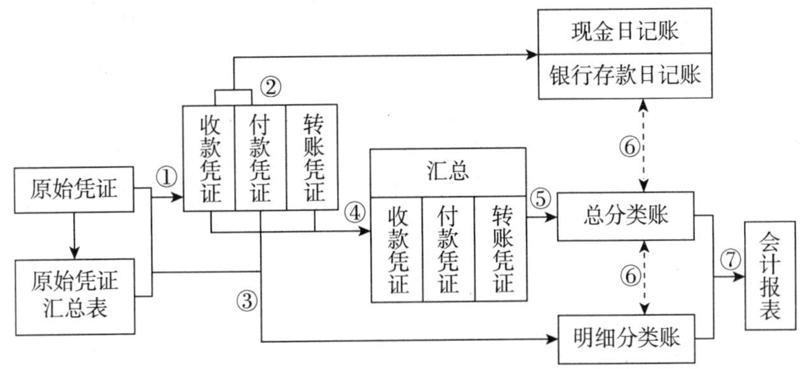

图 9—2　汇总凭证账务处理程序

四、汇总记账凭证账务处理程序的优缺点及适用范围

汇总记账凭证账务处理程序减轻了登记总分类账的工作量，明确账户之间的对应关系。但汇总转账凭证是按每一贷方科目编制，不利于会计核算的日常分工，当转账凭证较多时，编制汇总转账凭证的工作量较大。因此，一般适用于规模较大、经济业务较多，但编制转账凭证业务不多的企业。

第四节　科目汇总表账务处理程序

一、科目汇总表账务处理程序的设计要求

科目汇总表账务处理程序又称记账凭证汇总表账务处理程序，它是根据记账凭证定期编制科目汇总表，再根据科目汇总表登记总分类账的一种账务处理程序。

采用科目汇总表账务处理程序时，其账簿设置、各种账簿的格式以及记账凭证的种类

和格式基本上与记账凭证账务处理程序相同。但应增设科目汇总表，以作为登记总分类账的直接依据。

二、科目汇总表的填制方法

科目汇总表其格式如表 9—9 所示，其填制方法是：先将汇总期内各项经济业务所涉及的会计科目填列在科目汇总表的“会计科目”栏内，填列的顺序最好与总分类账上会计科目的顺序相同，以便于登记总分类账；然后，依据汇总期间内所有的记账凭证，编制“科目汇总表工作底稿”，即根据记账凭证设置 T 型账户，分别计算各会计科目的借方发生额和贷方发生额，并将其填入科目汇总表的相应栏内；最后，应分别加总全部会计科目的“借方”和“贷方”发生额，进行试算平衡。试算无误后，据以登记总分类账。

科目汇总表可以每月汇总一次编制一张，也可视业务量大小每 5 天或 10 天汇总一次，每月编制一张。为便于编制科目汇总表，所有的记账凭证可采用单式记账凭证来填制，这样便于汇总计算其借贷方发生额，不易出错。

表 9—9 **科目汇总表**

编制单位： 年 月 日 单位：元

编号	会计科目	借方发生额	贷方发生额
1001	库存现金	—	—
1002	银行存款	—	—
1122	应收账款	—	—
1231	坏账准备	—	—
1403	原材料	—	—
1405	库存商品	—	—
2202	应付账款	—	—
2211	应付职工薪酬	—	—
2221	应交税费	—	—
2501	长期借款	—	—
4001	实收资本	—	—
4002	资本公积	—	—
4101	盈余公积	—	—
4103	本年利润	—	—
5101	制造费用	—	—
6001	主营业务收入	—	—
6051	其他业务收入	—	—
6301	营业外收入	—	—
6401	主营业务成本	—	—
		—	—
		—	—
	合计	—	—

【例 9—2】　根据例 9—1 的记账凭证（简化形式），要求编制 11 月份的科目汇总表。

首先根据记账凭证编制“科目汇总表工作底稿”（一个月汇总一次），如表 9—10 所示。

表 9—10　　科目汇总表工作底稿

20×2 年 11 月 30 日

银行存款

(1)	50 000	(2)	35 100
(3)	210 600	(4)	2 000
(5)	48 800	(9)	4 700
		(13)	3 100
		(14)	800
		(15)	12 000
		(16)	280
	309 400		57 980

库存现金

(11)	200		
(14)	800		
	1 000		

应收账款

(6)	58 500	(5)	48 800
	58 500		48 800

应收税费

(2)	5 100	(3)	30 600
(7)	2 215	(6)	8 500
		(23)	2 360
	7 225		41 460

其他应收款

(4)	2 000	(11)	2 000
	2 000		2 000

管理费用

(11)	1 800	(25)	26 970
(12)	2 200		
(13)	1 230		
(15)	12 000		
(16)	150		
(17)	2 750		
(18)	6 000		
(19)	840		
	26 970		26 970

制造费用

(12)	13 800	(20)	25 860
(13)	1 870		
(16)	130		
(17)	5 500		
(18)	4 000		
(19)	560		
	25 860		25 860

库存商品

(21)	101 000	(22)	135 000
	101 000		135 000

在途物资

(2)	30 000	(10)	42 500
(7)	12 500		
	42 500		42 500

生产成本

(8)	108 000	(21)	101 000
(18)	60 000		
(19)	8 400		
(20)	25 800		
	202 760		101 000

原材料

(10)	42 500	(8)	108 500
		(12)	16 000
	42 500		124 500

应付职工薪酬

		(18)	70 000
		(19)	9 800
			79 800

应付账款

		(7)	14 625
			14 625

销售费用

(9)	4 700	(25)	4 700
	4 700		4 700

本年利润

(25)	169 030	(24)	230 000
	169 030		230 000

主营业务收入

(24)	230 000	(3)	180 000
		(6)	50 000
	230 000		230 000

主营业务成本

(22)	135 000	(25)	135 000
	135 000		135 000

短期借款

		(1)	50 000
			50 000

营业税金及附加

(23)	2 360	(25)	2 360
	2 360		2 360

累计折旧

		(17)	8 250
			8 250

应注意的是："科目汇总表工作底稿"中采用的汇总形式从表面上看酷似"T"形账户，但并不是"T"形账户，因为没有期初和期末余额。运用这种形式的目的是对各个会计科目的发生额（不包括余额）进行汇总，以便于编制"科目汇总表"。如表 9—11 所示。

表 9—11 **科目汇总表**

科汇第 1 号

编制单位：华闽公司 20×2 年 11 月 30 日 单位：元

编号	会计科目	借方发生额	贷方发生额
1001	库存现金	1 000	
1002	银行存款	309 400	57 980
1122	应收账款	58 500	48 800
1221	其他应收款	2 000	2 000
1402	在途物资	42 500	42 500
1403	原材料	42 500	124 500
1405	库存商品	101 000	135 000
1602	累计折旧		8 250
2001	短期借款		50 000
2202	应付账款		14 625
2211	应付职工薪酬		79 800
2221	应交税费	7 225	41 460
4103	本年利润	169 030	230 000
5001	生产成本	202 760	101 000
5101	制造费用	25 860	25 860
6001	主营业务收入	230 000	230 000
6401	主营业务成本	135 000	135 000

续前表

编号	会计科目	借方发生额	贷方发生额
6403	营业税金及附加	2 360	2 360
6601	销售费用	4 700	4 700
6602	管理费用	26 970	26 970
	合计	1 360 805	1 360 805

根据上面的科目汇总表登记银行存款总账，如表 9—12 所示。

表 9—12 **总分类账**

会计科目：银行存款 第××号

20×2 年		凭证号数	摘　要	对方账户	借　方	贷　方	借或贷	余　额
月	日							
11	1		期初余额				借	150 000
	30	科汇 1	1—30 日汇总		309 400	57 980	借	401 420
	30		本月发生额及余额		309 400	57 980	借	401 420

三、科目汇总表账务处理程序的基本内容

科目汇总表账务处理程序的基本内容，如图 9—3 所示：

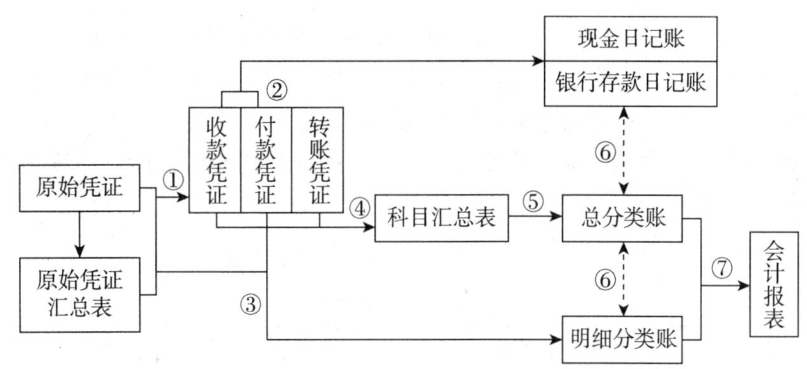

图 9—3　汇总记账凭证账务处理程序

（1）根据原始凭证或原始凭证汇总表填制记账凭证。

（2）根据收款凭证和付款凭证逐笔登记现金日记账和银行存款日记账。

（3）根据原始凭证、原始凭证汇总表或记账凭证登记各种明细分类账。

（4）根据记账凭证定期编制科目汇总表。

（5）期末，根据编制的科目汇总表登记总分类账。

（6）期末，将现金日记账、银行存款日记账的余额，以及各种明细分类账的余额合计数，分别与总分类账中相关账户的余额核对，确认是否相符。

（7）期末，根据核对无误的总分类账和明细分类账的相关资料，编制会计报表。

四、科目汇总表账务处理程序的优缺点及适用范围

科目汇总表账务处理程序根据定期编制的科目汇总表登记总分类账，可大大地简化登记总分类账的工作量。而且，通过科目汇总表的编制，可进行发生额试算平衡，及时发现差错。简明易懂，方便易学。但是，由于科目汇总表是定期汇总计算每一账户的借方、贷方发生额，并不考虑账户之间的对应关系，因而在科目汇总表和总分类账中，不能明确反映账户的对应关系，不便于了解经济业务的具体内容。这种处理程序主要适用于经济业务较多的企业。

第五节　其他账务处理程序

一、日记总账账务处理程序

日记总账账务处理程序是设置日记总账，依据记账凭证直接逐笔登记日记总账，并定期编制会计报表的账务处理程序。

（一）日记总账账务处理程序的设计要求

采用日记总账账务处理程序时，其账簿设置、各种账簿的格式以及记账凭证的种类和格式基本上与记账凭证账务处理程序相同。不同的是增加一本日记总账代替总分类账。日记总账是把日记账和分类账结合在一起的联合账簿，是将全部账户都集中在一张账页上，以记账凭证为依据，对所发生的全部经济业务进行序时登记，月末将每个账户借、贷方登记的金额分别合计，并计算出每个账户的月末余额。日记总账格式，如表 9—13 所示。

日记总账的填制方法是：根据收款凭证、付款凭证和转账凭证逐日、逐笔登记日记总账，对每一笔经济业务的借贷方发生额，都应分别登记到同一行对应科目的借方栏或贷方栏内。月终，结算出各科目本期借贷方发生额和余额，并核对是否相符。

表 9—13　　**日记总账（简表）**　　第×页

年		凭证号数	摘　要	库存现金		银行存款		应收账款		库存商品		短期借款		制造费用		生产成本		销售收入	
月	日			借	贷	借	贷	借	贷	借	贷	借	贷	借	贷	借	贷	借	贷
			本月发生额																
			本月余额																

（二）日记总账账务处理程序的基本内容

日记总账账务处理程序的基本内容，如图 9—4 所示：

（1）根据原始凭证或原始凭证汇总表填制记账凭证。

（2）根据收款凭证和付款凭证逐笔登记现金日记账和银行存款日记账。

（3）根据原始凭证、原始凭证汇总表或记账凭证登记各种明细分类账。

（4）根据记账凭证逐日逐笔登记日记总账。

（5）月末，将现金日记账、银行存款日记账的余额，以及各种明细分类账的余额合计数，分别与日记总账中相关账户的余额核对，确认是否相符。

（6）月末，根据核对无误的日记总账和明细分类账的相关资料，编制会计报表。

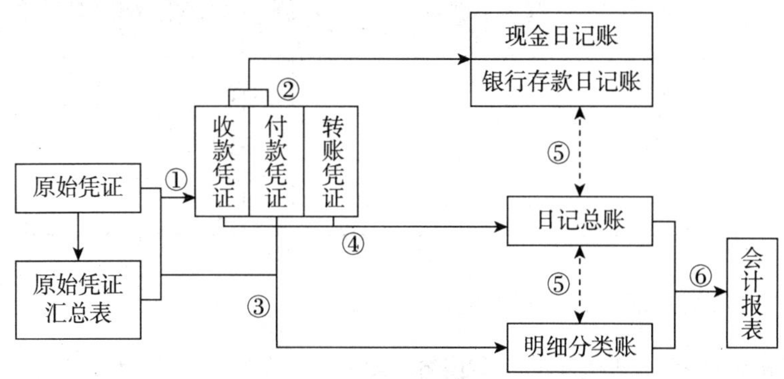

图 9—4　日记总账账务处理程序

（三）日记总账账务处理程序的优缺点及适用范围

日记总账账务处理程序的主要优点是：账务处理程序比较简单，日记总账按全部总账科目分借贷方设置，且直接根据记账凭证逐日逐笔进行登记，便于了解各项经济业务的来龙去脉，有利于会计资料的分析和运用。但由于所有会计科目都集中在一张账页上，总分类账的账页过长，不便于记账分工与查阅。因而，其主要适用于规模小、经济业务简单、使用会计科目不多的企业。

二、多栏式日记账账务处理程序

多栏式日记账账务处理程序是根据多栏式日记账登记总分类账的一种账务处理程序。其主要特点是：设置并登记多栏式现金日记账、多栏式银行存款日记账，期末根据日记账各专栏的合计数和有关转账凭证或转账凭证汇总表登记总分类账。

（一）多栏式日记账账务处理程序的设计要求

采用多栏式日记账账务处理程序时，其账簿设置、各种账簿的格式以及记账凭证的种类和格式基本上与记账凭证账务处理程序相同。不同的是库存现金、银行存款日记账是多栏式的，并据以登记总账。对于转账业务，则根据转账凭证逐笔登记总账，或根据转账凭证编制科目汇总表，据以登记总账。

多栏式库存现金、银行存款日记账是根据收款凭证和付款凭证逐笔登记的，其格式如表 9—14 所示。现金和银行存款日记账都按对应账户设置专栏，具有科目汇总表的作用，月终可根据多栏式日记账借方、贷方合计栏的本月发生额，记入现金及银行存款总分类账的借方和贷方。采用这种程序时要注意现金和银行存款之间的划转业务，避免重复记账。

表 9—14　　多栏式现金（银行存款）日记账

××年		凭证号	摘要	收入					付出					金额
月	日			对应账户贷方				借方合计	对应账户借方				贷方合计	
				预收账款	短期借款	产品销售收入			原材料	管理费用	应付账款			

（二）多栏式日记账账务处理程序的基本内容

多栏式日记账账务处理程序的基本内容，如图 9—5 所示：

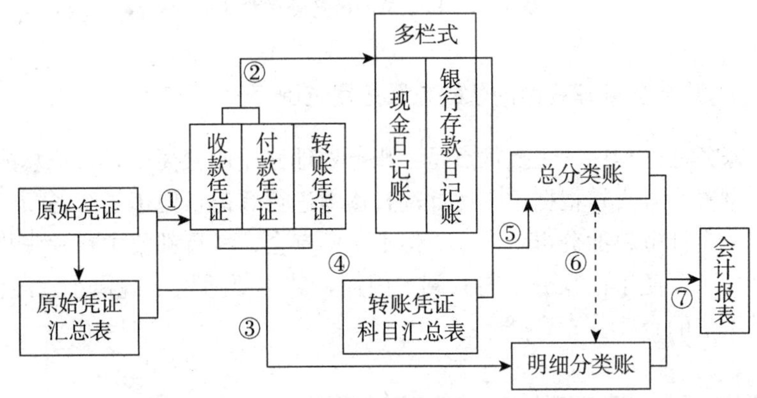

图 9—5　多栏式日记账账务处理程序

（1）根据原始凭证或原始凭证汇总表填制记账凭证。

（2）根据收款凭证和付款凭证逐笔登记多栏式现金和银行存款日记账。

（3）根据原始凭证、原始凭证汇总表或记账凭证登记各种明细分类账。

（4）根据转账凭证填制转账凭证科目汇总表，（转账业务不多的单位可不必编制科目汇总表）。

（5）月末，根据多栏式现金日记账、多栏式银行存款日记账以及转账凭证科目汇总表（或转账凭证）登记总分类账。

（6）月末，将各种明细分类账的余额合计数，分别与总分类账中相关账户的余额核对。

（7）月末，根据核对无误的总分类账和明细分类账的相关资料，编制会计报表。

（三）多栏式日记账账务处理程序的优缺点及适用范围

多栏式日记账账务处理程序是在记账凭证账务处理程序的基础上，为简化核算手续形成的，是在日记账内按对方账户设其专栏，汇总收付款业务和有关转账业务，然后在根据日记账和转账凭证登记总分类账，其优点在于大大简化了登记总账的工作量，便于核算工作的分工，可以分别反映各类经济业务的详细情况。缺点是当业务量比较复杂、（现金、银行存款的）多栏式日记账的有关对应账户较多时，日记账所设的专栏势必增多，就会加长账页，不便于登记，而且多栏式日记账的工作较为复杂。所以，该账务处理程序一般适应于生产经营规模较小，收、付款业务较多，但使用会计科目不多的单位。

思考题

1. 什么是账务处理程序？常用的账务处理程序有哪几种？
2. 记账凭证账务处理程序的优缺点及适用范围是什么？
3. 汇总记账凭证账务处理程序的优缺点及适用范围是什么？
4. 汇总记账凭证如何编制？
5. 科目汇总表账务处理程序的优缺点及适用范围是什么？
6. 科目汇总表在科目汇总表账务处理程序中起到什么作用？如何编制？

附　录

增值税及其会计处理简介

一、增值税含义

增值税是对在我国境内销售货物或者提供加工、修理修配劳务以及进口货物的企业单位和个人，就其货物销售或提供劳务的增值额和货物进口金额为计税依据而征收的一种税。我国增值税从1979年部分行业开始试点，到1984年10月1日起正式建立，1994年普遍征收，2009年1月1日起转型，实行消费型增值税。2012年1月1日起开始新的一轮增值税改革。

上海作为第一个改革试点率先启动了营业税改增值税的改革方案。目前已推广至北京、天津、江苏、浙江、宁波、安徽、福建、厦门、湖北、广东、深圳等多个省份。营业税改征增值税后，将部分原来缴纳营业税的项目改征增值税。改征的项目主要为交通运输业，包括陆路、水路、航空、管道运输。还有部分现代服务业，包括研发技术、信息技术、文化创意、物流辅助、有形动产租赁和鉴证咨询等六个领域。2013年8月1日起，交通运输业和部分现代服务业营改增试点扩大到全国。同时，广播影视服务纳入试点，扩大了部分现代服务业范围。2014年1月1日起，铁路运输业和邮政业纳入试点，试点行业进一步增加。具体试点的税制安排为，在现行增值税基本税率17%和低税率13%基础上，新增11%和6%两档低税率。其中，有形动产租赁适用17%税率，交通运输业适用11%税率，其他部分现代服务业适用6%税率。服务贸易进口在国内环节征收增值税，出口实行零税率或者免税制度。

二、一般纳税人和小规模企业

增值税实行凭专用发票抵扣税款制度，客观上要求纳税人具备健全的会计核算制度和能力，在实际经济生活中我国增值税纳税人众多，会计核算水平差异较大，大量的小企业和个人还不具备用发票抵扣税款的条件，为了简化增值税计算和征收，也有利于减少税收征管制度漏洞，将增值税纳税人按会计核算水平和经营规模分为一般纳税人和小规模纳税人两类纳税人，分别采取不同的增值税计税方法。

一般纳税人应纳增值税税额，根据当期销项税额减去当期进项税额计算确定。小规模纳税人应纳增值税税额，按照销售额和规定的征收率计算确定。

1. 小规模纳税人

小规模纳税人是指年销售额在规定标准以下，并且会计核算不健全，不能按规定报送有关税务资料的增值税纳税人。

2. 一般纳税人

除上述小规模纳税人以外的其他增值税纳税人属于一般纳税人。因此。一般纳税人是指年销售额超过规定标准，并且会计核算健全，能够按照规定报送有关税务资料的增值税纳税人。符合条件的企业应当向主管税务机关申请一般纳税人资格认定，未申请办理一般纳税人认定手续的，其应纳税额按照增值税税率计算，不得抵扣进项税额，也不得使用增值税专用发票。

三、增值税应纳税额的计算

我国现行增值税对一般纳税人和小规模纳税人适用不同的计税方法。一般纳税人设置了一档基本税率17%，三档低税率13%、11%和6%，对外出口货物实行零税率。小规模企业实行征收率。

1. 销项税额

销项税额是指纳税人在销售货物或提供应税劳务，按照不含税销售额或应税劳务收入和规定的增值税税率计算并向购买方或接受劳务方收取的增值税额。

2. 进项税额

进项税额是指纳税人购进货物或接受应税劳务时随价支付或负担的增值税额。进项税额与销项税额是一对对应概念。购买方支付的款项中所包含的增值税构成进项税额，而销售方收取的款项中所包含的增值税构成销项税额。

四、一般纳税人的增值税业务处理

为了核算应交增值税的发生、抵扣、交纳、退税及转出等情况，应在“应交税费”账户下设置“应交增值税”明账户，并在“应交增值税”明细账内设置“进项税额”、“已交税金”、“销项税额”、“进项税额转出”、“出口退税”等专栏。这些专栏的借贷方情况通常是：借方专栏的有：进项税额，已交税金，出口抵减内销产品应纳税额，转出未交增值税；贷方专栏有：销项税额，进项税额转出，出口退税，转出多交增值税。有些企业还可能在借方增设“减免税款”栏目。

1. 采购商品或接受应税劳务

企业从国内采购商品或接受应税劳务等，根据增值税专用发票上记载的应计入采购成本或应计入加工、修理修配等物资成本的金额，借记“固定资产”、“材料采购”、“在途物资”、“原材料”、“库存商品”或“生产成本”、“制造费用”、“委托加工物资”、“管理费用”等科目，根据增值税专用发票上注明的可抵扣的增值税税额，借记“应交税费—应交增值税（进项税额）”科目，按照应付或实付的总额，贷记“应付账款”、“应付票据”或“银行存款”等科目。购入货物发生的退货，作相反的会计分录。

【例 1】 ××公司为增值税一般纳税人，公司购入一台不需要安装的生产设备一台，价款及运输保险等费用合计 20 000 元，增值税专用发票上注明增值税税额为 3 400 元，款项尚未支付。××公司作如下账务处理：

借：固定资产　　20 000

　　应交税费——应交增值税（进项税额）　　3 400

　贷：应付账款　　23 400

【例 2】 ××公司为增值税一般纳税人，本期购入一批甲材料，取得增值税专用发票，注明的价款为 20 000 元，税款为 3 400 元，材料已验收入库，款项未付。××公司作如下账务处理：

借：原材料——甲材料　　20 000

　　应交税费——应交增值税（进项税额）　　3 400

　贷：应付账款　　23 400

2. 销售物资或者提供应税劳务

企业销售货物或者提供应税劳务，按照营业收入和应收取的增值税税额，借记“应收账款”、“应收票据”、“银行存款”等科目，按专用发票上注明的增值税税额，贷记“应交税费—应交增值税（销项税额）”科目，按照实现的营业收入，贷记“主营业务收入”、“其他业务收入”等科目。

【例 3】 ××公司销售一批产品，价款 500 000 元，按规定应收取增值税税额 85 000 元，提货单和增值税专用发票已交给买方，款项已收到。××公司作如下账务处理：

借：银行存款　　585 000

　贷：主营业务收入　　500 000

　　　应交税费——应交增值税（销项税额）　　85 000

3. 进项税额转出

企业购进的货物发生非常损失，以及将购进货物改变用途，用于非应税项目、集体福利或个人消费等，其进项税额应通过“应交税费—应交增值税（进项税额转出）”账户转入有关账户，借记“待处理财产损溢”、“在建工程”、“应付职工薪酬”等账户，贷记“应交税费—应交增值税（进项税额转出）”账户；属于转作待处理财产损失的进项税额，应与遭受非常损失的购进货物、在产品或库存商品的成本一并处理。

购进货物改变用途通常是指购进的货物在没有经过任何加工的情况下，对内改变用途的行为，如企业原购买用于产品生产的原材料被领用用于企业的自建工程等。

【例 4】 ××公司的库存材料因意外火灾遭受损失，经调查，该批材料有关增值税专用发票确认的成本为 30 000 元，增值税税额为 5 100 元。××公司作如下账务处理：

借：待处理财产损溢——待处理流动资产损溢　　35 100

　贷：原材料　　30 000

　　　应交税费——应交增值税（进项税额转出）　　5 100

主要参考文献

[1] 陈国辉，迟旭升. 基础会计（第三版）. 大连：东北财经大学出版社，2012.

[2] 张捷. 基础会计（第二版）. 北京：中国人民大学出版社，2012.

[3] 綦好东，吕玉芹. 基础会计（第二版）. 北京：经济科学出版社，2013.

[4] 全国会计从业资格考试研究中心. 全国会计从业资格考试专用教材——会计基础. 北京：人民邮电出版社，2012.

[5] 企业会计准则——基本准则.（2006 年 2 月 15 日，财政部发布，自 2007 年 1 月 1 日起实施）.

[6] 企业会计准则——应用指南.（2006 年 10 月 30 日，财政部发布，自 2007 年 1 月 1 日起实施）.

教师信息反馈表

为了更好地为您服务，提高教学质量，中国人民大学出版社愿意为您提供全面的教学支持，期望与您建立更广泛的合作关系。请您填好下表后以电子邮件或信件的形式反馈给我们。

您使用过或正在使用的我社教材名称		版次	
您希望获得哪些相关教学资料			
您对本书的建议（可附页）			
您的姓名			
您所在的学校、院系			
您所讲授的课程名称			
学生人数			
您的联系地址			
邮政编码		联系电话	
电子邮件（必填）			
您是否为人大社教研网会员	□ 是，会员卡号：__________ □ 不是，现在申请		
您在相关专业是否有主编或参编教材意向	□ 是　　□ 否 □ 不一定		
您所希望参编或主编的教材的基本情况（包括内容、框架结构、特色等，可附页）			

我们的联系方式：北京市西城区马连道南街 12 号
中国人民大学出版社应用技术分社
邮政编码：100055
电话：010-63311862
网址：http://www.crup.com.cn
E-mail：smooth.wind@163.com